江苏省产业发展研究基地
江苏现代服务业决策咨询研究基地
江苏高校优势学科建设工程项目
江苏高校“青蓝工程”创新团队项目　　资助
南京财经大学现代服务业协同创新中心
江苏高校人文社会科学校外研究基地
江苏高校哲学社会科学优秀创新团队

江苏产业发展报告 2016

——江苏省服务型制造研究

主　编　宣　烨
副主编　孔群喜

中国经济出版社
CHINA ECONOMIC PUBLISHING HOUSE
·北京·

图书在版编目（CIP）数据

江苏产业发展报告.2016／宣烨主编.

北京：中国经济出版社，2017.3

ISBN 978-7-5136-4711-3

Ⅰ.①江… Ⅱ.①宣… Ⅲ.①产业发展—研究报告—江苏—2016 Ⅳ.①F127.53

中国版本图书馆 CIP 数据核字（2017）第 104172 号

责任编辑 严 莉

责任印制 马小宾

封面设计 任燕飞设计室

出版发行 中国经济出版社

印 刷 者 北京九州迅驰传媒文化有限公司

经 销 者 各地新华书店

开　　本 710mm×1000mm 1/16

印　　张 20.75

字　　数 286 千字

版　　次 2017 年 3 月第 1 版

印　　次 2017 年 3 月第 1 次

定　　价 58.00 元

广告经营许可证 京西工商广字第 8179 号

中国经济出版社网址 www.economyph.com **社址**北京市西城区百万庄北街 3 号**邮编** 100037

本版图书如存在印装质量问题，请与本社发行中心联系调换（联系电话：010-68330607）

《江苏产业发展报告2016》编写委员会

主　　编　宣　烨

副 主 编　孔群喜

编写委员会

宣　烨　孔群喜　徐　圆　余泳泽　许祥云

撰　　稿

孔群喜　王紫绮　王璐雯　李焕焕　张　宁

洪仁婧　孔凯歌　王　晶　吉　宇　孙　爽

顾金红　彭　丹　徐　圆　余泳泽　许祥云

统　　稿　宣　烨

目录 CONTENTS

第一篇　市场环境篇

第四篇 政策建议篇

第一篇

市场环境篇

第一章 供给侧结构性改革下江苏制造的目标与任务

供给侧结构性改革下江苏制造如何制定切实的目标与任务，已成为摆在我省政策制定者面前迫切需要得到深入研究的命题。本章依据我国供给侧结构性改革方案以及《中共江苏省委江苏省人民政府关于推进供给侧结构性改革的意见》，认为江苏应该好好把握供给侧改革所带来的机遇，一方面全面深化改革、重构产业科技创新链和发展高端制造业、提升产品品质，另一方面做好去产能、去库存、去杠杆、降成本、补短板五项重点任务，推动江苏经济持续、健康发展。

一、本章引言

近期关于供给侧结构性改革的研究中，西方的供给经济学又逐渐被人重视。事实上，对于供给侧结构性改革的理论渊源可以追溯到马克思的理论，并能够将此作为理论指导。供给侧结构性改革针对的是供给问题，但实际经济运行中通常是供给和需求相互依存、相互依赖。马克思认为，供求并不一致。但是，在政治经济学上必须假定供求是一致的，“这是为了对各种现象在它们的合乎规律的、符合它们的概念的形态上来进行考察，也就是说，撇开由供求变动引起的假象来进行考察”。这种抽象分析方法，是要寻求供求一致时的内在的必然性。马克思对于供求一致的界定是："某个生产部门的商品总量能够按照它们的市场价值出售，既不高，也不低。"这就是说市场价格与市场价值趋于一致。

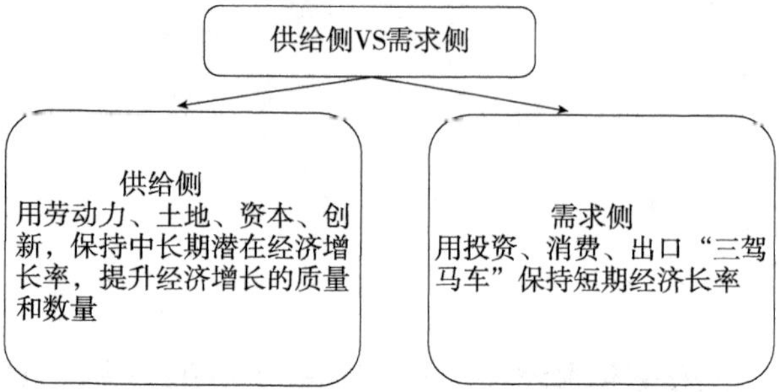

图1－1 供给侧与需求侧的概念对比

资料来源：笔者整理。

目前，供求不平衡是造成江苏经济下行、质量提升困难的主要原因。也就是说，供需不匹配是我们面临的重大挑战。一方面，一些缺少需求的供给出现较多过剩，需要去产能、去库存、去杠杆；另一方面，有需求的供给却明显不足，需要补充有效的高端供给。（两者对比具体见图1－1）供给侧结构性改革，直接目标是解决供需不匹配的问题，实质是为了培育经济中高速增长的新动力。"十三五"期间，江苏省深入实施创新驱动发展战略，以创新驱动进一步引领江苏经济转型升级为重点。2016年7月，工信部等五部门联合印发《关于深入推进新型工业化产业示范基地建设的指导意见》，表明了2016年产业示范基地的发展目标，即以提升示范基地建设质量和效益为主，加强创新发展，增强竞争新优势；培育优势集群，推动高端化发展；推动智能发展，引领转型升级；推行绿色制造，实现可持续发展。

推进供给侧结构性改革，是以习近平同志为总书记的党中央基于我国经济发展全局提出的重大战略，是顺应经济新常态的重大战略部署，对于江苏省产业的持续发展有着重要的指导意义。

二、供给侧结构性改革给江苏带来机遇

供给侧结构性改革着眼于解决经济增长动力问题。紧紧抓住供给侧结构性改革带来的重大机遇，对于江苏实现转型再平衡、推进江苏经济供需平衡由低水平向高水平的跨越具有重要意义。[1]

（一）新一轮全面深化改革的机遇

供给侧结构性改革涉及针对主体的改革、要素的改革和经济结构改革，按照十八届三中全会要求，是针对经济结构性问题中深层次的制度矛盾而进行的改革。

对于主体的改革包含国企改革、创业就业制度改革、政府机构改革、垄断行业改革、司法制度改革和行政审批制度改革，主要是通过对企业、政府、居民等主体的改革，调动各方面的积极性，优化配置主体的各种权利。

针对要素的改革大致有科技制度改革、土地制度改革、资源产权制度改革、信息管理制度改革、教育人才制度改革、金融制度改革、环境制度改革，通过要素改革，提高生产要素资源配置效率。针对经济结构的改革主要有价格制度改革、城乡福利制度改革、投资制度改革、户籍制度改革、干部考核制度改革。伴随供给侧结构性改革不断发展，各领域改革速度不断提升，改革举措的出台数和力度都大大增强，以前很难解决的体制机制性矛盾也得到逐步解决，经济发展动力越来越强。

（二）经济转型升级的多重机遇

供给侧结构性改革，为江苏经济转型升级提供了很多发展机遇：首先是去产能的机遇。是否能解决产能过剩问题是决定供给侧改革成败的关键所在。2015 年全省钢材、平板玻璃、水泥、造船行业产能利用率分别为 70%、60%、69%、60%，钢铁行业亏损面为 33%，水泥行业亏损面为 28.2%，① 平板玻璃行业的企业近一半亏损，造船行业利税大幅下降，亏

① 数据来源于江苏省委党校中国特色社会主义理论研究中心网。

损企业数和亏损额上涨。去产能能够为有条件的相关企业带来机遇，打造一批行业新的龙头企业，增加企业利润。

其次是去库存的机遇。房地产去库存是其实现稳定增长的一个重要因素。目前江苏房地产市场总体回暖，经过房地产去库存，将使得农业转移人口的购房需求发生好转，带动其他一些相关领域投资机会，带动房地产企业转型升级，稳定地产投资。

然后是去杠杆的机遇。据统计，截至 2015 年底，中国非金融企业部门杠杆率为 143.5%，全社会杠杆率为 260.8%，实体经济杠杆率达 239.8%，这反映了目前产能过剩的严重性和供给侧改革的紧迫性。去杠杆能够有效改善企业债务结构、防范金融债务风险和地方政府债务风险。

再者是降成本的机遇。成本高是当前企业面临的发展难题，据测算，2015 年中国企业主营业务成本与主营收入之比约为 85.68%。同国际水平相比，江苏省制造业成本优势在走下坡路。这几年来江苏省工业品出厂价格（PPI）连续下降，而企业成本指数却年年攀升，这使得企业利润越来越稀薄。降成本的重点是减轻企业税费负担、降低企业用工与物流成本、降低企业制度性交易成本以及用能用地成本等等。

最后是补短板的机遇。影响江苏发展协调和平衡的薄弱环节例如基础设施、公共服务、脱贫攻坚、民生保障和现代农业等。通过补短板增强和协调发展，进而扩大有效投资，最终增强公共产品和服务的有效供给。

（三）重构产业科技创新链和发展高端制造业的机遇

江苏拥有较强的供给能力，2015 年全省经济总量超过 7 万亿元，人均 GDP 突破 1.4 万美元，已全然步入高收入经济体行列。但应看到，江苏供给结构虽已经有所改善，但依旧需要提升供给体系的质量和效率，江苏目前经济规模大但不强，且中低端产品过剩，高服务品质却供给不足。

江苏省委、省政府近期出台的关于推进供给侧改革的意见和 2016 年省政府工作报告，着眼于提高江苏供给体系质量和效率，从“经济强”战略高度以创新为基点，加快构建产业新体系，建立具备强大影响力的产业科技创新中心，建设具有国际竞争力的先进制造业基地。江苏供给侧改革的重要一环是建设“一中心、一基地”，江苏产业创新载体、网络以及生态建设步伐亟待加快。

此外，将高端制造业纳入战略性新兴产业范畴，是积极推动“江苏制造”突破价值链中低端的重要举措。要以发展江苏高端装备制造业、培育大型龙头企业，建设先进制造业基地为重点，着力自主创新，加强品牌建设，促进集约发展，积极推动“江苏制造”向“江苏创造”转换，加快推进江苏制造业转型升级。

（四）企业创新发展和提升产品品质的机遇

深化供给侧结构性改革的过程中，提高企业竞争力，改善产品和服务供给也十分重要。经济下行期间，如何进行转型升级是众多企业面临的问题。

伴随着经济的飞速发展和社会的不断进步，人们的生活水平不断提高，居民的消费水平和消费结构也发生了巨大的变化，这就反映了相对应的消费品质的变化。为了适应消费品质的变化，各个企业必须做出相应的调整来适应，更好地满足需求侧的改变。

供给侧结构性改革给各类企业创新发展带来新机遇：一是促使企业树立卓越的管理理念，努力提高产品、服务的质量品质，切实培育具备国际影响力的自主品牌，抢占市场地位。二是激发企业改善产品供给，主动减少无效和低端供给，扩大有效的中高端供给，使得供给结构对需求结构变化的适应性和灵活性得以提升。三是激励企业生产经营模式的改变，充分利用现代信息技术推动“互联网＋”协同发展，推广个性化和柔性化生产，构建虚拟产业集群，在更大程度上整合要素资源，创新商业模式。

三、供给侧结构性改革下江苏制造的目标与任务

（一）供给侧结构性改革下江苏制造的目标

1. 着力抓好“三去一降一补”

以钢铁、水泥、平板玻璃、造船等行业为重点推进去产能工作，妥善

合理地处理过剩产能，出清“僵尸企业”，注重运用经济、法律等手段和技术、环保等标准，鼓励企业进行结构升级，从而有效减少破产。同时，加快户籍人口城镇化率十分重要，积极推进房地产去库存工作，有效释放住房刚性需求，把符合一定要求的外来人口纳入城镇的供应范畴。再者，推进去杠杆工作要以提高企业权益比重、降低企业负债率为核心。此外，从多方面入手，完善价格形成机制，注意企业用电、用气成本，有效减轻企业税收负担，清算各种涉企费用，研究精简社会保险和公积金费率等。最后，江苏应致力于加强经济社会发展的薄弱环节，增加有效投资，打好扶贫攻坚战，支持设备更新以及技术方面的随时更新，补齐软硬基础设施短板，完善基本公共服务。[2]

2. 着力推进创新创业

创新是供给侧改革的重要因素，创新要求将制度创新和运行机制改造作为支撑。首先，深化科技体制机制改革，完善支持自主创新和成果转化的政策体系。其次，要加大研发投入，引导各类创新主体研发投入的扩大。再者，强化企业的创新主体地位，结合运用原始创新、集成创新和引进消化吸收再创新，强化对提高供给质量的作用。然后，江苏要加快完善产业技术基础公共服务平台，使其足够匹配重点产业和技术的发展。最后，加强创新型人才队伍建设十分重要。

值得注意的是，民营经济是江苏经济发展的生力军。以制度变革和政策优化举措，推进发展，从供给侧提升民营经济发展质量水平。不但要明确将高新区、科技产业园、科技企业孵化器等作为众创空间创新创业载体，支持鼓励大众创业，而且需要做好众创集聚区的建设工作，通过围绕科教资源密集、创业企业集中区建立众创集聚区。同时，还要加快培育创新创业主体。实施科技型中小企业“小升高”计划，采用“创投 + 孵化”形式，使得科技型中小企业向高新技术企业转换。[3]

3. 着力提高产业整体素质和竞争力

加快“一中心、一基地”的建设，构建产业新体系十分重要。一是以智能制造为主攻方向大力发展先进制造业，组建技术创新中心，为企业提供技术支撑，促进信息技术和机器人等先进制造技术的智能化应用。不断加速重化工业和出口行业的调整工作。二是以产业科技创新为突破口培育战略性新兴产业，聚焦优先领域，支持发展新一代信息技术、新材料、新能源、生物医药、航空航天、节能环保等战略新兴产业。通过技术、商业模式以及产业等创新引导社会资本投入方向，促进战略性新兴产业成长。三是以生产性服务业为重点加快发展现代服务业，培育特色服务产业，重点发展的生产性服务业有金融服务、科技服务、信息服务、现代物流、商务服务、市场咨询、研发设计等，加快促使老年护理产业、文化产业、大健康产业、创意产业等现代服务业产业链形成。四是以跨界融合发展为支点全面促使互联网发展，积极提倡发展平台经济、电子商务等新模式。[4]

（二）供给侧结构性改革下江苏制造的任务

2016 年 4 月 7 日至 8 日，省委、省政府召开全省推进供给侧结构性改革工作会议，深入贯彻落实党的十八届五中全会、中央和省经济工作会议精神，坚决落实当前供给侧结构性改革中的去产能、去库存、去杠杆、降成本、补短板五项重点任务①[5]

1. 去产能

“去”是为了给有效供给腾出空间。江苏去产能，应遵循市场经济的规律，积极发挥市场出清的作用。在杜绝增长的基础上有效化解过剩产能，稳妥处置好“僵尸企业”，采用兼并重组的方式减少破产，淘汰落后产能，同时注重职工分流的安置问题。

根据 2016 年 5 月 3 日公布的《中共江苏省委江苏省人民政府关于推进供给侧结构性改革的意见》（以下简称《意见》）对于去产能的具体任务，到 2018 年底，煤炭、钢铁等行业实现经营性亏损额显著下降，初步确定，压减煤炭产能 700 万吨、钢铁（粗钢）产能 1225 万吨、水泥产能 600 万

① 引自《中共江苏省委江苏省人民政府关于推进供给侧结构性改革的意见》。

吨、平板玻璃产能800万重量箱、船舶产能330万载重吨，实现“僵尸企业”基本出清，其中2016年压减煤炭产能600万吨、钢铁（粗钢）产能400万吨、水泥产能380万吨、平板玻璃产能300万重量箱、船舶产能330万载重吨。到2020年底，全面完成“十三五”压减产能目标，产能利用率明显提升，传统行业退出一批低端低效产能，南北产业转移和国际产能合作取得更大进展。

推进过剩产能有效化解，积极稳妥处置“僵尸企业”，推动产业转移与国际产能合作，加快培育产业发展新增长点，全面激发产业创新活力，对于江苏制造的发展以及充分调动江苏创业创新的积极性有着十分深远的影响。

2. 去库存

去库存，主要是针对房地产市场区域性的特点，分城施策地进行推进。适当释放农业转移人口的城镇购房需求被提上日程，积极深化住房制度改革，鼓励支持合理住房消费，强化房地产市场引导显得格外重要。

根据《意见》的要求，到2018年底，全省住宅类商品房库存去化周期力争控制在14个月以内，以省辖市为单位的去化周期原则上控制在18个月左右，其中2016年全省住宅类商品房库存去化周期力争控制在16个月以内，以省辖市为单位的去化周期原则上不超过20个月，商品房库存规模明显下降。到2020年底，全省购租并举的住房体系基本建立，市场供求关系基本平衡，住宅类商品房库存去化周期保持在合理区间，非住宅类商品房库存有效化解。

无论是有效释放农业转移人口城镇购房需求、深化住房制度改革、打通商品房和保障房转用通道，还是加大合理住房消费支持力度、推进房地产行业转型升级，都对于江苏制造做好“去库存”工作有着十分重要的指导意义。

3. 去杠杆

江苏的去杠杆工作，要针对江苏政府和本地企业杠杆的不同特点，分类审慎进行操作。要着力提高直接融资比重，优化金融资源配置，防控金融债务风险，同时也要注意规范江苏省政府的债务管理。

《意见》明确规定，到2018年底，非金融企业直接融资占社会融资规模比重提高至30%左右，各类法人金融机构和地方监管的新型金融主体杠杆率全面达标或符合监管指标要求，不良贷款率低于全国平均水平，符合置换条件的政府存量债务全部置换为政府债券，其中2016年非金融企业直接融资占社会融资规模比重达到28%左右，当年政府存量债务置换计划全部按期完成。到2020年底，非金融企业直接融资占社会融资规模比重提高至35%以上，各类法人金融业企业资本状况符合相关监管政策要求，政府债务水平保持在合理范围，金融风险受到严格管控。

提升股权融资比重，降低企业杠杆率；拓展融资渠道，改善企业资产负债结构；优化金融资源配置，加大对经济新增长点的支持；加强政府债务管理，创新政府融资机制；落实风险防范化解责任，有效维护经济金融安全，这些都是江苏做好“去杠杆”工作的有效路径。

4. 降成本

“降”是为了提高企业的竞争力，要动真格、下真功、见实效。要基于“降本增效”的目标，积极降低企业生产要素成本，通过落实国家财税政策有效控制企业税负成本，采用简政放权的形式减少企业制度性交易成本。

根据《意见》的要求，到2018年底，企业税费负担、融资成本和制度性交易成本进一步下降，其中2016年全面实施“营改增”试点，落实好有关减税政策，进一步清理不合理收费，确保所有行业税负只减不增，全年为全省实体经济企业直接降低成本约1000亿元。到2020年底，企业生产经营环境明显改善，发展活力和盈利水平进一步提升，与减轻企业成本负担相适应的政策体系及长效机制更加健全。

据此，合理降低江苏的企业用工、物流成本，同时进一步降低江苏制造业的用能、用地成本，有效降低企业融资成本，努力切实减轻企业税费负担，并着力降低制度性交易成本将是江苏“降成本”的主要切入点。

5. 补短板

“补短板”中的“补”是为了拉长江苏供给体系中的短板，要“补”在薄弱处，补在关键处。要聚焦供给体系质量和效率、影响全要素生产率提高的重点问题以及影响市场主体活力释放的关键环节，加快补齐基础设施短板、民生保障短板、脱贫攻坚短板、人才供给短板和农业短板等等。

根据《意见》的要求，到2018年底，铁路运营里程达到3000公里以上，内河干线航道达标率达到68%左右，农村光纤覆盖率达到90%，改造棚户区60万套，高标准农田比重达到56%左右，农业机械化水平达到82%以上，PM2.5年均浓度比2015年下降12%，完成80条城市黑臭水体整治，建成6000个左右美丽宜居乡村，120万以上农村有劳动能力低收入人口人均年收入整体达到6000元，其中2016年全面展开“补短板专项工程”并取得初步成效。到2020年底，现代基础设施体系进一步健全，棚户区改造基本完成，现代农业发展基础不断夯实，苏南以市为单位、苏中苏北以县为单位实现最低生活保障标准城乡并轨，民生保障和基本公共服务均等化水平明显提升，与创新发展相适应的人才供给体系更加完善，300万左右农村低收入人口人均年收入整体达到6000元。

基于以上目标，江苏制造业在完善现代基础设施服务体系的同时，提升民生服务保障水平，扩大公共服务供给，同时推进精准扶贫精准脱贫，并且加快发展现代农业，这将使得江苏制造业的“补短板”工作更为顺利地进行。

四、本章小结

在继续扩大总需求的同时，坚定推进供给侧结构性改革，是当前江苏经济工作的主线，也是发展方式、发展思路的重大调整。深入贯彻实施《意见》，江苏省应该好好把握供给侧结构性改革所带来的机遇，全面深化改革、重构产业科技创新链和发展高端制造业、提升产品品质。在抓住供给侧结构性改革带来的有利机遇的同时，加快培育江苏制造新的发展动能，做好去产能、去库存、去杠杆、降成本、补短板五项重点任务，推动江苏经济全面持续健康发展。

参考文献

[1] 陈建清．供给侧结构性改革：江苏机遇与实现路径［J］．唯实，2016，06：58－60.

[2] 洪银兴．准确认识供给侧结构性改革的目标和任务［J］．中国工业经济，2016，06：14－21.

[3] 耿联．集中力量推进供给侧结构性改革 加快江苏经济转型升级凤凰涅槃［N］．新华日报，2016－04－11：001.

[4] 蒋伏心，白俊红，郭化冰，张新星．着力加强供给侧结构性改革 全面促进江苏产业结构升级［N］．中国社会科学报，2016－12－05：008.

[5] 中共江苏省委 江苏省人民政府关于推进供给侧结构性改革的意见［J］．江苏省人民政府公报，2016，09：3－11.

第二章 国家产业链重构与江苏服务型制造战略机遇

本章通过对国家产业链重构的分析，重点分析了江苏省制造业在服务转型中的战略机遇。本文首先论述了产业链重构相关概念，然后结合目前江苏制造业的发展分析江苏在发展服务型制造时所面临的机遇与问题，以及如何解决这些新问题。

一、本章引言

20 世纪 90 年代以来，国际产业分工的不断发展使得产品变得更加复杂化、标准化和模块化，产品生产过程日渐表现出可分解特征。基于传统垂直一体化分工的产业链呈现出"片段化"特征，产业链的不同环节在地域结构和经济组织中进行重新配置和结构重组，这一产业链重构以及随之而来的区域产业转移现象日益为人们所关注。

为了进一步提振中国经济，从产业结构着手改革，国务院总理李克强在十二届全国人大三次会议上作政府工作报告时也提出了"中国制造2025"① 的概念，其核心是以信息化与工业化深度融合为主线，其要旨是由要素驱动向创新驱动转变、低成本竞争优势向质量效益竞争优势转变、粗放制造向绿色制造转变、生产型制造向服务型制造转变，最终的落脚点是推行数字化网络化智能化制造。简而言之，其目标就是深化产业结构改革，推动产业协调可持续发展。

---

① 《中国制造 2025》提出，坚持"创新驱动、质量为先、绿色发展、结构优化、人才为本"的基本方针，坚持"市场主导、政府引导，立足当前、着眼长远，整体推进、重点突破，自主发展、开放合作"的基本原则，通过"三步走"实现制造强国的战略目标：第一步，到 2025 年迈入制造强国行列；第二步，到 2035 年中国制造业整体达到世界制造强国阵营中等水平；第三步，到新中国成立一百年时，综合实力进入世界制造强国前列。

目前我国学者针对服务型制造的研究并不多，已有的文献多是对产业链重构和服务型制造各自的解读，并未有学者统一起来研究。主要学者研究为：王宏强（2016）对国家产业链重构的概念、影响因素、表现形式和意义做了详尽的描述；杨慧、宋华明、俞安平（2014）借助江苏省200家制造企业数据和结构方程模型分析工具对服务型制造双重竞争优势模型进行验证，实证结果表明：服务型制造模式的主要构成要素对企业绩效和顾客绩效分别具有正向的促进作用，此模式能够通过创造差异化优势获取溢价效应，并且这种溢价效应不仅不以高成本运营为代价，反而能降低许多运营成本；武晓青、杨明顺、高新勤、巴黎（2011）通过与传统制造模式在价值增值、运作方式、组织模式和运作模式方面的对比，提出了一种服务型制造模式的概念模型，从制造过程上、中、下游三个阶段概括了该概念模型的特点。

二、国家产业链重构的概念、影响因素及其意义

（一）国家产业链重构的概念

产业链是产业经济学中的一个概念，是各个产业部门之间依据一定的技术经济关联和特定的逻辑关系，以时空布局关系客观表现的链条式关联关系形态。产业链的本质是用于描述一个具有某种内在联系的企业群结构，其间存在着大量的上下游企业关系，上游环节向下游环节输送产品或服务，下游环节向上游环节反馈信息。产业链中的价值链、企业链、供需链和空间链这四个维度相互对接均衡，从而形成了产业链。这作为一种客观规律，也是产业链形成的一种模式。

根据芮明杰（2006）、赵红岩（2008）等给出的定义，产业链可以理解为同一产业或不同产业中具有竞争力的企业及相关企业，以商品或服务创造过程中所经历的从原材料到最终消费品的各环节为纽带，按照一定的产业组织和空间联系，联结成的具有价值增值功能的链网状经济组织系统。其中有三层含义：①价值层面上，产业链一个价值创造过程，即价值

链是核心；②组织层面上，企业为产业链的主体，各加盟企业及关联机构组合形成了产业链的组织形态；③空间层面上，区位条件差异而导致的地理节点分布决定了产业链的空间布局。

根据最早对产业链重构概念进行解释的刘贵富（2006）的研究，产业链重构就是按照产业价值链的分析，对产业链战略环节重新定位调整的过程，完成产业链的修缮，重新构建一种新的区别于其他对手的生产交易链，使其产业链拥有独特的竞争优势，从而带来产业较大增值的新兴生产经营模式。然而，这一概念有些顾此失彼，虽然强调了价值链重构的重要性，却在一定程度上忽视了组织和空间结构因素对产业链重构的影响。

事实上，能够重新构建产业链的通常是资源的集成者，大都具有较强组织协调能力，是整个产业链的核心企业，一般也是产业链重构的发起者。因此，王宏强（2016）将产业链重构重新理解为：为了适应外部环境变化，核心企业基于产业价值链分析，通过在组织和空间上对产业链战略环节进行重新定位、调整和更换，构造一种有别于竞争对手的新兴盈利模式，以获取独特竞争优势和产业增值的过程。[1]

（二）国家产业链重构的影响因素

由于产业链重构是基于自身原有条件和外部环境对自身的优化与调整，那么其主要会受以下三个方面影响：

一是产业链的自身特征。①柔性化。柔性生产方式首先由英国的Molins公司提出，它是在柔性制造的基础上，为适应市场需求多变和市场竞争激烈而产生的市场导向型的按需生产的先进生产方式，其优点是增强制造企业的灵活性和应变能力，缩短产品生产周期，提高设备利用率和员工劳动生产率，改善产品质量，因此，是一种具有旺盛需求和强大生命力的生产模式。柔性化增强了产业链对市场动态变化的适应能力，要求企业联系更加快捷、灵活，这必然会改变传统产业链上的企业链接形式，进而影响和改进产业链的组织结构和空间结构。②模块化。模块化生产方式下，企业不再需要把所有生产工序集中在一个企业内部，而是将生产工序进行模块化分解，外包给其他经营单位，或者从市场上采购模块部件。当然，实施模块化生产方式的前提条件是产品的可分解性，即该产品既能被分解成若干零部件又可以进行重新组合，并且不失去原有的功能。在模块化系统中，企业之间的链接与合作更加机动灵活，参与企业自主决定参与或退出企业合资、技术合同以及雇用合同、承包关系、金融协调等活动。③标准化。标准化是为使产品生产或服务提供在一定范围内实现最佳秩序，对实际的或潜在的问题制定共同和重复使用规则的活动[①]。产业链标准化程度取决于产品、技术和服务三个标准的统一性。产业链的标准化程度越高，则其间各环节所需的管理和协调成本越低，产品生产工序的可分离程度越高，产业链组织重构的效率就越高。

二是企业微观层面。①核心企业的协调管理能力。产业链重构的成功与否很大程度上取决于核心企业的协调能力。核心企业在产业链中作为信息交换中心、物流集散中心、资金周转中心，对产业链中各企业的供应关系、信息关系和资金关系等各类联系的重建有着十分重要的作用。②企业间的交易费用。企业间交易费用主要是由中间产品的资产专用性和不完全契约下交易双方的机会主义倾向所致。企业的交易成本包括信息搜集成本、讨价还价与契约签订成本、监督成本等。契约签署环境越完善，规则约束力越强，监督成本越低，企业间的机会主义行为则更能得到约束，产业链重构中的产业联系也更加规范。

三是外部环境因素。产业链重构必然会涉及各企业各环节在资源、地域上的配置，开放程度、要素成本、地理距离、交通运输以及地区政策等因素都会对产业链的空间布局产生重要影响。

（三）国家产业链重构的意义

产业链重构不仅能够为企业获取竞争优势，更是进一步优化了产业资源配置，促进了产业结构优化升级，推动了地区经济发展。在现今需求拉

---

① 内容参考魏国江的《价值链分工与我国产业结构优化研究》，福建师范大学2008年博士学位论文。

动不足以拉动经济马车时，供给侧的产业结构升级显得尤为重要。

1. 有助于提高地区产业竞争优势

产业链重构是产业链不同环节的经济收益在不同企业和地区之间重新分配的过程。1997—2002 年，跨国公司在欧洲进行的投资总计 11183 项，其中包括总部、研发、物流和营销等在内的高端投资共计 5967 项，其间的 5451 项投资于经济发达的欧盟 15 国，在高端投资中占比 91.35%。从新加入欧盟的中东欧 8 国引进的 1820 项投资中，有 1304 项属于低附加值的低端投资，金额占总投资额的 71.6%。这种基于产业链重构的分散化投资，虽然难以改变中心—外围模式的产业控制与依附关系，但不可否认这在客观上确实是提高了发展中国家的产业竞争优势。目前，参与全球价值链的发展中国家在全球附加值贸易中的占比从 1990 年的 20% 增加到 2000 年的 30%，现今已经超过了 40%①。

2. 有助于改善和优化产业结构

从本质上讲，产业结构就是企业间的细化分工和要素分配，表现为不同产业间和同一产业内部的各组织之间的联系及产业体系的整体功能状态。跨国公司实质上就是为了实现价值最大化，将研发、设计、营销和售后等环节从一个产业链条上分离出来，将具有较大价值创造和较高端技术的环节保留在发达地区，而将低端产品制造等流水环节向外转移，促进了制造业和服务业在空间上的分离，从而导致发达地区生产性服务业等第三产业比重日益增加。目前发达国家普遍存在两个“70 %”的现象，即生产性服务业占全部服务业比重的 70%，服务业增加值占 GDP 的比重的 70%②。就我国而言，虽然相比这个数据略有差距，但从 2011 以来的数据来看，2012 年第二、第三产业的增加值持平，2013 年第三产业占比不断上升最终超越第二产业，至 2015 年第三产业的占比已突破一半，达 50.2%

① 资料来源于联合国《2013 年世界投资报告》。

② 数据来源于芮明杰《产业发展与结构转型研究——基于价值链重构：上海生产性服务业与先进制造业动态匹配研究》，上海财经大学出版社 2012 年版。

（具体情况见图 2－1）。与此同时，三次产业的贡献率也逐渐分离，至2015年，各产业的贡献率分别为4.6%、41.6%、53.7%（具体情况见图2－2）。

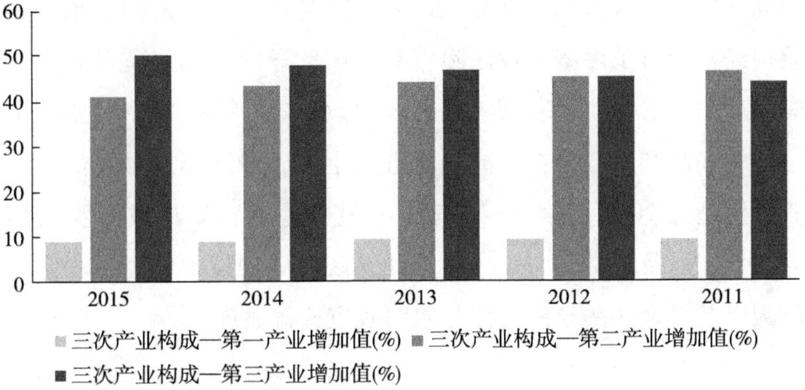

图 2－1　GDP 中三类产业增加值占比

资料来源：中国统计年鉴。

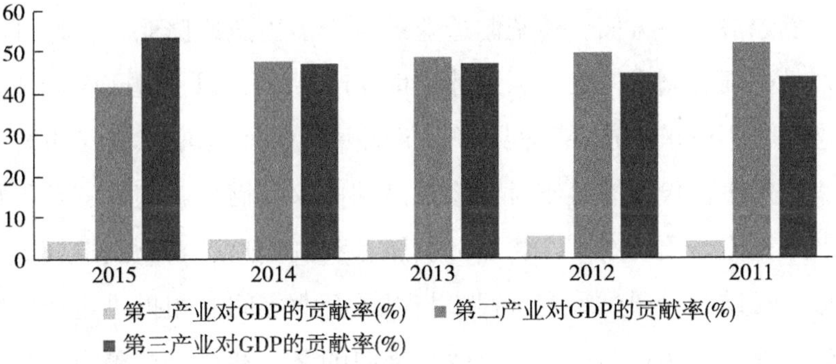

图 2－2　三次产业贡献率分布

资料来源：中国统计年鉴。

众所周知，在大都市中生产性服务业集聚程度是非常高的。而对于发展中国家和地区，则可以通过吸引外商直接投资等，充分利用其丰富的劳动力，成为发达地区产品制造的转入地，成为全球经济组织高度集中的控制中心。然而进一步的发展更需要的是加强自我创新能力与研发能力，向服务型制造生产靠拢，解决倚靠人口红利等非技术要素投入的问题，实现制造业结构升级。

3. 有助于促进区域经济协同发展

产业片段化、分散化、国际化特征不断突显，产业链的重构，尤其是空间重构经常伴有工序型产业区际转移，由此导致了加工贸易和中间产品贸易的快速增长。根据有关研究，全球约 60% 的贸易为中间品和服务贸易，这些中间品和服务会在不同阶段进入生产，最终形成最终消费品和服务，其价值超过 20 万亿美元①。其中大量的跨境贸易都被网罗在其子公司、合同伙伴以及正常供应商中。因此，区域间的技术、经济联系日益增强，跨国以及跨地区的经济合作与协同效应日益显现。

三、产业链重构下江苏服务型制造的战略机遇

如今随着发展中国家的崛起，劳动密集型的制造环境的复杂化和制造业竞争的激烈化，使得融合制造与服务的服务型制造模式成为当前制造业发展的必然趋势。一方面，传统制造业的生产能力急剧膨胀，全球开始步入实物产品全面过剩的时代。据估计，世界产品 95% 以上处于饱和或供求平衡状态，供不应求的产品不足 5%，产品平均利润率必然持续下降。另一方面，顾客不再仅仅满足于对实物产品的需求，而更希望能够获得更多的基于产品全生命周期的个性化服务。服务型制造这种新型制造模式，将产品与服务相结合，通过顾客全程参与以及企业之间互相提供生产性服务和服务性生产，来实现制造企业分散化资源的整合和核心竞争力的高度协同，继而达到价值链各环节价值延伸的目的。

面对全球经济增长范式的变化和顾客消费需求的变迁，很多制造企业开始寻求将其业务向服务领域延伸，在生产实物产品的同时为顾客提供个性化服务，如产品定制、售后检修与维护、产品升级与回收以及全生命周期管理等个性化增值服务。根据德国机器和设备制造企业协会的调查，由

---

① 资料来源于联合国《2013 年世界投资报告》。

于产品生命周期较长，机器和设备类产品的平均边际收益仅1%，而其安装、维修及过程支持等服务的平均边际收益要高于10%。此外，相比产品，服务更依赖于人力和技术，更加难以模仿，成为制造企业更为稳定持久的竞争优势来源。

（一）江苏制造业发展现状

江苏作为制造业大省，工业经济体量位居全国第一，2014年其各地区制造业增加额增幅平均高于10%。江苏（营业收入）百亿元工业企业超过100家，达到500亿元的企业超过10家，达到千亿元的有7家。目前，江苏制造业产业集群开始突显，专业化协作和分工配套程度日益提高，但其中心辐射能力有限。江苏制造业从中心城到外围的带动力影响不足，还难以构建能够拉动区域经济发展的链条式关系；增长速度较快，但高新技术产业增加值占制造业的比重较上海、浙江等地仍然不够，相比发达国家和新兴工业化国家更是不足；竞争优势单一，劳动密集型产业在制造业占主导地位，产业层次单一，与制造业配套的生产性服务业发展滞后；自主创新能力不强，创新投入力度不大，产学研结合层次不高，科教、人才等方面比较优势未得到充分发挥，创新成果转化能力远低于装备制造业强国。归结来看，近年来的发展主要有以下几个特征：①重工业主导趋势明显，工业化程度持续提高；②所有制结构调整完善，多种经济成分共同发展；③科技经费投入稳步提高，高新技术产业加快发展；④行业结构优化趋势明显，区域竞争比较优势增强。

（二）服务型制造模式与竞争优势

一种生产模式的产生、盛行与淘汰归根结底取决于顾客需求的变化。如今顾客需求的关注点从产品物理功能向个性化和便捷化服务转变，这就要求企业能够提供更多的基于产品的非物质化服务来满足消费者更加宽泛的需求。[2]

服务型制造的运作过程不同于传统的制造模式，生产性服务、服务性生产、顾客全程参与是构成服务型制造的三个基石，共同创造产业价值和

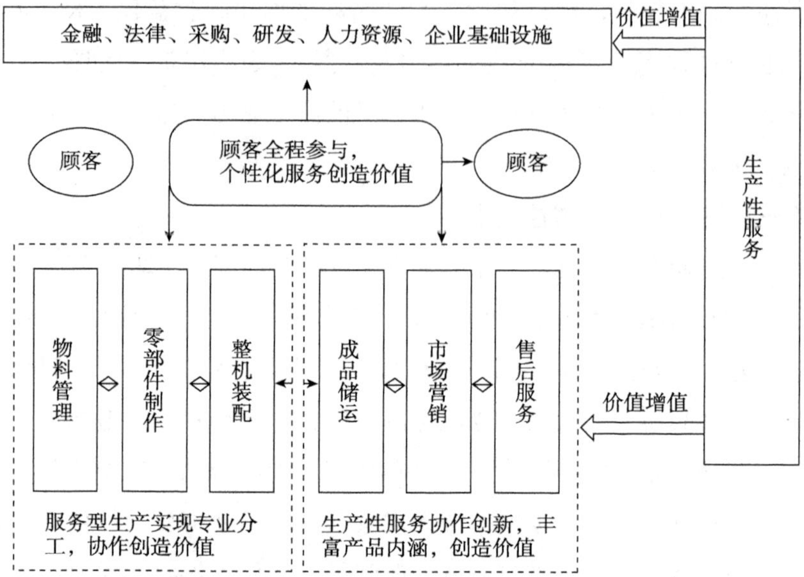

图 2－3 服务型制造模式

资料来源：笔者整理。[3]

顾客群体。如图 2－3 所示，对于顾客，企业在充分了解其需求的基础上，主动将其引入产品开发、制造和应用服务过程；对于其他企业，企业在业务流程中，主动为上下游客户提供生产性服务和服务性生产。这样使得传统制造环节得以改善，而价值链各环节都得以成为增值环节。[4]

由于这种全面的服务模式，首先差异化优势便凸显出来，这主要来源于两个方面：

（1）在产品服务系统中，不同类型的产品服务能够创造不同程度的差异化优势。面向产品的产品服务系统中，生产企业在向顾客出售产品时，提供附加于产品功能上的服务，以保障产品在一段时期内的功能使用。企业除了通过改善产品自身特性（如外观、性能、结构和质量等）来建立与其他产品的差异化；还可以通过提供优质且具有针对性的维护、装配、售后服务等活动来提高产品使用的方便性、安全性，从而增强区别于同类产品的竞争力。面向应用的产品服务系统中，生产企业拥有产品或服务的所有权，顾客购买的仅仅是使用权或者服务。这主要是通过多个客户共享使用设备来提高产品的流动性和使用效率，企业可以通过提升实物产品的质量或是提供不同的租赁方式以及优质诚信的服务实现差异化优势。面向效用的产品服务系统中，生产企业直接用产品向顾客提供服务，顾客既不购买产品也不拥有产品的使用权。这进一步增加了服务所占比重，从而节省顾客占用产品的时间。企业通过这些专业化和亲情化的服务来提升服务质量，优化服务形象，与竞争对手区别开来。[5]

（2）在价值链中，服务型制造模式下的研发、设计、制造、销售和服务活动被分配至不同企业，各制造企业缩短了产业链，专注于价值链上最擅长的环节，培养自身的核心竞争力，而将非核心业务的生产活动和服务外包。无论是服务性生产所带来的专业化竞争能力的提高，还是生产性服务所创造的新的价值增长点，都为企业带来了更多的优势区分空间；另外，由于顾客全方位参与，过程的个性化将不可避免地掺夹更多的差异化。

其次，服务型制造是一种超越了大量生产、大规模定制的更高级的生产模式，顾客的全程参与、产品的个性化、差异化所带来的成本优势也逐渐凸显：

（1）在产品服务系统中，企业产出与顾客消费有机融合，将一定数量的有形产品提供给更多顾客使用，以更低的成本实现更高的顾客价值。另外，通过消除企业与顾客之间的信息不对称性，生产者可以更有效率地利用知识帮助消费者发挥产品功能，提高资源配置效率，降低交易成本。

（2）在价值链中，许多环节可以实现成本优势：①在需求信息采集中，区别于过去“为产品找顾客”的生产方式，电子商务和信息系统大大降低了客户采集信息、市场预测分析等带来的成本，实现“为顾客定制产品”；②在研发设计中，企业提供一种有效的交互方式管理顾客期望，使得制造企业与用户之间形成一种相对固定的关系，促使制造企业开发潜在市场，获得范围经济效益；③在采购与供应中，由于是面向订单的生产模式，对原材料和其他投入的需求是确定的，能够显著降低原料和零部件库存；④在生产制造中，敏捷制造、精益生产和柔性制造使得低成本、多品种快速制造得以实现；⑤在售后服务中，顾客直接向企业订购产品，可直接跳过中间环节。同时，由于产品是由标准零部件组合而成的，不必针对产品的差异性增加额外的产品维修、维护成本，甚至在出现第三方售后服务机构时，可以将其外包出去，进一步降低成本。

（三）江苏服务型制造的战略机遇

在现今国家产业链重构的背景下，倡导供给侧改革的时代机遇下，企业更应把握机会，完成自身的转型升级，实现产业结构优化升级，更加贴合消费者的需求，在新兴的经济环境下挖掘并保持自身的竞争优势。其中十分重要的一点就是由生产性向服务型制造转型，而企业遵循服务型制造框架运行时，应好好把握如下几点。

1. 更加强调以顾客为中心

传统的制造模式以市场供需作为企业制造的导向，在如今信息爆炸的市场和激烈的行业竞争中却显得灵活性不足，往往由于信息不对称或滞后而导致供需不平衡，从而产品积压，导致制造企业的竞争力急速下降。服务型制造模式则大大改变了传统制造这种导向，更加注重顾客的个性化需求，使顾客全程参与渗透到产品的设计、制造、销售以及售后等各个环节，将各个环节细化分工，以将各环节落实到实处，从而使企业在日益白热化的竞争中显现出自身的优势。并且以获取的顾客反馈信息来指导服务型制造企业满足顾客的需求，可以及早发现和改善产品在设计制造中存在的不足，进一步把握市场动向。

2. 传统的企业界限变得模糊

服务型制造企业内各部门间的界限不再清晰，传统的制造生产流程进行的同时各部门之间的信息传递更便捷快速。服务性生产企业和生产性服务企业为了共同的目标相互协调合作，共同满足顾客需求，从而达到互利共赢的目标。这种新型的运行模式基于产业中的业务流程而非传统的企业职能部门，很大程度上加强了企业内部门间和企业间的信息网沟通，传统的企业组织界限被打破，企业界限变得模糊。

3. 专注于提升制造能力

对于一些自身制造水平和研发能力尚有欠缺，而且更多是在某个区域内的行业跟随性企业，在其目标客户更多是关注产品的功能的情况下，企业首先应关注提升自己的制造竞争力，其次再在产品功能齐全的基础上不断完善产品相关的服务水平。同时，还应努力提升产品水平，开发高端产品，然后再发掘产品与服务相结合的发展服务模式。只有建立在高水平的制造基础之上，才能真正为制造企业创造更多的利润。

4. 企业的业务流程变得动态复杂

由于在企业的业务过程中既包含了服务性生产企业，也包含了生产性服务企业之间的协作，服务型制造企业在其业务流程中对于产业的分散与核心业务保留考虑应予重视。这之间包含了与顾客之间大量的不确定的信息交互，企业应充分考虑其间的动态和复杂，在产业链中准确分配资源，最大程度地满足客户需求时提升自身的竞争优势。

四、本章小结

服务型制造的兴起和发展颠覆了传统的行业竞争格局，要求制造企业通过行业模式创新、收入模式创新或企业模式创新，调整企业的定价或在价值链中的位置，以适应内外部环境的变化，提高企业绩效和市场竞争力，而各企业的优化汇集起来就是整个产业结构的优化升级，核心企业的重新定位与战略重建就是产业链的重构。作为一种高端投入，服务可以大大提高实物产品的差异化程度。但由于各企业能力和定位不同，制造企业需要根据自己的情况选择适合自己的服务型制造发展路径，并随时根据自身的状况和市场环境变化进行调整。

江苏现今正处在工业化升级的关键时期，现有的高污染、高能耗等生产方式将难以为继，高密度劳动产业也日渐力不从心，发展服务型制造来提升制造企业的竞争力显得十分重要。现今由需求引致的生产区别于传统制造模式有了很大的改观，构建服务型制造系统，推广服务型制造模式，对企业竞争力的提高，以及国民经济增长方式的转变、制造业竞争力的提高具有重要的意义。江苏制造更应把握住改革的机遇，在国家的指导下，结合自身的优势状态，实现经济的新发展。

参考文献

［1］王宏强．产业链重构：概念、形式及其意义［J］．山东社会科学，2016，5：189－192.

［2］孙林岩，李刚，江志斌，郑力，何哲．21世纪的先进制造模式——服务型制造［J］．中国机械工程，2007，19：2307－2312.

［3］杨慧，宋华明，俞安平．服务型制造模式的竞争优势分析与实证研究——基于江苏200家制造企业数据［J］．组织与战略管理，2014，26：89－99.

［4］武晓青，杨明顺，高新勤，巴黎．服务型制造模式与运行框架研究［J］．工业工程与管理，2011，16：82－86.

［5］冯泰文．制造企业的发展模式：服务型制造［J］．价格月刊，2010，01：45－54.

第三章“互联网+”与江苏服务型制造发展新模式

发展服务型制造是制造业企业进行商业模式创新的新趋势。本章探讨服务型制造的内涵，剖析了制造业与服务业的关系，并结合江苏服务型制造发展现状，最终提出了“互联网+”背景下江苏服务型制造的四种发展新模式：产品延伸服务、产品功能性服务、整体解决方案和智能增值服务。

一、本章引言

传统的制造与服务是拥有明确界限的两个不同部门，伴随着制造业与服务业产业融合发展的趋势，服务型制造的发展形态应运而生（Toffel，2008）。[1]国外一些大企业早已成功实现了服务型制造的转型，大大提升了企业的竞争力，如GE、IBM、SIEMENS、NIKE等（Wise and Baum - gartner，1999）。[2]日前，江苏省经信委在全国省级层面率先出台《推进服务型制造发展的意见》，确定了个性化定制、总集成总承包、专业化社会服务、在线支持服务、全生命周期管理、融资租赁服务六个重点发展领域，表明将通过3年的努力，培育形成50个集聚基地和300家示范企业。

2015年7月国务院《关于积极推进“互联网+”行动的指导意见》出台，标志着“互联网+”时代的真正到来。在“互联网+”时代，互联网与经济社会深度融合，推动各领域的大众创业、万众创新，提升实体经济的创新力和生产力。2016年3月5日，国务院总理李克强在政府工作报告中提出：实施智能制造示范项目，启动工业强基、绿色制造、高端装备等重大工程。当前，江苏在推进互联网与制造业跨界融合方面取得了很大进展，但也存在很多问题。深入探讨发挥江苏互联网经济先发优势，加快推进“互联网+服务型制造”发展，对于构建新的产业链、进一步提升制造业发展水平、形成新的区域经济发展动力、实现江苏经济转型升级都具有重要意义。

过去文献的研究主要集中于服务型制造的影响因素、服务型制造的分类，以及实施服务型制造战略的具体措施，而并没有过多地研究在“互联网+”① 背景下江苏服务型制造发展的模式。本章首先界定服务型制造的内涵，进而探讨制造业与服务业的关联，并结合江苏服务型制造的发展现状，最终归纳出“互联网+”背景下服务型制造的四个发展模式。

二、江苏服务型制造发展现状分析

（一）服务型制造的界定

1. 服务型制造的概念和特点

服务型制造的目的是为了带来制造价值链中各利益相关方的价值增值，通过将产品和服务进行融合、客户参与、企业相互提供生产性服务和服务性生产来实现分散化制造资源的汇总和核心竞争力的协同，据此达到高效创新的一种制造模式。服务型制造是基于制造的服务，是为了服务而制造。[3]

服务型制造的三个“基石”分别为生产性服务、服务性生产以及顾客的全程参与，三者协同创造企业价值。服务型制造具有和以往各类制造方式显著不同的特点：

从运作模式来说，服务型制造更关注客户价值的实现，将客户放入产品制造和服务提供及消费过程中来，主动发掘顾客的个性化需求，通过和客户建立合作的形式满足顾客的效用，实现企业和客户价值的双赢。

---

① “互联网+”是创新 2.0 下的互联网发展的新业态，是知识社会创新 2.0 推动下的互联网形态演进及其催生的经济社会发展新形态。“互联网+”是互联网思维的进一步实践成果，推动经济形态不断地发生演变，从而带动社会经济实体的生命力，为改革、创新、发展提供广阔的网络平台。

在商业模式上：服务型制造延伸为服务企业针对制造企业的生产性服务、制造企业之间的生产过程服务协作以及制造和服务企业交叉融合，为最终消费者提供个性化定制和客户全程的设计参与。

从生产组织方式上看：服务企业、顾客、制造企业相互通过价值感知，在互利协作中涌现出具有动态稳定结构的服务型制造系统。动态稳定结构表现为两种形式：一是以大企业为主导的产品服务系统供应商模式，中小企业通过为大企业提供配套及业务流程服务与大企业合作；另一种则是“专、精、新、特”的中小型制造及服务企业聚集形成的企业群团，它们通过平等、细致的业务分工，实现低成本、高效率的制造。

从实施模式角度，实施服务型制造必须提前确定拥有先进制造技术的制造系统和具备现代信息与知识管理技术的管理系统，满足市场的需求管理和生产运作的能力管理的要求，实现不同类型主体服务型制造的相互合作，有效进行风险管理控制，使得位于传统价值链中低端的企业早日升级成为服务型制造企业。

2. 制造与服务关联性

服务型制造是制造服务化和服务工业化共同发展的结果，是制造价值链与服务价值链的相互渗透。伴随着经济发展水平的提高，制造与服务之间彼此依赖的程度越来越深，服务渗透到了制造企业价值链的各个环节，任何制造产品的生产都会融入越来越多的服务。传统意义上的制造和服务之间的边界逐步消除，两者呈现出融合的趋势。其中，制造与服务融合发展的关键要素：

（1）企业的发展战略应服从制造与服务的融合趋势。制造企业需要根据顾客需求，充分考虑企业的制造优势和服务资源，制定明确的发展方案，拿出极具竞争力的产品服务系统，并不断管理和更新现有的企业战略规划，以预防弹性较大的市场需求的变化。

（2）确保服务的标准化和灵活性。服务型制造企业将其业务向服务领域延伸，通过服务的标准化，企业不但能够提高管理效率、降低成本以及日常管理的难度。同时，基于各个企业在其价值链中的不同位置、制造能力以及所面临的目标市场差距较大，服务的灵活性就显得格外重要。

（3）服务型制造企业的定价策略。服务型制造企业的目标是为顾客提供整体解决方案，据此可知，企业的收益来自于产品的全生命周期。同一次性交易相比，将服务主攻在其核心产品上能够给公司带来相对较高的收益，而更新的交易方式将改变产品服务系统的定价方式。同时，在产品服务系统的模式下，顾客更注重的是产品和服务所带来的效用。唯有真正了解顾客的价值感知机理，正确的产品服务系统定价策略才能被发觉。

（二）江苏服务型制造发展现状

近10年来，江苏经济增速由两位数回落到个位数，经济增长相对较“稳”。从绝对量看，2015年全省生产总值占全国GDP的比重为15.1%，在广东之后，位居全国第二。2015年全省人均生产总值为87995元，比上年增长8.3%，列天津、北京、上海之后，居全国第四位。“十二五”期间江苏省制造业产值首次被服务业超越，服务业成为拉动江苏经济增长的第一产业，江苏经济发展正式进入后工业社会。①

1. 服务型制造的总体发展趋势

（1）制造业价值链的核心由产品制造向服务提供转变[4]

伴随全球制造业生产基地向发展中国家转移，制造领域的竞争异常激烈，利润空间不断受到挤压，制造业价值链的核心也由产品制造向服务提供转变。美国德勤公司对80家制造业公司的调研结果表明：服务收入占销售收入的占比平均值超过26%的企业中，19%的公司服务收入占比大于50%，服务环节获利程度平均比制造环节高76%，服务业务环节产生的利润占利润总额约46%，且在过去几年里服务业务的增长速度平均高于公司整体业务的10%左右。

---

① 资料来源于江苏省社科院副院长、著名经济学家吴先满的答人民网记者问。

（2）服务型制造发展水平同地区经济水平密切关联

制造业服务化的水平同地区经济的发展程度呈正比，发达国家制造业服务化的水平要显著高于正处在工业化进程中的一些国家。剑桥大学曾经对55000家上市制造企业进行研究，发现主要发达国家中同时开展制造和服务业务的企业占总数30%左右，其中美国比例最高，达到56%。中国制造业服务化进程则相对落后，但近年来增长迅猛。

（3）大企业决定服务型制造的发展

20世纪90年代起，跨国制造企业就逐渐将业务重心转向研发设计、营销等服务环节，明显转变成了服务提供商，并从中获得了许多价值增值。全球最大的飞机引擎和汽油涡轮机制造商罗尔斯—罗伊斯近年来致力于为客户提供高价值的服务，公司CEO John Rose说过："每销售一台引擎，就有重大的服务机会，用服务来保障收入，服务将给我们客户增加价值，同时也将增加我们自己未来可以预见的收入。"

（4）制造企业提供的服务环节和方式趋于多元化

剑桥大学对全球上市公司财务排名前50位的制造业企业做了相关调查，结果表明：这些企业可以提供包括设计、金融、咨询、外包等12种服务环节，其中最主要的服务类型是产品设计和开发、维护支持、系统和解决方案、零售和分销等四类，而增长最快的服务类型是房地产、租赁和咨询服务，值得一提的是，租赁、咨询服务是制造企业服务化转型较大的领域，体现着制造企业服务化的变化趋势。

2. 江苏省服务型制造现状

近年来，江苏一直致力于制造转型升级发展，落实《中国制造2025》相关政策时，在促进生产型制造向服务型制造转变方面取得了一些成果。

2016年江苏在全国率先出台《推进服务型制造发展的工作意见》，此外，江苏第二批服务型制造示范企业名单也在2016年底前公布，这为国家推进、发展服务型制造工作提供了参考价值。

方兴未艾的服务外包产业，为江苏在国际产业转移和产业结构调整方面提供了难得的发展机遇。江苏经信委得到的数据显示，2016 年首批被认定为省级服务型制造示范企业达到 52 家，苏州的博耳和科达、无锡的双良、常州的今创和徐州的徐工，作为江苏服务型制造的典型代表在国家工业和信息化部在南京召开的现场会上被观摩，并且在全国层面进行推广。更有无锡双良入选哈佛商学院教学案例。①

江苏省经信委副巡视员周毅彪表示，发展服务型制造是江苏工业转型升级的必然选择，这是全省经信部门的共识。近年来，江苏制造业取得了平稳较快的增长，运行质量不断提高，但仍存在产能过剩、创新能力弱、发展动能不足、产业发展层次低等问题，传统制造业仍然处在价值链的中低端。服务型制造的开展，将成为江苏制造企业转型升级的重要契机，更是“江苏制造”走向“江苏创造”的必经之路。

企业要实现转型升级，政府的协助必不可少，据悉，2016 年江苏全省共扶持 56 个基础条件好、市场竞争力强、服务水平高的服务型制造项目，较上年上浮 80.6%。根据抽样调查结果，目前全省已有约 1.5 万家制造企业在服务型制造上获得初步成功，另外一些企业也正在逐步完成由制造向制造加服务的模式转换。分析行业情况可知，50% 以上的装备制造业和约 30% 的消费品行业企业均已步入服务型制造的行列。

三、“互联网 +”下江苏服务型制造发展新模式

（一）“互联网 +”对江苏服务型制造发展的影响

虽说江苏服务型制造发展速度较快，但是大部分区域的制造业基础薄弱，2015 年制造业总产值仅占江苏省的 28.17%，一半以上为低技术制造业，高技术制造业比重较小，并且部分高技术产业缺乏核心技术，主要分布在加工组装部分，该部分附加值较低。2015 年国务院发布《中国制造 2025》与“‘互联网 +’协同制造”等重要战略文件，且 2016 年 5 月发布

① 数据来源于中国江苏网《服务型制造助推江苏工业转型升级“先行先试”领跑全国》。

《关于深化制造业与互联网融合发展的指导意见》，希望通过信息技术的广泛应用，促进互联网和制造业的协同发展，优化制造业的创新能力和质量品牌效应。“互联网+服务型制造”的本质为基于数据化、智能化、协同化和服务化四个方面的考虑，下面我们就基于价值链角度，跟随“四化”来分析互联网对服务型制造的影响。

1. “互联网+”促进服务型制造数据化转型

伴随大数据、物联网、云计算等信息技术的迅猛发展，服务型制造在整个价值链和产品生命周期都逐渐呈现出数据化特征。如价值链上游研发设计数字化不但可以实现虚拟环境下产品协同设计、使用模拟功能等，而且还可以通过对用户行为和需求数据进行量化分析，来精准了解用户需求，以达到指导研发设计的目的。价值链中游工厂数据化实现智能生产，通过信息物理系统抓取生产数据传到云计算中心，据此对生产进行实时监控，同时数据经过快速处理反馈，更加优化了工业控制和系统管理。价值链下游的产品和装备数字化借助传感器、社交媒体、移动互联网以及包括数据分析等在内的技术，满足客户个性化服务的需求，同时通过分析大数据分析精准化产品安全故障情况，最终优化产品的功能。

2. “互联网+”智能制造重构产业价值链曲线

“微笑曲线”理论提出制造业的高利润主要得益于价值链中的研发和营销环节，而中间的加工环节利润较低。而日本提出的“武藏曲线”认为最丰富的利润恰恰存在于“制造”里。这主要是因为我国长期就存在着混淆“制造”和“生产”概念的情况。生产的目的是获得利润，而制造强调产品。当前服务型制造面临从生产向制造到服务的转变，满足市场需求的产品必然会存在利润，而互联网加速了这种转变过程，也加快了服务型制造的智能化和网络化进程。通过智能化提升效率，利用网络化加快信息传递速度，最大化服务型制造的生产制造环节价值，从原本的价值链低端走向高端。

3. “互联网+”实现服务型制造多环节的协同创新

伴随着社会分工和科学进步，服务型制造的价值链得以延伸，横向延伸了原材料采购、物流、支付、融资、信息安全等环节，纵向涉及科技研发、生产制造、创意设计、营销推广以及售后服务等多个环节，而互联网贯穿着每一个环节，整合这条价值链上的各个主体和资源，形成全价值链协同网络，让越来越多的服务型制造企业借助互联网参与协同创造价值，借助多种形式的互联网实现平台共享、利用信息、知识和创新资源相互学习，达到产学研协同创新的目的。

4. 制造业服务化转型促进服务型制造价值生态系统的构建

从价值链系统视角来讲，服务型制造业价值生态系统是用户生态系统、产业生态系统、商业生态系统、科技创新生态系统的整合。该生态系统包括消费者、投资者、供应商、研发机构、政府、高校、协会等利益方，以满足消费者需求为起点，集研产销于一体，是一种具有开放性、自组织性和包容性的价值网络形态。而制造与服务的融合则加速了构建服务型制造生态系统，服务型制造企业必须正确认识生态系统中的价值链分布、重新对待自己的生态位、重新定位自己的角色、重新寻求发展方向。

（二）“互联网 +”下江苏服务型制造发展具体模式

本章提出服务型制造的四种发展模式：供应链延伸服务、产品功能服务、整体解决方案和智能增值服务，这四种发展模式有别于传统模式，为基于“互联网 +”背景下的新模式。[5]

模式 1：产品延伸服务

该种模式中的企业的基本定位仍然是制造商，只是因为企业本身战略的改变与产业环境的变化，使基于原本的核心供应链或价值链向上或向下延伸，在此过程中充分发挥互联网在社会资源配置中的优化和集成作用，进而提供产品延伸服务。这种转变大多是在 B2B 和 B2C 的脉络下，客户将部分功能外包给供应链上的其他企业。典型例子是设备制造商向上游延伸，由 OEM 转为 ODM，并进一步提供个性化定制；向下游延伸配备物流与售后维修等相关服务，进一步还能够提供由自家制造出的设备生产的最终产品，销售给最终用户，也就是将以前的间接客户转换成了直接客户。

这是一种基于互联网下的供应链关系的重构。

模式2：产品功能服务[6]

此模式下，制造企业掌握着产品的所有权，制造业企业提供产品的功能。不难得知，顾客真正需要的是产品的功能而非产品本身，如租赁或共享。我们知道产品大多属于资本类财产，而顾客的使用时间通常小于产品的生命周期，因此顾客倾向于进行产品的租赁。而租赁的方式可以是两种形式：一方面是制造业企业直接租给客户；二是通过中介机构建立起制造企业和客户的联系。在“互联网+”的背景下，将互联网的创新成果深度融合于产品功能服务之中，形成广泛的以互联网为基础设施和实现工具的发展新形态。通过供应链成员之间的担保、信用交易及与金融机构联合形成供应链金融体系，以及借助融资租赁的方式拓展市场等等。

模式3：整体解决方案

制造业企业提供的是一套涵盖服务、产品和系统等三大要素的解决方案，顾客的需求及满意度是最高标准，这类产品大多是技术密集或高成本的资本财产，也就是复杂产品系统。因此，提供整体解决方案时，必须考虑所需具备的四大能力：系统整合、企业诊断服务、卖方财务设计和营运服务，包括后续的组织变革的相关问题（Brady et al.，2006）。制造业企业提供项目总集成总承包、合同能源管理等时，应充分发挥互联网的优势，优化生产要素、更新业务体系、重构商业模式等来实现经济转型升级。

模式4：智能增值服务

此模式主要依托信息共享平台，去中介化，以此来达到降低交易成本的目的，同时响应了供给侧结构性改革下“降成本”的号召，提升了资源配置效率。同时，依托信息共享的增值效应和智能制造的快速响应能力，为客户提供低成本、高效率的专业化服务。典型的做法是，在制造业企业原有的客户群体和供应链关系的基础之上，充分应用大数据、物联网、云平台等新一代信息技术，实现科技、文化等大量资源的对接工作，融入诸如众创、众扶、众包等元素，致力于搭建跨行业、跨地域的信息共享平台。制造业企业主导创建该平台，同时也使得客户、供应商以及其他一些利益相关者共同搭建并共同受益于这一平台，凭借信息共享的增值效应和互联网优势，共创价值。

四、本章小结

本章研究了服务型制造模式对制造业的提升作用以及对服务业的带动作用。首先对服务型制造进行了剖析，然后简述了江苏省服务型制造的发展现状，指出江苏省只有实施服务型制造战略，大力推进制造业与现代服务业的深度融合，才能提升江苏省服务型制造业的竞争力，推动江苏制造向产业价值链高端转移。紧接着，通过介绍“互联网+”下江苏服务型制造发展的模式，具体介绍了“互联网+”背景下江苏服务型制造的转型升级方式。

参考文献

[1] Toffel, M. W, Contracting for servicizing, Working paper no. 08 – 063, Harvard University, Cambridge, U. S. A 2008.

[2] Wise, R., and Baumgartner, P, Go down – stream, Harvard Business Review, 1999, 77 (5): 133 – 141.

[3] 方晓波. 服务型制造的发展路径与模式研究 [J]. 学习与实践, 2016, 09: 27 – 34.

[4] 王海兵，杨蕙馨. 从全球价值链到新产业生态系统 [J]. 清华管理评论，2014 (11): 46 – 54.

[5] 童有好. “互联网+”促进制造业转型升级 [N]. 中国电子报，2015 – 06 – 16.

[6] 安筱鹏. 服务化引领高端化制造强国的必由之路 [J]. 中国信息化，2015 (9): 7 – 11.

第二篇

市场结构篇

第四章 工程机械行业

一、工程机械行业简介

（一）工程机械行业的定义

2011年6月1日，中国工程机械工业协会正式发布、实施《工程机械定义及类组划分》标准，对工程机械进行了界定。该标准指出凡土方工程、石方工程、流动起重装卸工程，人货升降输送工程，市政、环卫及各种建设工程、综合机械化施工以及同上述工程相关的生产过程机械化所应用的机械设备，称为工程机械。[①] 它主要应用于国防建设工程、交通运输建设，能源工业建设和生产、矿山等原材料工业建设和生产、农林水利建设、工业与民用建筑、城市建设、环境保护等领域。

（二）工程机械行业的分类

中国工程机械行业产品范围主要从通用设备制造专业和专用设备制造业大类中分列出来。1979年由国家计委和第一机械工业部对中国工程机械行业发展编制了“七五”发展规划，产品范围涵盖了工程机械大行业18

① 引自中国工程机械工业协会标注 GXB/TY0001—2011。

大类产品，并在"七五"发展规划后的历次国家机械工业行业规划都确认了工程机械这 18 大类产品。随着时代的发展，工程机械行业的分类也日趋完善，2011 年《工程机械定义及类组划分》界定了我国工程机械所属的 20 大类产品的类、组和型，内容整理见图 4－1。

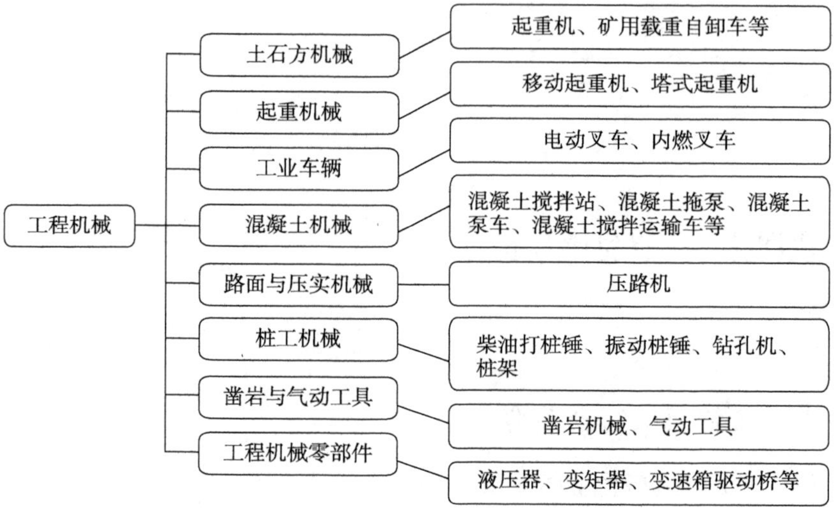

图 4－1　工程机械行业的划分

资料来源：作者整理。

（三）机械行业发展的基本特征

全球化的规模生产已经成为各大跨国公司发展的主流。在不断联合重组、扩张竞争实力的同时，各大企业也纷纷加强对其主干业务的投资与研发及多样化市场适应能力。

1. 发展不平衡导致区域性增强

目前，全球工程机械的市场主要集中在北美、西欧、中国和日本，这四大市场约占据全球市场的 70%。全球工程机械的制造主要集中在美国、日本、西欧和中国四个地区，总产量占全球的 80% 以上。欧美国家，特别是美国、日本和德国等制造业发达的国家，在工程机械的精细化、标准化和自动化的优势比较明显，技术水平明显高于其他发展中国家。此外，随着全球化的加深，新兴市场工程机械行业的整体技术水平虽然与发达国家尚有差距，但差距已经在逐步缩小。一批新兴的工程机械市场近年来也开始崛起，如俄罗斯、印度等表现出较大市场潜力。

2. 机械制造业跨国并购加剧

现代并购不再一味地强调对抗竞争，强强联合成立企业是获得竞争优势的主要手段。跨国并购成为工程机械行业全球化过程中大公司谋求生存发展的一大特点。随着日趋饱和的市场和日渐激烈的市场竞争，投资建厂的风险增大，也使得更多企业开始采用联合并购的手段。在建厂的前提下，优化企业产品结构，以达到提高生产能力、扩大市场份额、获取规模效益的目的。以高技术为内涵的行业来自技术创新的威胁，使跨国公司走上了联合之路，以形成强大的技术创新能力。工程机械行业的大企业间的战略并购，导致工程机械行业资源的重新配置，使得世界工程机械行业的竞争格局出现了协作型的新局面。

3. 生产方式发生深刻变化

近年来，全球与中国经济环境发生重大变化和调整，受此影响工程机械产业出现历史性波动，成本上升、竞争加剧、需求冷淡等特点明显。因此发达国家加大了产业转移的力度，工程机械产品中附加值低的产品被安排到市场潜在需求的发展中国家进行生产。为适应市场需求的变化，各大生产商纷纷采取专业化生产，“单品种，大批量”已成为很多500强企业生产方式的新特色。在竞争日益激烈和严峻的市场环境下，全球的工程机械制造商持续发力，不断推进技术、产品创新，并将此打造为驱动行业和企业发展的重要动力。同时以生产者为主导的生产方式逐步向以消费者为主导的定制生产方式转变，服务的个性化成为竞争成败的重要因素。

二、工程机械行业的发展历程

（一）国外发展的基本情况

1. 市场总体需求持续下降

2015 年，全球工程机械市场呈现了加速下滑趋势，以台量计算的同比下滑幅度为－17%，以价值计算的下滑幅度为－16%。其中西欧市场销售量在2014年增长了11%，2015年增速下降至2%。北美工程机械市场需求在2015年同比下降了近2%。美国经济自2008—2009年的衰退以来并未实现大幅度增长，工程机械市场一直处于疲软状态。日本工程机械市场由于地震海啸灾难之后产生的设备需求在2013年达到了一个高点，但近两年连续下降。如表4－1所示是近几年世界主要国家工程机械市场销售额的统计。

表4－1　2011—2015年全球工程机械市场销售额统计

单位：百万美元

年份	西欧	北美	日本	中国	印度	其他国家	合计
2011	11873.4	20340.2	3201.8	34643.5	3066.1	28961.5	102086.6
2012	11962.2	24915.9	4345.8	23357.0	2192.1	32067.3	98840.3
2013	11960.0	26491.8	5713.0	20999.7	1998.2	25403.5	92566.2
2014	12299.5	28573.7	6676.0	18626.8	1833.2	25545.6	93554.9
2015	12454.0	29857.3	5092.5	10118.6	1888.4	19451.7	78862.5
产品范围：沥青混凝土摊铺机、挖掘装载机、履带式推土机、履带式装载机、挖掘机、平地机、非公路自卸机、越野叉车、滑移装载机、轮式装载机							

资料来源：英国工程机械咨询有限公司。

2. 小型设备需求强劲

随着世界各国对于环境保护、生态建设、园林、绿化、农田建设等施工量逐步增加，小型工程机械有越来越广阔的舞台。西欧市场表现突出的产品包括小型挖掘机和履带式挖掘机。北美工程机械市场小型设备表现好于较大型产品，特别是小型挖掘机的需求有所增加，而小型轮式装载机和其他一些小型设备也有所增长。以卡特彼勒公司为例，2016年8月，卡特彼勒宣布停止液压钻机业务，并出售其地下软岩开采的房柱设备系列，其结束了委托威克诺森生产紧凑型挖掘机，选择自行生产小于3吨的挖掘机。

3. 工程机械租赁市场崛起

在日益成熟的工程机械市场环境下，租赁及零部件是维持工程机械代理商生存的基本之道。工程机械租赁业能有效地缓解工程建设企业资金短缺、资金周转困难的问题，使资金能够更加合理地被利用，促进投资市场的发展。全球工程机械租赁市场营业额约为400亿美元，相当于全球工程机械总产值的四分之一，而美国、日本等发达国家工程机械设备租赁消费额占整个工程机械市场需求的比例可达80%。美国预计2016年设备租赁行业的收入增加到473亿美元，增长4.3%，估计到2020年设备租赁行业的收入将达到555亿美元。①

（二）国内发展的基本情况

我国的工程机械行业经过多年的发展已经具备了相当的规模和技术水平，已经超越美国、日本、欧洲成为全球最大的工程机械市场。

1. 整体形势向好

2015年我国工程机械行业处境艰难，许多企业销售低迷、效益下滑，至此我国工程机械整体市场销售已连续四年下滑。2015年底，全国工程机械行业完成营业收入4570亿元，比2014年下降11.7%。2016年，国内工程机械市场逐渐走出销量连续多年同比下滑的局面，如表4－2所示，各大类产品销量先后出现同比回升，行业景气度出现底部复苏的趋势。其中与基建关联度较高的挖掘机、推土机等产品，销量同比增速较高。图4－2是挖掘机行业近几年的月度销售量，2016年11月，全行业挖掘机销量6664台，月度同比增加72.6%，累计同比增长21.0%；装载机销量5176台，同比增加21.8%，累计同比下滑7.9%；推土机销量287台，同比增加60.3%，累计同比增长40.4%；压路机销量878台，同比增加44.2%，累计同比增长13.1%。

① 引自美国租赁协会。

表 4－2　2016 年 1—10 月工程机械主要产品月度销量

月份	挖掘机	装载机	推土机	压路机	汽车起重机	履带起重机	随车起重机	叉车
1 月	－17.2%	－37.3%	－65.0%	－5.4%	－28.6%	－21.2%	－40.7%	－3.3%
2 月	39.8%	－7.0%	－60.3%	2.2%	－18.8%	－43.7%	－29.3%	5.4%
3 月	19.3%	35.9%	27.1%	29.5%	－13.2%	－3.4%	－6.9%	17.9%
4 月	－15.7%	－36.1%	－3.6%	－10.8%	－22.4%	－35.8%	5.6%	－7.1%
5 月	2.1%	－31.1%	107.5%	2.4%	2.1%	－16.3%	－25.9%	4.4%
6 月	7.0%	－26.6%	103.1%	13.4%	－14.4%	－40.5%	－11.5%	3.5%
7 月	13.2%	－15.3%	89.2%	1.7%	－11.2%	－39.1%	－5.4%	5.3%
8 月	44.9%	－9.1%	207.7%	22.2%	－18.6%	－41.1%	－5.3%	27.8%
9 月	71.4%	1.0%	187.7%	33.6%	6.8%	－27.8%	1.4%	21.7%
10 月	71.4%	14.6%	179.3%	23.1%	32.9%	－14.8%	22.3%	24.9%
累计	21.0%	－7.9%	40.4%	13.1%	－16.2%	－28.9%	－11.0%	9.8%

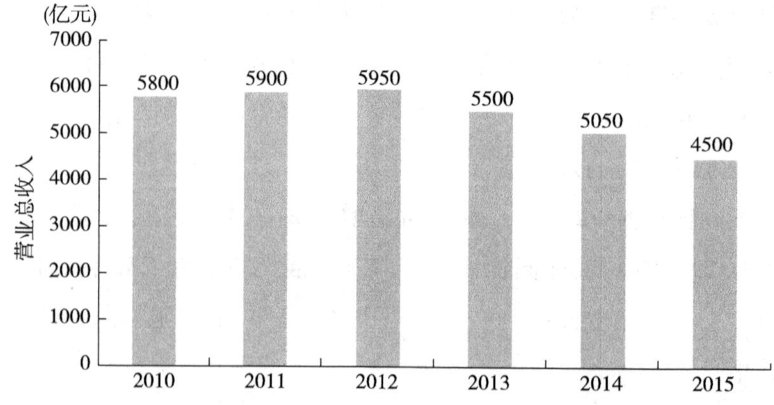

图 4－2　2014 年 1 月—2016 年 7 月挖掘机行业月度销量

资料来源：中国产业信息网。

2. 进出口见底企稳

2016 年我国工程机械进出口贸易额为 202.77 亿美元，同比下降 9.26%。其中进口金额为 33.17 亿美元，同比下降 1.50%；出口金额为

169.6 亿美元，同比下降 10.6%，贸易顺差为 136.44 亿美元，同比缩小 19.68 亿美元。出口方面，由于国际市场总体需求下降，2016 年我国工程机械产品出口降幅为 1998 年以来，除国际金融危机导致 2009 年我国工程机械产品出口额大幅度下降外的最高降幅。但是从类别来看，我国工程机械行业各产品出口同比互有增减。截至 2016 年 11 月，挖掘机出口同比增长 25.7%，装载机出口同比减少 8.5%，推土机出口同比增长 9.4%，压路机出口同比下降 0.3%。整体来看，出口销量呈现见底企稳的趋势，如表 4－3 所示是我国 2016 年 1—11 月工程机械行业出口数据。进口方面，由于下半年国内市场需求转旺，2016 年工程机械进口额总体呈现降幅单边收窄态势，全年仅下降 1.5%，为 2011 年以后降幅最小年份。

表 4－3　2016 年 1—11 月工程机械行业出口数据分析

月份	出口同比增速				出口占比			
	挖掘机	装载机	推土机	压路机	挖掘机	装载机	推土机	压路机
1 月	16.3%	－31.6%	－67.2%	－6.4%	15.7%	27.5%	40.2%	17.4%
2 月	27.2%	－20.5%	－65.7%	－35.6%	11.9%	24.4%	30.4%	16.5%
3 月	47.0%	－12.5%	23.5%	－43.5%	4.6%	9.0%	16.6%	7.1%
4 月	57.5%	－11.7%	－6.4%	－19.7%	9.7%	23.8%	27.0%	12.3%
5 月	43.6%	－4.0%	100.0%	－22.9%	12.7%	26.3%	27.3%	11.2%
6 月	33.2%	－16.6%	39.7%	5.3%	17.8%	29.5%	31.2%	17.7%
7 月	－8.7%	－9.5%	54.5%	31.6%	15.6%	28.5%	37.4%	17.0%
8 月	4.8%	－12.6%	200.0%	58.9%	11.6%	25.6%	26.8%	19.5%
9 月	25.4%	－2.9%	139.3%	－3.1%	11.0%	25.8%	22.0%	12.2%
10 月	22.3%	16.4%	70.4%	32.7%	8.1%	14.5%	17.9%	15.9%
11 月	25.4%	30.5%	9.1%	75.0%	10.9%	22.1%	16.7%	19.1%
累计	25.7%	－8.5%	9.4%	－0.3%	10.4%	21.7%	25.5%	14.2%

资料来源：中国产业信息网。

3. 国际化步伐进一步加快

我国工程机械行业自“十五”计划以来，逐步进入国际化发展的轨道，其主要标志和取得的辉煌业绩体现在以下几方面。为了提高整机产品的技术水平和运行可靠性，1998 年以后，工程机械行业的核心部件配套鼓励企业在全球优选采购，提出了要改变以往对整机和零部件进口关税“倒挂”的政策性建议，多次提出和不断修改进口整机产品不予免税的产品条目。与此同时，降低了零部件的进口关税，经过认证的项目还可享受全免进口关税的政策性待遇。这一政策的实施，使整机进口增长速度下降，同时也缩短了产品与国际先进水平的差距，使产品的性价比指标进一步提高，不仅控制了国内大部分市场份额，同时为批量出口打下了良好基础。随着我国对工程机械市场需求依然旺盛和国际竞争力的提升，国际跨国公司进入中国兼并和兴办独资企业的势头猛烈。不仅国内市场销售额年年创新高，并以更惊人的速度挺进国际市场。

三、工程机械行业的发展前景

（一）发展机遇

1. 国内基础建设投资扩大

从国内市场看，《交通基础设施重大工程建设三年行动计划》明确 2016—2018 年我国将重点推进国家交通基础设施重大工程建设，项目总投资约 4.7 万亿元，铁路、公路、机场、城市轨道交通等项目的投资机会不断涌现。其中铁路方面，“十三五”期间将加快推进中西部干线铁路、高速铁路、城际铁路、周边互联互通铁路境内段等重大项目建设，五年新增铁路 3 万公里，其中高速铁路 1.1 万公里；公路方面，“十三五”时期将重点实施高速公路联网畅通工程、国省干线升级改造工程、农村公路畅通安全工程，五年新增公路 43 万公里、新建改建高速公路通车里程 3 万公里；水运方面，“十三五”时期将加快建设海洋强国，打造长江黄金水道，推进港口转型升级，五年新增沿海港口深水泊位 500 个，新增和改善航道里程 4500 公里，规划的 1.9 万公里内河高等级航道基本建成；民航方面，“十三五”时期将进一步完善机场布局体系，扩大覆盖范围，优化网络结构，构建国家综合机场体系，五年新增机场50个以上。

2. “一带一路”战略

伴随“一带一路”倡议的持续推进，基于丝路沿线65个国家原有基础设施较为薄弱的现实，以经济走廊为依托，以交通基础设施建设为突破，在亚洲基础设施投资银行和丝路基金等相关资金的配合支持下，沿线国家将掀起一轮基础设施建设热潮。据测算，2020年以前亚洲地区每年的基础设施投资需求将高达7300亿美元。上述重大战略及项目的实施必将带动与基础设施建设密切相关的工程机械行业的发展。“一带一路”战略的实施，在一定程度上能够对冲我国房地产行业和基建行业增速的放缓，这也能够促使我国工程机械企业加快走出去的步伐。

3. 国外扩大基础建设投资

随着区域经济一体化的发展，跨区域互联互通基础设施的需求日益增长，全球基础设施建设正迎来一轮新发展机遇。英国政府出台的《国家基础建设规划》，指出要在能源、交通、通讯和水利项目上加大投资力度，未来10年的基建投资需求达3830亿英镑。据估计，到2020年之前，如果想让美国的基础设施维持良好的状态，还需要额外3.6万亿美元的投资。[①]美国新一届政府主张增加基础设施建设以重振美国制造业，资金投入额将达5000亿美元以上，并且支持中国“一带一路”建设倡议。此次提出的5000亿美元投资，将用于修缮城市，重修高速公路、桥梁、隧道、学校、机场和医院，加强美国基础设施建设。国外基础设施投资力度持续加大，将带动工程机械等相关设备的需求，工程机械等行业龙头公司将受益于基建投资增速回升与海外市场拓展。

（二）发展方向

1. 节能环保

随着经济的不断发展，我国环境问题日益严峻已成为不争的事实。我

① 引自美国土木工程协会。

国工程机械设备行业的污染较严重，已经成为环境的沉重负担。因此国家制定的《工业节能“十二五”规划》明确了工业节能的总体目标：到2015 年，规模以上工业增加值能耗比 2010 年下降 21% 左右。国家提出的严格要求将迫使工程机械企业将节能环保放到首要位置。目前，工程机械厂商都在其新产品上融入更多的节能环保的元素，比如说沃尔沃挖掘机、卡特彼勒、小松等国际工程机械知名企业。

2. 智能化

当前，工程机械智能化已经成为各大机械制造厂商的工作重心。工程机械行业是国家重点鼓励发展的领域之一，为我国的经济建设提供了强大的后盾和支持。随着国家经济的持续发展，“高要求、高标准”势必成为工程机械行业新的口号。工程机械行业要提高工作效率，降低生产成本，才可以适应全球激烈的竞争。对于中国工程机械企业来说，其与国外的先进技术还有一定的差距，要想追赶上国际化步伐，市场与技术需双管齐下，才能屹立于世界先进工程机械行业之列。因此智能化的工程机械是兵家必争之地。

3. 作业功能多元化

随着社会的持续进步，可持续发展成为工程机械行业未来的新方向。其中一机多用是近年来工程机械行业出现的一个新技术特点，也将是未来工程机械行业发展的一大趋势。多功能作业装置改变了单一作业功能，使单一功能向多功能转化，扩大了工程机械的应用领域。为完成更多的作业功能，工程机械主机作业功能将尽可能扩大，如液压挖掘机作业机具的多样化，同一主机可完成挖掘、装载、破碎、剪切和压实等作业。

4. 二手机械设备

近两年来，中国工程机械市场的不景气、工程开工量的下降以及机械保有量的趋近饱和，使得工程机械新机的购买需求不断下降。融合新车销售、售后服务、配件管理、二手租赁与金融服务一条龙的服务模式，将成为工程机械企业与代理商共同探索的营销路径。在新机销售困难的现阶段，庞大的二手工程机械设备市场的攻坚，更是成为企业、代理商的首要目标。因此，二手机械设备市场将是我国未来工程机械的一个关键市场。

5. 销售拍卖电商化

随着互联网的深入人心，越来越多的人选择在电商平台进行购物和消费，工程机械以及大型设备也不例外。近几年，工程机械拍卖电商平台如雨后春笋般地林立在工程机械行业。例如有铁甲工程机械交易网、二手汇工程机械交易网、慧聪二手机交易网等。未来工程机械行业的电商化发展将大大加速，一是行业的不景气为电商平台提供了良好的发展机遇；二是众多企业涌向工程机械“互联网+”；三是行业的发展在新常态下已经到了不得不变革的时候。

四、江苏省工程机械行业发展简述

工程机械行业是江苏的优势产业，全省有20多家工程机械规模型企业，产品门类齐全，在全行业20个大类产品中有10多个处于全国领先水平，为我国的农业机械、交通运输机械以及基础设施建设提供了强有力的支撑。

（一）江苏省工程机械行业的发展历程

江苏省工程机械行业兴起于20世纪80年代。在90年代得到大力发展的乡镇工业化，一批乡镇企业脱颖而出，尤其是苏南地区的企业。工程机械行业抓住了乡镇工业化发展的第一次机遇。即使在制造企业这类技术壁垒相对较高的企业中，由乡镇企业蜕变而来的也不在少数，其中不乏知名企业。例如，沃得集团发展的原点是在镇江丹阳下面的皮城，在抓住了多次发展机遇之后，终于发展成为营业收入超过百亿元的大型企业。

第二次机遇是20世纪90年代以来吸引外商投资。作为沿海省份和一个历来重商的区域，江苏省属于较早接受国际竞争并放眼海外的省份之一。特别是新世纪以来，在抓住中国加入WTO的历史性机遇的同时，更是大力促进了外国直接投资和加工贸易。事实上在工程机械领域，世界巨头企业早在20世纪90年代便开始将目光投向江苏。卡特彼勒在1994年落户徐州，小松和现代则都是在1995年落户常州。可以说，这些企业都抓住了江苏省的投资黄金时期，率先抢夺了优势区域。

第三次机遇则是当下正在发生中的创新型省份建设。在产业结构调整和转型升级中，江苏需要通过对自身产业结构及产业形势进行调整和改造，以适应新形势下的市场竞争。从技术的角度来看，就是要提升产业的科技含量。对工程机械行业来说，这正符合当前的行业发展特点。徐工等主机制造企业在近年来的持续发力，无论是从科研投入还是从新产品诞生来看，都有着长足的进步。在配套件领域，非常具有代表性的恒立油缸也位于江苏，作为工程机械配套件领域最具发展前途的上市公司，恒立油缸在近年来的产业升级中表现突出。

专题4-1　徐工工业设计中心再获“金点奖”

2016年由徐工研究院工业设计中心设计的“PUE0810履带式破碎机”，经深圳、北京、上海及台北四地密集复审，从全球3005件优秀作品中脱颖而出，荣获金点设计奖。金点设计奖（Golden Pin Design Award）由中国台湾“工业局”主办，台湾创意设计中心执行，被誉为“全球华人市场最顶尖设计奖项”、“设计界的金马奖”，并拥有35年历史，是历史最悠久、最权威且最富知名度的专业设计竞赛之一，在设计界具有高度公信力。

本届金点奖共有来自中国以及马来西亚、新加坡、日本、瑞士等国家的数千厂商参赛，总计收到3005件作品，相较于上年的2360件，报名数量大幅增长27%，再度创下历史新高，研究院工业设计中心能在如此高规格、高质量、高声誉的设计大赛中脱颖而出，充分彰显了国家级工业设计中心雄厚的设计实力。

徐工研究院工业设计中心已经连续3年荣获金点设计奖，在徐工“技术领先，用不毁”金标准的引领下，高水准的设计成果不断涌现，为徐工成就世界级品牌提供有力的支撑。

（二）江苏省工程机械行业的发展存在的问题

1. 自主创新能力弱

江苏省工程机械行业自主创新能力弱，基本上处于简单和低层次的模仿。虽然目前工程机械行业处于蓬勃发展时期，但企业整体素质、竞争能力、自主核心技术均处于全球产业的中低端，与国际性知名企业差距甚远。且其中的关键零部件基本依靠进口，产品附加值低，服务承诺无法实现。省内具有很多大大小小的工程机械公司，但由于大多企业都不具有核心技术，仅依靠产品的简单模仿，造成产品同质化现象严重，主要依靠价格战抢占市场份额。

2. 产业链协同水平过低

随着产品全球营销网络的渗透和产品营销模式的创新，工程机械行业中大中型企业需要进一步加强产供销集成，提升产业链的协同水平，更多地参与到国际竞争中去。目前省内各大企业的产业链协同水平同国外企业相比较低，产、供、销供应链的集成不紧密，未实现连通供应商、生产者、分销商、客户的行业产业链协同平台，不能促进物料的不间断流动，库存以及经营成本明显高于发达国家的同行业企业，且企业不能快速响应客户需求，市场竞争能力不足。

3. 风险管控以及决策支持力不足

随着全球经济增长的放缓和银行信贷政策的紧缩，信用销售开始成为工程机械制造商和企业客户青睐的主要模式。信用销售业务虽然为企业带来了可观的市场销售业绩，但也为企业未来的资金安全回笼带来了极大的不可预测性。江苏省工程机械企业在当前复杂多变的经济背景下采购欠款、融资租赁、按揭放款、客户应收等在内的信用销售风险控制能力不足，没能形成对财务、销售、采购、生产的经营风险决策支持，不能保障公司现金流安全，未能建立实时、高效、统一、全面的风险控制业务分析视图。因此，上述风险问题成为现阶段省内企业生存发展亟须解决的问题。

4. 物联网应用亟待创新

在管理信息化逐步发展的同时，工程机械行业产品信息化的发展也在大步迈进，物联网技术应用成为工程机械行业两化深度融合的又一发展维度。目前，工程机械产品正逐步从单机智能化、信息化，向机群智能化、信息化的方向发展。现阶段江苏省的工程机械大中型企业产品物联网应用主要集中在产品远程监控、备品备件和故障维修方面，而在产品物流、使用培训、资产保全、二手交易方面仍相对欠缺。

（三）江苏省工程机械行业发展的对策建议

江苏工程机械行业竞争力升级既要解决当前行业发展存在的突出问题，也要考虑到全球工程机械产业格局带来的竞争压力以及存在的机遇，主要途径有：

1. 加强自主创新能力，攻克核心技术瓶颈

产品技术水平是制约竞争力提升的关键因素，与国际先进水平比较，中国与它们的平均差距在15年左右，主要表现在产品使用可靠性、整机寿命、外观质量及信息化技术水平。虽然在柴油机等领域中国与国外先进企业开展了合资、合作生产，但关键核心技术和品牌依然掌握在国外企业手中。要摆脱这种受制于人的困境，江苏省必须加大自主研发的资金和人才投入，克服技术瓶颈，打造自己的品牌。

2. 开展跨国并购重组，补齐短板

采用并购重组等方式收购在本企业某些短板业务上具有优势的企业，可加速技术转移，并实现规模经济，这也是跨国工程机械企业发展中经常采用的战略。虽然工程机械行业整机及零部件厂商高度垄断，行业排位前三名的企业实力很强难以实现并购，但是还有一些边缘性的企业。它们有较好的技术储备，但由于市场开拓不力或经营不善，在全球工程机械市场萎缩的情况下处于亏损的边缘，它们是江苏省企业收购的理想对象。

3. 拓展国际市场，实施“走出去”战略

近年来，国内市场需求增速放缓，江苏省企业需放眼全球市场。“走

出去”战略一方面能够拓宽销售渠道，增加业务覆盖范围，减少全球需求疲软对行业的冲击；另一方面，国际化战略也能给企业带来先进的技术和优秀的人才，促进省内工程机械行业的健康可持续发展，使得工程机械行业焕发新的活力。

4. 加强售后市场业务建设，综合业务模式

工程机械产业链除了整机和零部件的生产制造，还有相当一部分附加价值集中在售后市场业务，包括产品营销、租赁、服务支持、产品再创造等。江苏省工程机械企业想要成为国际领先企业，必须进行业务结构优化。一是调整业务结构，进行优化升级。改变工业企业以往粗放式生产模式，创新企业管理系统，提倡零库存、高效率的生产理念，建立售后服务中心，提供金融投资服务，与经销商建立信息共享平台。省内企业还要学习国外先进企业的业务模式，建立成为生产、销售、服务一体化的综合性企业。二是发展融资租赁业务。企业需要成立金融租赁部门或投资子公司，发展融资租赁业务，降低应收账款比率，减少坏账风险。

专题 4－2　发挥引领带动作用助力工程机械行业腾飞

2017 年 1 月 10 日，江苏省工程机械质检中心完成筹建任务，顺利通过验收，即将挂牌成立。该中心自批准筹建以来，不断加强能力建设，在实验室改造、仪器设备购置、人才队伍培养等方面不断加大投入力度，不断完善检测项目，扩大检验范围，拓展检测业务，不断提升综合实力。

一是加强基础建设，改善检验环境。二是加强设备投入，完善检测能力。三是加强科技攻关，提升科研水平。四是加强标准研究，扩大行业影响。五是加强质量服务，拓展检测业务。下一步，江苏省工程机械质检中心将进一步强化能力提升、科技创新和技术服务，借助人才、技术、设备等优势，充分发挥引领带动作用，全力以赴服务工程机械行业发展，推动工程机械行业实现“质”的飞跃，不断增强国际竞争力，不断提高市场占有率，努力为建设“强富美高”新徐州做出新贡献。

五、本章小结

本章从工程机械行业的概念和基本特征出发，分析了国际和国内的工程机械行业的发展现状，并对工程机械行业发展前景做出了预期。通过分析江苏省工程机械行业的发展现状，系统地阐述了江苏省工程机械行业存在的问题，并在此基础上提出了相应的解决办法。目前省内工程机械行业面临的国际形势严峻，但在国际工程机械行业触底反弹时期，省内工程机械行业应该抓住机遇发展自己。就目前而言江苏工程机械企业参与国际竞争的比例仍有很大的提升空间，这与整个工程机械行业参与国际竞争比例不高息息相关，随着加强自主创新能力，开展跨国并购重组，加强售后市场业务建设，江苏的工程机械出口业务也必然会进一步扩大。

参考文献

[1] 成吉昌．江苏力推工程机械现代农业装备集成化发展［N］．中国工业报，2015.

[2] 金陵．专家为江苏工程机械产业“支招”［N］．中国工业报，2008.

[3] 王正喜．徐州工程机械产业如何发展［N］．徐州日报，2013.

[4] 张运泉，刘金霞．我国工程机械行业国际竞争力变动及其决定因素的实证研究［J］．国际贸易问题，2012，02：34－44.

[5] 邓晓虹，黄满盈．加快推进我国制造业转型升级的对策建议［J］．经济问题探索，2014，10：81－85.

[6] 高文安，刘建华．工程机械“强国梦”的探讨［J］．机务管理，2013，07：124－128.

[7] 吴国祥，李玉河．工程机械智能化与信息化发展概况［J］．工程机械，2013，01：2－7.

[8] 黄满盈，聂秀平. 我国工程机械行业转型升级对其他制造业的启示 [J]. 经济纵横，2015，01：77 -81.

[9] 邹十践. 工程机械行业的并购、重组与扩张潮 [J]. 交通世界，2009，04：36 +38 -45 +18.

第五章 轨道交通行业

一、轨道交通行业简述

（一）轨道交通行业的界定

城市轨道交通是指具有运量大、速度快、安全、准点、保护环境、节约能源和用地等特点的交通方式，简称“轨交”，包括地铁、轻轨、快轨、有轨电车等。[①]

在中国国家标准《城市公共交通常用名词术语》中，将城市轨道交通定义为“通常以电能为动力，采取轮轨运转方式的快速大运量公共交通的总称”。根据国民经济行业分类（GB/T4754－2002）的规定，轨道交通属于城市公共交通业，行业代码为 F5320。轨道交通包括地铁交通、轻轨交通、有轨电车交通、各种索道/缆车的经营管理活动。

国际轨道交通有地铁、轻轨、市郊铁路、有轨电车以及悬浮列车等多种类型，号称“城市交通的主动脉”。轨道交通是一种独立的有轨交通系统，它提供了资源集约利用、环保舒适、安全快捷的大容量运输服务方式，能够按照设计的能力正常运行，与其他交通工具互不干扰，具有强大的运输能力、较高的服务水平、显著的资源环境效益。因此，轨道交通的应用首先是表现在经济发达的城市中，并且在城市应用中已有 150 多年的历史，于是人们也习惯把轨道交通称之为城市轨道交通。其实，根据轨道交通的特性，从广义上讲，车辆运行在导轨上的交通都应称之为轨道交通。但是，在轨道交通发展的历史进程中，人们又把铁路运输称之为大铁

---

① 引自《2016—2022 年中国城市轨道交通市场深度调研及发展战略咨询报告》。

路，与轨道交通区别开来。因此，轨道交通不包括大铁路。

（二）轨道交通行业的分类

城市轨道交通在世界范围内发展较快，不同的地区、国家、城市以及服务对象等使得城市轨道交通发展成为多种类型。城市轨道交通种类繁多，技术指标差异较大，目前尚无十分统一的分类标准，不同的分类方法可以分出不同的结果，内容见表5-1。

表5-1　轨道交通行业的分类

分类标准	细分	具体内容
容量（运送能力）	高容量	每小时单方向断面乘客通过量为5万
	大容量	每小时单方向断面乘客通过量为3万~5万
	中容量	每小时单方向断面乘客通过量为1万~3万
	小容量	每小时单方向断面乘客通过量为1万以下
导向方式	轮轨导向	地铁、轻轨、有轨电车
	导向轮导向	单轨、新交通系统等胶轮车辆
线路隔离方式	全隔离	高、大和1.6万以上中容量
	半隔离	中容量
	不隔离	有轨电车
轮轨材料	钢轮钢轨	地铁、轻轨、有轨电车
	胶轮钢筋混凝土轨道系统	单轨、新交通系统
运营方式	传统城市轨道交通、区域快速轨道交通、城市（市郊）铁路	
运能范围、车辆类型及主要技术特征	有轨电车、地下铁道、轻轨道交通、市郊铁路、单轨道交通、新交通系统、磁悬浮交通	

资料来源：作者整理。

（三）轨道交通行业的基本特征

1. 战略性

当前，在深度城镇化的背景下，城市趋于集约化发展，通过对土地利用的综合考虑，大力发展轨道交通是高效利用土地的唯一选择。因此轨道交通建设是近年来城市基础设施发展的重点。首先建设城市轨道交通对实现经济跨越式发展，为城市住宅区、交通运输中心和工作地点之间提供一个快捷便利的连接发挥着重要的作用，其正在成为推动城市经济增长的原动力。其次轨道交通是城市公共客运交通体系中的骨干运输系统，在调整城市空间结构和促进城市合理布局方面，轨道交通具有积极引导作用，可以支持边缘集团及卫星城镇的发展。因此轨道交通行业的发展在我国产业发展规划中具有战略性的地位。我国也对发展城市轨道交通行业制定了一系列的中长期发展规划，设定了短期的发展目标，积极推动城市轨道交通发展以及城市轨道交通网络框架的形成。

2. 正外部性

城市轨道交通系统是一个电气牵引、轮轨导向、编组运行的封闭或半封闭系统，与常规道路交通系统的单车运行比较，能节省运营所需的人工费用，而且其走行摩擦阻力比橡胶轮胎小，能源消耗也相应地降低。城市轨道车辆的使用年限比常规公交车辆长，其维修费、折旧费均较低。而且，城市轨道交通系统的发展对当地经济也会产生深远的影响。轨道交通系统的发展能提高沿线及地区产品的价格，导致服务行业投资增加，促进沿线及地区的发展，使城市道路交通拥挤状况得到缓解，改善城市布局，减少城市交通事故，改进城市生活质量，减少乘车疲劳程度，提高劳动生产率。此外在城市中心区建设强有力的轨道交通运输系统，吸引大量乘客乘坐轨道交通出行，一方面，可以大大削减地面交通量，以弥补城区道路系统的不足与缺陷；另一方面，有利于历史街区和古都风貌的保护，促进城市可持续发展。

3. 规模经济性

城市轨道交通相对于其他交通具有一定的特殊性，其最大的特点就是规模效应，即随着建设线路的延伸和网络化，逐步形成运营规模时，就会产生一定的规模经济性。轨道交通发挥作用大小取决于路网的建设规模，路网覆盖面越大，使用率越高，客运量增加越大，投资回报就越快。在城市轨道发展初期，线路建设主要沟通大型客流产生点，因此此时的运输需求增长缓慢，城市轨道交通的规模效率不明显。但是随着城市轨道交通运输的进一步发展，轨道交通网络骨架逐渐构建，路网效率不断提高。因此轨道交通存在最低效率规模，且规模效益递增，具有明显的规模经济特征。

二、轨道交通行业的发展情况

（一）世界轨道交通行业的发展状况

从 1863 年世界上第一条由蒸汽机车牵引的地下铁道线路在英国伦敦建成通车开始，轨道交通已有 150 多年的历史。纵观世界轨道交通行业的发展，其大致经历了诞生、发展、停滞、恢复和繁荣五个阶段。

1. 诞生（1863—1890 年）

在这个时期，地铁和有轨电车首次出现，并在不断的技术创新中得到了完善。1863 年世界上第一条地铁线路在英国伦敦正式建成通车，自此拉开了地铁建设的序幕。随后的 1879 年，电力驱动机车研究成功，使地下客运环境和服务条件得到了空前的改善，地铁建设显示出强大的生命力，世界上一些著名的大都市相继建造地下铁路。1881 年德国铺设了第一条电车轨道，有轨电车开始进入人们生活。

2. 发展（1890—1924 年）

这个时期地铁、有轨电车都有长足发展，单轨铁路也在这个时期崭露头角。20 世纪最初的 24 年里，欧洲和美洲的 9 座城市相继修建了地铁。1890 年，伦敦正式建成第一条采用电力机车牵引的地铁，这条电气地铁也是世界上第一条现代化的客运地铁线。它用电力机车作为动力，进一步提高了地下铁道运行的可靠性。

3. 停滞（1924—1949 年）

这一时期，由于第二次世界大战的影响，轨道交通进入发展缓慢的停滞期。但在这段时期，日本的东京、大阪，苏联的莫斯科等少数城市的轨道交通仍有所发展。日本的城市地铁于 1927 年正式通车，开创了亚洲城市地铁建设的纪元。日本在修建地铁的同时，着重开发了主要车站及其邻近的公众聚集场所，这些场所不仅能促进地下商业中心的建设，而且与地下车站连成一片，成为名副其实的“地下城”。

4. 恢复（1949—1969 年）

第二次世界大战以后，各国轨道交通建设逐渐开始恢复发展。旧式有轨电车逐渐淡出舞台；地铁技术有了更进一步突破；单轨铁路也获得全新发展。1960 年以后，日本的地铁与电气铁路一致，基本上都采用了 1500 伏直流架空接触网的制式。这样的制式不仅具有经济性，还保障了安全性。

5. 繁荣（1969 年至今）

在这个阶段，轨道交通建设飞速发展，新的轨道交通形式不断出现，轨道交通行业的技术在原有的基础上不断得到创新，呈现出一派繁荣景象。这一时期磁悬浮技术诞生，磁悬浮列车首次出现，有轨电车改头换面重新登上舞台。磁悬浮技术的研究源于德国，进入 20 世纪 70 年代以后，德国、日本、美国等发达国家相继开始筹划进行磁悬浮运输系统的开发。1978 年 3 月，国际公共交通联合会（UITP）在比利时首都布鲁塞尔召开会议，会上确定了新型有轨电车交通的统一名称“轻轨”，英文缩写 LRT。轻轨电车以其动力、经济、安全、可靠和环保的综合特性，在轨道运输领域开始占据上风。相关内容见表 5－2 世界主要城市轨道交通的密度。

表 5-2 世界主要城市轨道交通密度

世界主要城市	人口（万人）	面积（km^2）	人口密度（人/km^2）	城轨系统客运量（百万人次/年）	城轨出行占比	城轨历程长度（km）	单位面积城轨长度（km/km^2）
东京	1299	2188	6042	4660	86%	304	0.14
莫斯科	1211	2510	4772	2451	55%	328	0.13
伦敦	831	1572	5285	1229	40%	408	0.26
巴黎	1035	2845	3640	1541	70%	222	0.08
纽约	849	789	10760	1767	70%	373	0.47

资料来源：中国信息产业网。

（二）中国轨道交通行业的发展状况

由于经济实力和技术水平的限制，中国城市轨道交通建设起步较晚。我国的轨道交通发展于20世纪50年代，1956年，上海制定了我国第一部轨道交通规划方案：《上海轨道交通规划》。2000年之前，全国仅有北京、上海、广州三个城市拥有轨道交通线路。进入21世纪以来，随着中国经济的飞速发展和城市化进程的加快，城市轨道交通也进入迅速发展时期。

1. 运营线路增加

2005—2015年，中国内地拥有城市快速轨道交通的城市从5个发展为24个；运营线路长度由381.6 km增长至3010.6km，年均增长239.0km；运营线路由17条增长为93条；运营车站数由237座增长至1998座。2005—2009年，中国内地城市快速轨道交通每年新增运营线路长度维持在70~150km，年均109.7km；自2010年起，年新增线路长度开始增大，2010—2015年，共新增运营线路长度2087.7km，年均348.0 km，年增运营线路长度数约为2005—2009年的3倍。其中，2010年创下了一年新增运营线路长度454.1km的记录。如图5-1所示是2011—2015年我国城市轨道交通运营长度。

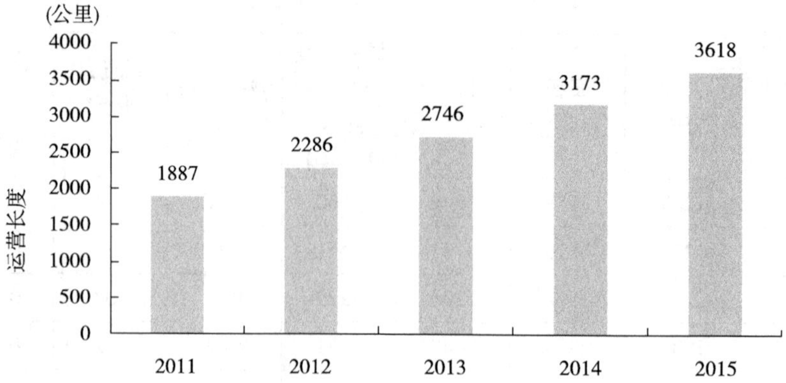

图 5-1 2011—2015 年全国城市轨道交通运营长度

资料来源：中国信息产业网。

2. 投资规模增长

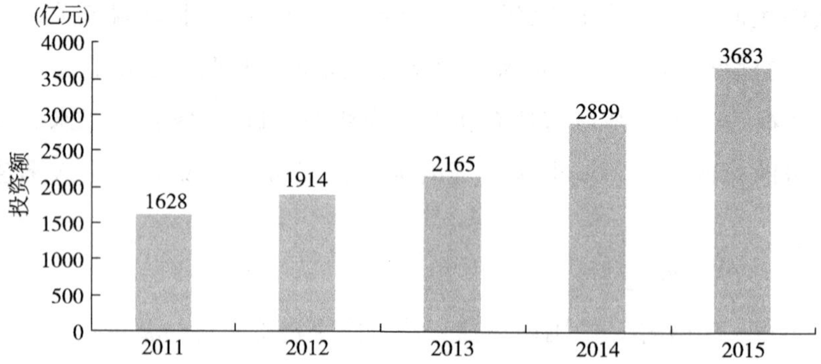

图 5-2 2011—2015 年城市轨道交通投资额

资料来源：中国信息产业网。

在“十二五”期间我国的城市轨道交通建设保持高速增长。其中我国城市轨道交通通车里程呈现快速增长趋势，截至 2015 年末，突破 3600 公里，目前累计已有 25 座城市的 112 条线路通车，20 个城市拥有两条以上城市轨道交通线路。同时，各地政府也不断加大城市轨道交通建设的投资规模，全国城市轨道交通投资总额从 2011 年的 1628 亿元，增长到 2015 年的 3683 亿元，增长 126%。“十二五”期间，我国城市轨道交通投资总额突破万亿大关，达到12289亿元。图5-2是我国2011—2015年城市轨道交通投资额。

3. 多种模式并存

目前，我国的城市轨道交通呈现多种制式同步发展的趋势。在“十二五”期间，我国城市轨道交通由单一的地铁模式转换为有地铁、轻轨、单轨、市域快轨、现代有轨电车、磁悬浮和APM共计7种制式。根据中国城市轨道交通协会统计，截至2015年末，运营线路中地铁占比已经下降至73.4%，其他种类占比达到26.6%；同时，在建线路中其他模式的占比达到33%。图5-3是我国2015年城市轨道交通运营模式构成。

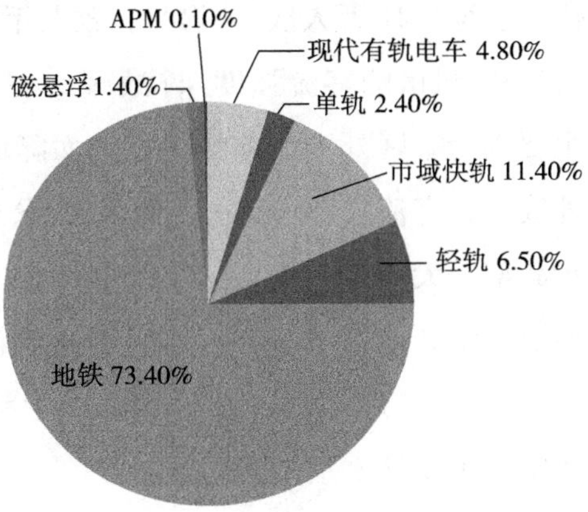

图5-3 2015年城市轨道交通运营模式构成

资料来源：中国信息产业网。

目前城市轨道交通制式以地铁、轻轨和现代有轨电车为主导。这三者的区别主要体现在运力、造价和建设周期上。近年来，地铁系统凭借其运量大、速度快、避免拥堵等优点，在国内得到了快速发展，一列地铁通常配有5~10节车厢，地铁系统每小时单向运力能够达到6万人次；轻轨与地铁外形类似，之所以被称为轻轨，主要是因为载重相对于地铁较轻。一列轻轨通常配有2~4节车厢，每小时运力在1万~3万人次；现代有轨电车由传统有轨电车演变而来，相较于传统有轨电车速度和运力都得到大幅提升，通常配有两节车厢，每小时运力在 1 万人次左右，运力介于轻轨与常规公交之间，与其他轨道交通相比具有投资较低、运量适中、工程周期短、能耗低、噪音低等优点，现代有轨电车正逐渐被越来越多的城市所选择。

4. 客流强度加大

2011—2015 年，随着城市轨道交通的不断发展和轨道交通便捷性的不断显现，城市轨道交通开始被越来越多人所使用，全国城市轨道交通客运量从 2011 年的 68 亿人次增长到 2015 年的 138 亿人次，增长幅度超过 100%。同时，城市轨道交通的客流强度也在不断加大，据统计，2015 年全国城轨平均客流强度达到 1.21 万人次/公里日，较上年同期 1.14 万人次/公里日增长 6.1%。其中广州市的客流强度保持最高，达到 2.6 万人次/公里日，北京、上海主要因为市区外围线路较多，从而降低市区平均值，如果剔除中心城区以外线路，客流强度均突破 2 万人次/公里日。目前，城市轨道交通已经成为承载部分大城市的主要公共交通运力。以北京、上海为例，据中国城市交通协会统计，其中心城区轨道交通承载的客流量已经分别占总客流量的 86.58% 和 89.11%，如图 5－4，从中我们可以看出城市轨道交通在公共交通中的重要性。

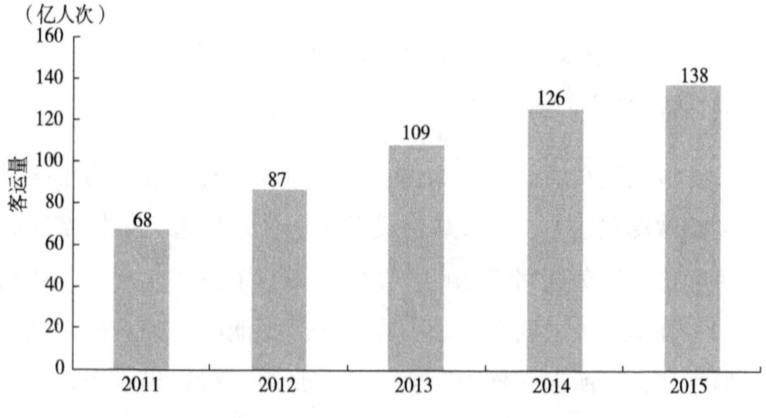

图 5－4　2011—2015 年全国城市轨道交通客运量

资料来源：中国信息产业网。

（三）江苏省轨道交通行业的发展状况

截至2015年底，江苏省已有14条轨道交通线路投入运营，运营总里程约385公里，全年共完成轨道交通客运量9.41亿人次，较2014年增长45.9%。其中，南京、苏州、无锡三市轨道交通日均客运量分别达到225万人次、37.5万人次和21万人次，在城市公共交通客运量中占有相当份额，对于优化城市空间结构，调整用地布局，促进公共交通优先发展，逐步构建功能完善的城市综合交通运输体系起到重要作用。如表5－3所示是江苏省2016年12月份城际轨道交通运行的基本情况。

表5－3　2016年12月江苏省城市及城际轨道交通运行情况统计表

线路	里程（公里）	2016年12月		2016年累计	
		客运量（万人次）	同比增长	客运量（万人次）	同比增长
南京地铁1号线	38.7	2549	3.3%	28345	1.9%
南京地铁2号线	37.7	2250	4.7%	24901	8.8%
南京地铁3号线	44.9	1957	23.5%	20453	58.7%
南京地铁10号线	21.6	388	5.0%	4261	-3.6%
宁高城际一期（S1）	35.6	178	11.0%	2047	9.6%
宁天城际一期（S8）	45.2	286	18.5%	3060	43.0%
南京河西有轨电车1号线	7.8	9	54.8%	85	83.7%
苏州轨道交通1号线	25.7	788	8.0%	8852	4.7%
苏州轨道交通2号线	42.2	600	39.0%	5999	15.8%
苏州高新区有轨电车1号线	18.2	20	—	207	—
上海市轨道交通11号线延伸昆山花桥段	6	155	21.7%	1748	23.8%
无锡轨道交通1号线	29.4	434	13.7%	4866	11.8%
无锡轨道交通2号线	26.3	303	12.4%	3402	18.4%
淮安市有轨电车1号线	20.1	53	—	498	—
合计	398.6	9970	11.8%	108724	15.7%

资料来源：江苏省发展和改革委员会重大基础设施协调办公室。

2015 年，江苏省城市轨道交通继续保持快速发展，全年共完成轨道交通建设投资约 400 亿元，建成南京市轨道交通 3 号线、淮安市有轨电车一期工程两条线路，新开工建设苏州市轨道交通 3 号线、宁高城际轨道二期工程禄口机场至溧水段、徐州市轨道交通 2 号线一期工程三个项目，目前共有南京市轨道交通 4 号线一期、苏州市轨道交通 2 号线延伸线、常州市轨道交通 1 号线一期工程、徐州市轨道交通 1 号线一期工程等 12 个项目在建。

三、轨道交通行业的发展前景

（一）发展优势

1. 具有广阔的市场潜能

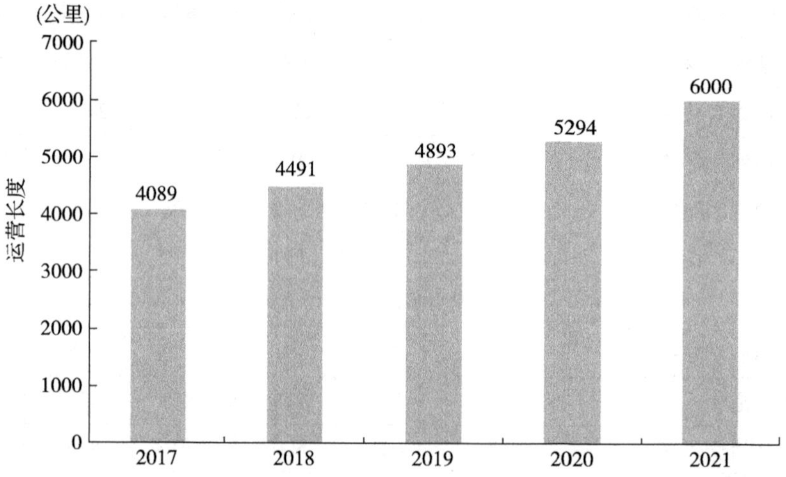

图 5 –5　2017—2021 年我国城市轨道交通运营总里程的预测

资料来源：中国信息产业网。

在“新常态”的背景下，我国各行各业都迎来巨大的发展空间。就轨道交通行业而言，我国城镇化已经进入加速推进阶段，将以城市作为发力点，带动中国经济的下一轮起飞。也就是说，在转型期内，我国将依托城市发展，形成全新的城市环境和相匹配的产业发展模式。作为城市发展的重要一环，轨道交通将在缓解城市拥堵，改善城市环境，缓解资源压力，促进低碳经济的过程中发挥重要作用，并帮助实现中心城市为依托、周边城市为居住或产业配套的城市发展关系，带动区域经济发展。因此，十万亿的轨道交通市场份额，将在可预期的未来几年加速实现。

2016—2020 年，全国城市轨道交通建设总投资将超过 2 万亿元人民币，据不完全数据统计显示，2017 年，中国有 30 座城市轨道交通新增 63 条即将开工线路，合计里程为 1581.35 公里，车站 826 座，总投资额为 11480.21 亿元。图 5 - 5 是对 2017—2021 年我国城市轨道交通运营总里程的预测值。

2. 城市化发展的必然选择

截至 2016 年底，中国城市化水平达到 51.3%，中国要赶上西方发达国家 80%左右的城市化水平，按每年增加一个百分点增速，未来 30 年，将会是中国城市化发展的最佳良机。首先中国在推进城市化进程中，不是照搬西方国家单向发展大城市的模式，而是结合中国实际，创新性地将大、中、小城市并举发展，形成纵、横双向城市群发展模式。尤其是将星罗棋布、连结城市和乡村的万千个建制镇，列入城市化建设的范畴，实施“小城镇、大战略”发展目标。因此连接城镇间的轨道交通成为发展城市化中的关键一环。

其次为了解决交通拥堵和减少尾气的排放，发展轨道交通是中国城市化的必然选择。目前我国新型城镇化建设应该说是带动投资大幅度增长的最好时期，预计未来由于城市化的因素带来的固定资产增加将达到 40 多万亿元，而其中投入到城市轨道交通上的资金预计在 4 万多亿元以上。因此当前中国的城市轨道交通行业正处于一个重要的发展阶段，今后十年乃至二十年，是我国城市轨道交通行业的关键发展时期。

（二）发展方向

我国城市轨道交通随着中国科技力量的不断进步，也发生了很大的变化，技术的发展给城市轨道交通发展带来了绿色化、信息化、一体化建设等多方面的革新。

1. 绿色化

我国未来将致力于建设低碳轨道交通运输体系。推进现代综合交通运输体系建设，加快发展铁路、水运等低碳运输方式，推动航空、航海、公路运输低碳发展，发展低碳物流，到 2020 年，营运货车、营运客车、营运船舶单位运输周转量二氧化碳排放比 2015 年分别下降 8%、2.6%、7%，城市单位客运量二氧化碳排放比 2015 年下降 12.5%。完善公交优先的城市交通运输体系，发展城市轨道交通、智能交通和慢行交通，鼓励绿色出行。①

2. 信息化

随着现代化城市的发展，道路交通情况已由原来的车辆种类单一、通行流量小、周期性固定的简单特性逐渐转向车辆种类多、通行流量大、周期性不固定的复杂特性变化，随之而来的是城市人口在道路交通上耗费的时间逐年增加，城市路面交通压力持续加大，因此各地政府重点发展立体交通模式，向地下要空间，积极投身于轨道交通建设，城市轨道交通信息化系统的市场规模也随之扩张。

《信息产业科技发展“十一五”规划 2020 年中长期规划纲要》中，将“智能交通系统”确定为重点发展项目：“建立一个数据采集、收发、处理的综合交通信息系统平台，开发综合交通信息系统建立和系统整合技术，交通实时数据采集、融合、处理和控制技术，运载工具定位技术与智能导航技术，紧急救援管理系统技术等，提高交通系统的能力、效率和安全性。”

《国家中长期科学和技术发展规划纲要（2006—2020 年）》中进一步指明，“高速轨道交通系统”和“智能交通管理系统”是优先主题。轨道交通智能化系统是以电力/电气化系统、信号—通信系统以及信息系统为

① 引自《“十三五”控制温室气体排放工作方案》。

基础的综合平台，是现代轨道交通发展的必然趋势。

与此同时，当前世界各国先进城市轨道交通在向列车无人驾驶和车站无人值守或少人化值守的方向发展，另外也有国家城市轨道交通在逐步向全天候 24 小时运营方向发展。这些运行模式都对城市轨道交通的自动化、信息化和智能化建设提出了更高的要求。目前我国轨道交通的智能化建设已从探索阶段进入实际开发和应用阶段，特别是大数据、云计算、无线通信等新兴技术的发展，为城市轨道交通不断走向信息化、智能化提供了技术支撑，我国城市轨道交通智能化建设将大有可为。

2008 年我国城市轨道交通信息化系统市场规模仅为 31 亿元，增长率为 12.73%；到 2010 年，我国城市轨道交通信息化系统市场规模已达 45 亿元；到 2012 年，市场规模已达 65 亿元，增长率为 23.01%；2013 年我国轨道交通信息化系统市场规模已达 81 亿元，2015 年市场规模约为 124 亿元。①

3. 一体化

所谓一体化，就是把地上商业、住宅、公共建筑、道路、公交站点或交通枢纽与地下轨道交通的设计统一起来，实施城市间轨道交通一体化规划，加密中心区域轨道交通线，推动轨道交通向城市发展新区延伸。城市间要实现一体化，城市之间的轨道交通线网应实现有机结合，相互融合，统一标准，城市轨道交通网络与其他交通方式形成无缝衔接，促进多种交通方式的一体化发展。政府应该加强规划引导，推进经济圈一体化发展，将有利于实现城市间优势互补，推动区域经济转型升级。

四、江苏省轨道交通行业发展简述

（一）轨道交通行业发展的前景

加快构建综合交通运输体系，尤其是实现轨道交通的现代化，是新形

① 引自《2013—2017 年中国铁路信息化行业市场前瞻与投资战略规划分析报告》。

势下江苏省经济社会发展的必然要求。当前，江苏省已步入了高铁、城际、城市等多方式轨道交通全面提速发展的新阶段。根据《江苏省轨道交通“十二五”及中长期发展规划》，到2020年，江苏省沿江地区城际轨道交通网络骨架初步形成，南京轨道交通骨架线网基本建成，苏州、无锡、常州、徐州等城市轨道网络骨架得到进一步强化，客货运枢纽体系功能更加完善。沿江地区城际轨道网络加速构建，城际轨道新增里程约240公里，运营线路总规模超过320公里。城市轨道交通建设进一步加速，全省新增里程200公里以上，运营里程达500公里左右。南京、苏州、无锡基本实现网络化运营，常州、徐州网络骨架初步形成，其他有条件城市启动建设。南京枢纽在华东地区的中心地位基本确立，徐州枢纽在长江三角洲北翼门户功能凸显，连云港枢纽国家重要出海通道功能得到强化；开工新建连云港铁路编组站，扩建南京铁路编组站，升级连云港集装箱作业站，新建成20个以上铁路综合客货运枢纽，新建成20个以上城市综合交通换乘枢纽和停车换乘枢纽。

中远期内江苏省轨道交通作用将进一步发挥，铁路客货运周转量占综合运输的比重超过30%和10%；城市轨道交通在公共交通中承担份额不断提升，南京达40%左右，苏州、无锡达30%左右，常州、徐州达20%左右。江苏省将建设规模合理、网络完善、结构优化、衔接顺畅的城市轨道交通体系，提高公共交通线网密度和站点覆盖率，提升城市公共交通承载能力。人口300万以上城市逐步建成较为完善的轨道交通网络化运营系统，150万以上城市加快推进轨道交通网络主骨架建设，其他有条件的城市积极发展轻轨、现代有轨电车、磁浮等多种形式大容量公共交通。

（二）轨道交通行业发展存在的问题

1. 建设资金问题是根本问题

轨道交通建设具有建设规模大、周期长、项目投资大、回报率低的固有特点。通常构建一个城市的轨道交通线网一般都要超100公里，甚至数百公里，单线建设周期一般要4～5年，线网建设一般要30～50年。按照我国既有线路的投资造价计算，每公里地下铁道造价达3亿~5亿元人民币，地上铁道造价也高达1.3亿~3亿元人民币。因此建设完成江苏省一个完整的轨道交通网的建设资金需求量巨大，如何获取建设资金是困扰和制约江苏省城市轨道交通发展的根本问题，资金问题是建设和发展江苏省城市轨道交通必须跨域的重要门槛。

2. 轨道交通线网设计与规划问题

城市轨道交通是一项投资大、工期长、建成之后将长期运营，对未来江苏省城市的发展有举足轻重影响的重大工程。从江苏省的城市地铁规划看，由于对城市发展中出现的外来人口转移加快、人口总量激增、城市用地紧张、交通拥堵等现象的预期不足，线路设计与实际运行效果产生偏差。有的站场设计不尽合理，造成换乘拥堵；有的线路的设计客流与实际相差太远，造成局部停运或减少运行班次，投资浪费巨大。因此，有效的市场调研、科学的推理与预判、超前的规划和设计是十分必要的。

3. 运营收支不平衡问题

由于城市轨道交通属于准公共产品，具有一定的社会公益性，且其建设资金主要来源于政府，因而城市轨道交通经营管理公司不完全拥有运输价格的定价权，造成运输经营的收支严重不配比，往往是亏损经营，依靠政府的财政补贴维持运营。目前世界上除中国香港地铁外，绝大多数城市轨道交通项目均存在不同程度的亏损，需要政府的财政补贴。每年的巨额财政补贴支出对江苏省政府而言是巨大的财政包袱。

（三）轨道交通行业发展的对策

1. 科学设计，统筹规划和协调

铁路、城际轻轨和市内轨道交通（地铁）是轨道交通系统的有机组成，它的建设与发展涉及国土资源、地方政府、住建部和铁路总公司等单位，它们之间的衔接与协调关系到轨道交通建设大业。江苏省应建立相应的机制，理顺管理体系，由地方政府牵头，统一协调各单位，共同考虑轨道交通的设计、规划和论证，科学地衔接好其他交通系统，合理布局。省内建成的轨道交通要既能满足上下班时间客流量大且集中的冲击，又能发挥城市市政道路优势，完成近距离客流运输的需要；既能满足人们在城市间出行便利的需求，又能满足人们在城市内部的功能性换乘；既能满足当前的运输需求，又能考虑到中、长远的规划；既要协调区域发展不平衡，又要适应都市圈、城镇群的发展要求，实现项目设计有前瞻性、规划有科学性。否则政府变更设计与规划，极易造成资源的浪费和重复建设。

2. 创新融资渠道，多途径筹措资金

当前，城市轨道交通投融资模式主要有政府投资并经营、政府主导的市场化运作和投资主体多元化的市场运作三种，这三种模式体现了轨道交通投融资市场化由低到高、逐步推进的过程。不同时期或同一时期不同国家、不同城市地铁项目建设的融资方式都可能不同。其决定因素主要取决于政府部门的努力程度、企业效率高低以及外部环境（如国内资本市场的发展程度）等因素。就江苏境内的轨道交通项目而言，在坚持“政府主导、市场化运作、多元化投资”的原则下，区分公益性与经营性的强弱，对一些公益性较强的项目，市场化融资难度较大，应加大政府资金的投入；对一些有可能成为经营性项目，在保证政府资金投入的基础上应加大多元化融资的力度，积极吸收社会资本和境外投资者进入。其中的关键是在体制上能否降低社会资本进入的门槛，在制度上能否保护中小投资者的利益。

3. 充分选用既有技术成果，降低建设与运营成本

江苏是制造大省，拥有两个国家级的南京和常州轨道交通车辆制造产业基地，拥有由南京地铁公司牵头，南端集团、十四所、浦镇车辆厂等十家单位发起设立的江苏省城市轨道交通研究设计院和常州轨道交通产业科技兴贸创新基地（2007 年商务部、科技部授予）。江苏省具有涵盖轨道交通设备的设计、制造、施工、安装等一套完整的产业链，即以轨道交通牵引供电为主的产业链，以轨道交通工程机械为主的产业链，以城市轨道交

通车辆（中低速磁悬浮列车、城市轻轨车辆）为主的产业链，以现代服务外包试验、检测、检验（高速列车综合试验台、金属、非金属材料检测、智慧列车感知系统系列设备）为主的产业链，以轨道交通监控技术和产品（系统与电力监控系统、环境与设备监控系统、闭路电视监控系统、旅客信息系统）为主的安全信息产业链。上述产品、设备或技术是城市轨道交通产业关键共性技术，也是城市轨道交通产业核心技术。

为了节约开支，在安全、高效、不降低标准的前提下，江苏省的轨道交通设备应采购国产产品，摒弃建设、维修、运营成本昂贵的相关进口产品和技术，在有限的资金条件下，江苏省进行轨道交通建设时应尽可能考虑江苏省省情和我国城轨的既有技术成果，尽可能减少或降低建设与运营成本。

专题 5-1　苏州高新区有轨电车 2 号线使用新型轨道结构

2016 年 10 月 10 日正在施工中的苏州高新区有轨电车 2 号线用上了新型轨道结构，而这项新技术就由苏州高新区发明，并有望向全国推广。

据悉，新型轨道结构已经应用在有轨电车 2 号线试验段。这种轨道结构将比国内现有的结构节省 25% 的费用，大大降低造价，苏州高新有轨电车公司已为此申请国家专利。不仅如此，配套扣件系统的研制成功，也打破了国外厂商的垄断。目前，我国有轨电车轨道结构一般选用铁路或地铁标准。苏州高新有轨电车公司充分吸取经验教训，对轨道结构和配套扣件系统大胆进行改良探索，经过一年的科研攻关，终于研制出更适合有轨电车的新型轨道结构。该轨道结构安全可靠、耐久性久，施工简便、建设成本较低。2015 年，苏州市首个“轨道交通产业技术创新中心”在有轨电车基地挂牌设立，公司自主创新能力得到了极大的增强。前不久，公司参与编制的“槽型钢轨铝热焊、闪光焊”两个质量检验标准正式由中国工程建设标准化协会颁布实施，成为有轨电车行业首个可执行标准。

五、本章小结

本章从轨道交通行业的概念和基本特征出发，对国内外和江苏省该行业的发展状况进行梳理，随之对轨道交通行业进行了前景展望，并且系统地描述了江苏省轨道交通行业发展中存在的问题以及对策。从以上论述可以得知，随着江苏省经济持续地高速发展，江苏省的轨道交通迎来了新的建设高潮，轨道交通行业也处于一个高速发展阶段。建设一个设计优良、布局合理、运转高效的城市轨道交通网络系统，必须考虑江苏省内各大城市的具体交通特点，借鉴轨道交通建设的经验，采取有力的措施与方法，合理解决轨道交通建设过程中必须面临的问题，力争将城市轨道交通系统建成安全、高效、资源节约、环境友好、绿色低碳的现代化公共交通网络。

参考文献

［1］张霄，丁智，吴云双，谢宗星．城市轨道交通发展现状及前景浅析［J］．城市交通，2014，02：17－19.

［2］孙世超，顾保南，邓澄远．2015 年中国城市轨道交通运营线路统计和分析［N］．百家论坛，2015.

［3］阮德荣，何华芬．江苏城市轨道交通建设现状与发展对策的研究［J］．经营管理，2015.

［4］司玉良．我国城市轨道交通发展现状与策略［J］．交通世界，2015，07：40－41.

［5］孙宁．我国城市轨道交通行业发展现状与对策［J］．中国铁路，2008，04：51－55.

［6］何芳兰．中国轨道交通产业抢抓全球机遇［N］．国际商报，2015.

［7］岳爱东，苏红．世界城市轨道交通发展状况及其在我国的发展前景［N］．科技创新导报，2013，28：185－186.

第六章 汽车行业

一、汽车行业的发展历程

（一）中国汽车行业发展历程

我国的第一辆汽车于 1929 年 5 月在沈阳问世，由张学良掌管的辽宁击炮厂制造。进入 21 世纪以来，中国的汽车工业得到了飞速的发展，汽车年产量以每年 23% 左右的速度增长，轿车市场年销量增长了 4 倍多。与此同时，中国汽车开始走向国门。奇瑞、华晨、长城等一批国内汽车企业在海外市场收获颇丰。面对 2002 年、2003 年中国汽车市场的“井喷”增长，汽车跨国公司纷纷加大在华投资力度。一汽、东风两大集团先后找到第二家合资伙伴，大众、通用等跨国公司相继宣布追加投资、扩充产能，现代、戴姆勒—克莱斯勒、三菱等也先后在中国成立了合资企业，世界上著名汽车公司均在中国建立了合资企业，中国汽车国内竞争国际化趋势日渐明显。

近十余年来，汽车行业和发动机行业在技术和市场方面取得了重大突破和发展，随着工业技术水平提高和汽车产业集群效应，中国正逐渐成为世界汽车制造业重要地区，我国汽车行业也取得了高速发展。中国产业信息网发布的《2016—2022 年中国汽车市场运营现状及前景预测分析报告》指出：2005—2014 年，我国汽车销量年复合增长率高达 17. 15%，汽车产量占全球产量的比例也由 2005 年的 8. 59% 迅速增至 2014 年的 26. 43%。自 2009 年成为世界汽车第一产销大国后，我国已连续六年世界第一。2014 年，我国汽车产销量达到 2372. 29 万辆，其中乘用车产销 1991. 98 万辆和 1970. 06 万辆，同比增长 10. 20% 和 9. 9 %。

（二）国际汽车行业发展历程

人类经历了漫长的靠双足跋涉的时代后，发明了车轮和车。蒸汽机和内燃机的发明为汽车的发展开辟了道路。1770 年，法国人古诺研制并造出了世界上第一辆蒸汽机驱动的三轮车。它是利用装在车前部的一个锅炉产生的蒸汽推动汽缸中的活塞来驱动前轮的。1886 年 1 月 29 日，德国人卡尔·本茨发明了世界第一辆三轮内燃机汽车。汽车的发明不是偶然，更不是一人之功，汽车的发明和发展是集体智慧和劳动的结晶。16 世纪的欧洲已经进入了“文艺复兴”的前夜，欧洲的马车制造商风起云涌，马车的制造技术有了相当的提高。1886 年现代汽车的先驱——德国人戴姆勒和本茨完成了世界上第一辆装有汽油机的四轮汽车。

与汽车的发明同步，出现了用于商品销售的汽车用品，但是以大规模生产为标志的汽车行业的形成是 20 世纪初的事。其后整个 20 世纪是汽车行业蓬勃发展的时期，美国、西欧、日本相继建成规模宏大的汽车产业。具有现代汽车雏形的汽车虽然是欧洲人发明的，然而美国在汽车推广的生产方面从一开始就超过了欧洲。随着汽车产业的国际化，汽车工业已成为全球的支柱产业，在人类的工业发展史上占有十分重要的位置。

二、汽车行业的发展现状

（一）中国汽车行业发展现状

1. 中国汽车销量稳步增长

中国汽车工业协会最新发布的统计数据显示，2016 年我国车市产销量双双突破 2800 万辆，汽车产销分别完成 2811. 9 万辆和 2802. 8 万辆，比上年同期分别增长 14. 5% 和 13. 7% 。这是继 2009 年以来，我国汽车产销量连续八年全球第一。

不过，随着小排量车购置税优惠幅度减小，行业普遍预测 2017 年车市增速或在 7% 左右，乘用车批发销量增长或降至 8% 。由于上年汽车市场利好政策频发，导致市场提前透支了当年的汽车需求，2017 年汽车市场的表现将更加复杂，将面临需求释放后的调整。

据中国汽车工业协会提供的数据显示，2016 年 1—11 月，行业内 17 家汽车重点企业（集团）累计完成工业增加值 6881.79 亿元，同比增长 11.5%；累计实现营业收入亿元，同比增长 16.21%；累计实现利税总额 5309.48 亿元，同比增长 7.44%；累计实现利润总额 3300.04 亿元，同比增长 7.21%。近七年我国汽车产量如图 6 – 1 所示。

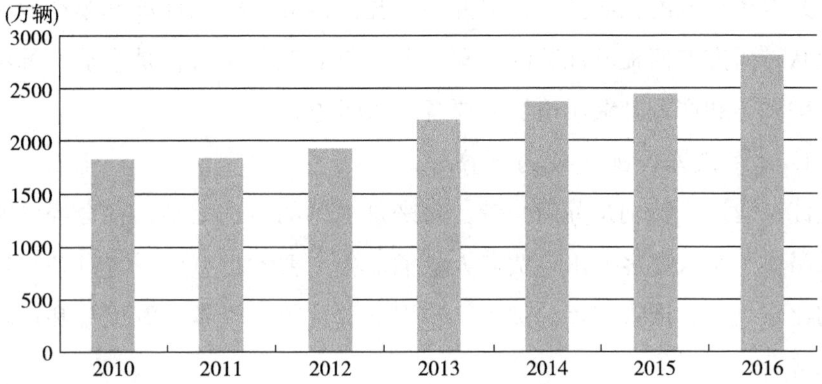

图 6 – 1　2010—2016 年中国汽车产量

资料来源：国家统计局。

2. 经济形势改变国内消费者收入结构，影响其购买力

2015 年中国经济下滑开始从过去“新常态”潜在增速回落主导的模式转化为“趋势力量”下滑与“周期性力量”回落并行的格局。另一方面，工业企业供给能力持续低迷，生产领域的萧条与股票市场的泡沫、传统制造业的困顿与新型产业的崛起同时并存。根据国家统计局发布的国内 2016 年一季度经济数据显示，第一季度全国居民人均可支配收入 6619 元，同比名义增长 8.7%，扣除价格因素后实际增长 6.5%。近年来国内居民虽实际收入有所增加，但经济下行诸多因素已逐步造成消费者资产及收入结构改变，且居民实际收入增速有所下降（指比上年度实际收入，已扣除价格因素）。消费者资产及收入结构直接影响个人消费倾向及购买能力，居民实际收入增速放缓，以上因素从一定程度上造成

了汽车销量增速放缓。

（二）江苏汽车行业发展现状

近年来我国汽车市场持续繁荣，产销量高速增长，对国民经济增长的拉动效应十分显著。基于对汽车产业美好前景的预期及对地区经济的支撑作用，全国大部分省份都把汽车产业列为地区支柱产业予以重点扶持，江苏省也将汽车产业列为四大支柱产业之一，然而江苏作为全国的经济强省，其汽车产业的核心竞争优势并不明显。因此，根据江苏汽车产业历史与现状，研究如何提升江苏的汽车产业的核心竞争优势，是推动江苏经济的结构调整和产业升级所迫切需要解决的问题。

1. 江苏汽车行业发展的优势

江苏地区，特别是苏南一带，向来是中国的富庶之地，社会经济文化繁荣昌盛，文人墨客辈出，贾名人潮涌。生产要素上，江苏省具备了四方面的比较优势，即人力资源优势、知识资源优势、资本资源优势和地域资源优势。

江苏高等人才资源丰富，具有强大的机械、电子、材料工业基础，区位优势独特。江苏有众多高等研究院所和高素质的人才及劳动力资源，为发展汽车制造业提供了强大的技术、人才、劳动力支撑。境内高校数量占全国第一，而且不乏各种政府研究机构、行业研究机构、商业科学期刊、行业协会、私立研究机构等等。虽然汽车专业高校不多，但是在企业管理、工业自动化等专业方向上有很多院校及研究机构，专业期刊资源也很丰富。对国际、国内投资具有很大的吸引力。虽然江苏省汽车专业技术人员、科研机构、教职工数量等相比湖北、吉林、上海等省市不占优势，但与汽车产业发展相关的企业管理、市场营销、机械工程等方面的人力资源丰富，高层次人才数在全国名列前茅。省内虽然自然资源没有明显优势，但是江苏省近年来加大了基础设施的建设力度，运输系统、通讯系统、邮政和快递系统、金融系统、健康保健系统等在全国都保持较为领先的地位。

江苏省历来经济发展较好，民间资本丰富，地理位置十分优越，位于长江下游入海口，占据了长江三角洲的核心地带，东临中国经济发展最快最好的城市上海，南有浙江，身居世界第六大都市圈。在需求条件上，江苏省具有较大的潜在汽车消费能力，随着长江三角洲的一体化进程加速与江苏苏北地区经济的飞速发展，这一潜在消费能力将会很快得以释放。在相关支持产业上，江苏有很好的轻工业加工基础，在零部件的开发、铸模、加工等流程均具备了较高的竞争实力。江苏的电子工业具有很强的实力，其车载电子设备的优势明显。在竞争环境上，由于江苏省比邻汽车产业很发达的上海市，受其市场辐射力度较大，因此，从整车的竞争角度而言，除大中型客车外，江苏省并无明显优势。但是由于江苏比邻上海大众等大型整车生产企业，具有较大的区位优势。

现代汽车产业发展的特征是呈现区域式集聚——一是向市场潜力大的地区集聚，二是向基础条件和投资环境好的地方集聚，三是向大型、龙头整车制造企业、集团周边集聚。江苏地处长江三角洲地区前沿，经济发达、交通便捷，特别是江苏各地和各级政府为经济发展着力营造良好的投资环境，树立了重商、亲商的良好形象。投资环境评价始终较高。这些条件为吸纳国际汽车产业的转移提供了良好的基础，已经并将继续吸引国际、国内资本投资江苏汽车产业。

表 6－1　2016 年国内汽车销量前五品牌排行

排名	品牌	销量（万辆）	同比增长（%）
1	上海通用	188	7.7
2	上海大众	167	9.1
3	一汽大众	130	17.3
4	北京现代	114	7.5
5	东风日产	113	10.9

资料来源：作者整理。

2. 江苏汽车行业发展的劣势

(1) 整车企业产销不旺，规模效益难显

位于江苏盐城的东风悦达起亚汽车有限公司[①] 2016 年累计销量为 65 万辆，与 2015 年的 61.6 万辆相比，虽然有 5.5% 的小幅上涨，与年初既定的全年销量目标（68 万辆）距离不大，但是与国内销量排行前五品牌相比还存在着很大的差距（见表 6 - 1）。汽车产业是典型的资本密集型产业，其规模效益较为明显。只有达到或高于规模临界值时，才能产生较好的经济效益，才能形成竞争优势。就目前形势，东风悦达起亚汽车的规模效益还不能充分显现。中大客车由于生产企业分散，生产模式以改装为主，总生产能力不足，形成规模效益更是任重道远。

(2) 服务业发展相对落后，汽车文化不浓

汽车服务业是伴随着汽车制造业成长壮大起来的高附加值产业部门，是我国新兴的热点产业部门之一，对整个汽车制造业乃至国民经济的健康发展都起着决定性的支持作用。目前江苏汽车服务业中部分企业内部仍存在企业规模较小、品牌优势不突出等特点。从市场结构来看，汽车售前、售中和售后服务市场均得到不同程度的发展。其中汽车维修、汽车美容业等在发展中进一步整合，汽车租赁、汽车金融业等成为汽车服务业新的发展热点，车主对汽车服务产品的个性化需求酝酿着巨大的商机。汽车产业是第三产业的强力推进器，江苏在大力推进整车汽车制造业的同时，却未能充分挖掘汽车市场蕴藏着的巨大商机，汽车服务业恰恰是江苏市汽车产业的薄弱环节，也是可以大有作为的环节。

(3) 自主研发能力薄弱

汽车产业是劳动技术密集型产业，它是传统技术和高新技术的融合体。谁掌握了该产业中最关键的技术，谁就是将来的赢家。主导方将支配其中的技术密集型部分的产品的研发、生产和销售，形成强势品牌，占据

---

① 东风悦达起亚汽车有限公司是由东风汽车公司、江苏悦达投资股份有限公司、韩国起亚自动车株式会社共同组建的中外合资轿车制造企业。

高端消费市场，攫取该产业的绝大部分利润；而从属方只能靠廉价的劳动力和目前良好的市场需求环境优势，在低端市场，依靠加工低技术含量的机械部件存活下来。因此从长远来讲，汽车产业的竞争力主要取决于"软"资产实力。目前江苏的汽车产业还没有建立起具有完全自主研发和创新的体系，先进的技术例如整车开发、设计、试制、制模等产业价值链上端的设计经验和技术主要依赖国外，不具备基础开发、同步开发、超前开发和系统开发的能力。

专题6-1　新能源汽车

新能源汽车区分于使用汽油、柴油发动机的能源汽车，它采用非常规车用燃料作为动力来源，或者使用常规车用燃料、采用新型车载动力装置。汽车产业是我国社会经济的支柱性产业，相较于其他国家，发展新能源汽车对我国来说有更加重要的意义，在20世纪90年代的"十五"期间我国就制定了新能源汽车科技规划，并以"863"国家项目的形式支持新能源汽车的研发。当前我国新能源汽车的研发呈现"三横三纵"的格局，其中"三纵"指的就是燃料电池汽车，混合动力汽车和纯电力汽车，在发展趋势上这三种新能源汽车也有不同的特点。

1. 混合动力汽车

混合动力汽车是当前最具可行性的新能源形式，通过在汽车上同时安装小功率内燃机和电动机的方式实现能源节约。混合动力汽车一方面可以利用已经成熟的发动机技术，另一方面其混合动力的特殊形式也能够推动电池和电机技术的发展，为新能源汽车的进一步发展打下基础。由于混合汽车带有双动力系统所产生的高额成本，可以由国家、生产企业和消费者共同分担，可以说混合动力汽车是我国当前最现实的一种新能源汽车技术，离我们的距离也并不远，国内的比亚迪等汽车企业已经开始销售自主研发的混合动力汽车。

2. 纯电动汽车

纯电力汽车是汽车新能源发展的最终目标，是从能源形式上彻底革新

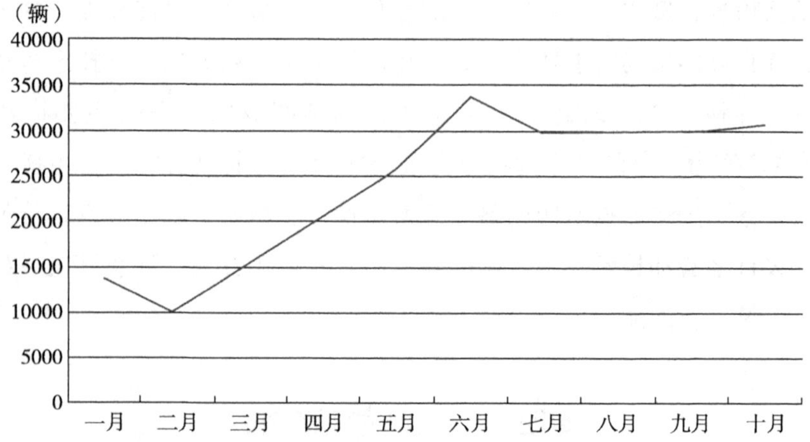

图6－2　2016年新能源汽车销量走势

资料来源：中国产业网。

的一种新能源汽车，其在节能环保和维护保养方面有突出的优势，虽然在行驶里程和充电时间上还存在着种种限制，但是电池技术的瓶颈是不会一直存在的，一旦电池瓶颈得到突破其前途不可限量。总之纯电动汽车是一种真正意义上的新能源汽车，拥有着广阔的应用前景。但是就当前的技术水平而言，纯电动汽车的大范围应用和推广还存在着极大的问题，短时间内希望纯电动汽车解决新能源汽车问题是不现实的，但是因为其在能源节约上种种无可比拟的优势，纯电动汽车将始终是新能源汽车的最终目标。

3. 燃料电池汽车

以燃料电池作为电源的电动汽车被称为燃料电池汽车，是新能源汽车技术未来长期发展的重要补充。当前欧洲国家在燃料电池汽车领域取得了不小的突破，其研制的燃料电池汽车打破了传统电动汽车行驶里程短和充电时间长的限制。单从技术角度来看燃料电池汽车节能性能和使用性能都较强，但是在实际应用中燃料电池的制作和存储都存在问题，而且以燃料电池作为直接电源，汽车的动力性和操控性也存在着问题，然而不可否认的是燃料电池技术是具有一定发展前景的。

由于我国的经济建设起步较晚，当前汽车行业正是蓬勃发展的时期，是我国社会经济增长支柱性产业。但是在同一时期，全球能源危机和生态环境危机正在逐渐恶化，在这种历史背景下汽车产业已经走上“生存或者毁灭”的十字路口，新能源汽车是汽车产业得以延续的主要途径，因此对我国未来汽车新能源发展趋势的研究具有鲜明的现实意义。2016 年新能源汽车销量走势如图 6 – 2 所示。

三、汽车行业的发展对策

（一）中国汽车行业稳步发展对策

汽车工业是国民经济的支柱产业，发达国家无一不是牢牢地掌握着汽车工业的控制权。但是，如果没有强大的自主开发和自主品牌作为支撑，就会失去话语权，更谈不上掌握控制权。中国汽车行业要想稳步发展，就必须拥有自主知识产权的汽车品牌。只要有我们自己的品牌，中国汽车就会有希望和未来。经济全球化的重要特征之一就是品牌的全球化——全球配置资源，全球销售产品。品牌已成为跨国公司开拓全球市场的最有力的武器，从它们对于品牌的态度就可以看出品牌的重要性，它们可以与所在国企业合资合作，可以输出技术与管理，但关于品牌和知识产权却是分毫不让。创建自主品牌，不仅是民族感情问题，也是本土企业生存和发展的必要。

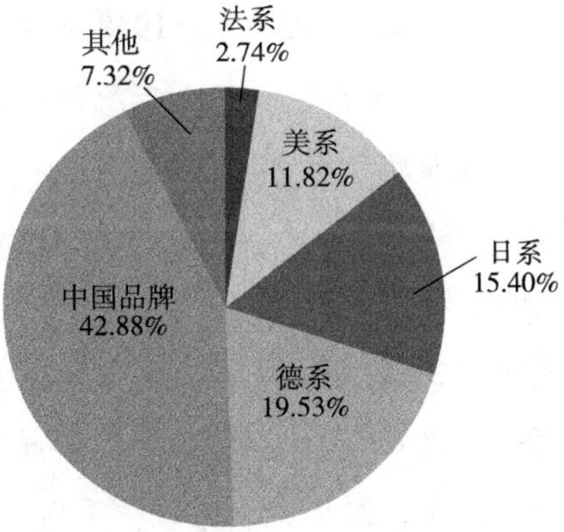

图 6 – 3　2016 年上半年中国市场各品牌乘用车销售占比

资料来源：中国汽车报网。

据中汽协数据，2016 年上半年，中国品牌乘用车共销售 473. 45 万辆，同比增长 12. 78%。占乘用车销售总量的 42. 88%。德系、日系、美系、韩系和法系乘用车分别销售 215. 68 万辆、170 万辆、130. 48 万辆、80. 84 万辆和 30. 24 万辆，分别占乘用车销售总量的

19.53%、15.40%、11.82%、7.32%和2.74%。如图6-3所示。

中国汽车市场起起落落，但前景依然乐观。随着人们生活水平的提高和中国经济的日益发展，中国汽车厂家的生产能力远远低于市场的意向需求规模，现实的产能未完全转化成实际销量，消费者持币待购原因是多方面的。客观上，国家宏观调控政策抑制了市场需求；但主观上，多数厂家和商家没有很好把握消费者对诸多利好政策的预期，导致其营销政策与消费者的心理出现较大偏差，持币待购只是表象。就中国私家车整体市场而言，未来数年农村地区有望成为私家车市场新的增长点，如何满足农村家庭对私家车的需求，需要厂家事先做好充分的市场调研。随着上海通用、北京现代等汽车集团市场拓展力度的不断加大，中国汽车市场竞争格局近期有望发生改变，性价比、品牌凝聚力将成为未来汽车市场领导者突出的核心竞争优势。

专题6-2　中国自主品牌——红旗①

红旗是在国际封锁下自力更生、奋发图强的产物，它是特定历史的产物，凝结了浓厚的民族情节，体现了中国人要自强的民族精神。红旗牌汽车的历史始于1958年。1958年7月28日，一辆红旗牌载重汽车和一辆红旗牌35座客车在长春汽车配件厂正式下线。1958年7月30日，长春市委举行红旗牌汽车剪彩仪式。该车一直是中华人民共和国阅兵礼宾车。进入20世纪80年代，“红旗”因为耗油量大、成本高、产量低而停产。到那时为止，全国在20多年里总共生产了1540辆这种牌子的轿车。1984年新中国成立35周年阅兵式，中央军委主席邓小平和阅兵总指挥秦基伟上将分乘两辆红旗ca770yj型特种检阅车检阅海陆空三军；1999年新中国成立五十周年大庆，江泽民主席同样乘用红旗检阅车来检阅海陆空三军战士。

红旗车标包括前车标、后车标和侧车标。前车标是一面红旗，不言而

① 资料来源于百度百科。

喻，它代表毛泽东思想；后车标是“红旗”两个汉字，是借用的毛泽东为1958年5月创刊的《红旗》杂志的封面题字。最早的CA72在翼子板一侧标有并排五面小红旗，代表工农商学兵。

现在红旗图形商标立在发动机盖的前端；另一商标是在椭圆中有一带羽毛的“1”，表示“中国第一汽车集团”。该商标镶嵌在散热器的正中；文字“红旗”商标则标注在车尾。红旗新商标以“第一”的“一”字型为依托，将代表全球的椭圆与“1”字型有机结合起来，构成简洁、流畅、活泼的造型，强调了“第一”的品牌名称及其意义。

“红旗”二字已经远远超出了一个轿车品牌的含义，新中国发生的众多历史事件均与“红旗”有关。在国人心里，它有其他品牌所不能代替的位置。

（二）江苏汽车行业的竞争力提升对策

1. 推动行业整合重组与优化，扶持龙头企业做大做强

汽车工业是规模经济效应最显著的行业之一，汽车工业发展趋势必然由分散走向集中，最后形成寡头垄断格局。这是各汽车生产厂家追求规模经济效应的必然结果，汽车生产企业必须具有规模经济优势，才能具有强大的市场竞争力。

促进轿车企业销售量提高为了进一步提高轿车的销量，促进轿车企业早日实现规模经济。江苏的轿车企业要采取“内抢外扩”的市场竞争策略。所谓内抢，就是利用中国经济发展的不平衡性和国内市场需求出现第二次“井喷”的难得机遇，尽快抢占中西部地区的一线城市以及东部地区的二、三线城市。目前二、三线城市居民的人均GDP已经达到了购车的临界值。因此江苏轿车企业要牢牢抓住这一机遇，认真研究二、三线城市消费群体的汽车消费文化，细分目标市场，采取产品差异化竞争策略。所谓外扩，就是利用全球第五次产业大转移的机遇，打开国际汽车市场，积极寻求向海外扩张的策略。

2. 发展汽车零部件与汽车服务业，完善汽车产业链

汽车产业的产业链很长。这条产业链涵盖了研发、制造、营销、维修、金融服务、环保、能源和交通等相关领域。发达国家汽车工业的发展历程告诉我们：要想使本国（地区）汽车工业取得长远发展优势，必须完善整个汽车产业链，任何一个产业链出错都会导致汽车工业出现停滞甚至衰退。汽车产业带动效应非常大，根据国际经验数据，汽车工业每增值 1 元，将带动上游产业增值 0. 76 元，带动下游产业增值 2. 89 元。因此，大力发展汽车零部件、汽车销售、物流、服务体系意义重大。发达的销售、物流、服务体系，对汽车生产也有很大的支撑、促进作用。江苏应充分利用三方合作的优势，积极发展汽车带动产业，延伸汽车产业链条。

江苏要加强汽车零部件产业基地基础设施的建设，制定吸引投资的优惠政策，营造适合汽车零部件发展的管理模式和创业环境，吸引汽车零部件企业落户产业基地，形成主业突出、差别竞争、错位发展的特色优势，不断增强基地的集聚功能和产出功能，促进江苏汽车产业形成完善的产业链。积极引导整车企业和零部件企业加强沟通联系，促进他们结成战略伙伴关系，带动零部件行业的发展，形成良好的产业配套条件；鼓励有条件的零部件重点企业向系统开发、模块化供货的方向发展，引导有条件的中小零部件企业通过与外商合资、合作等形式，提高自己的技术水平，大力发展二、三层次零部件产品，向“专、精、特、新”方向发展。同时引导化工、机械、电子、轻工等工业领域的生产企业在机械设备、工装磨具、汽车电子、工程塑料等方面，提高产品水平和配套能力，与整车制造业同步发展。

3. 加快技术消化吸收步伐，提高自主研发能力

在汽车工业发达的国家，过去开发一个新品牌需要几年的时间，现在缩短为只要几个月，大部分实力雄厚的企业每年都会推出很多新品种，这样才能在市场上站得住脚。同样，江苏汽车产业要取得长远发展必须加大对汽车研究开发的投入，特别是零部件开发的投入，要形成一定的自有核

心技术优势。

一是要加大技术开发的投入。政府要落实对企业技术开发投入减免税的优惠政策，在现有的政策性拨款的基础上，考虑增加汽车技术研发中心的专项拨款。企业要增强对技术开发重要性的认识，在争取政府支持的同时，加大技术开发的投入，保持研究开发经费的稳步增长。

二是要实施自主品牌战略。政府要鼓励东风悦达起亚等龙头企业制定品牌发展和保护规划，积极探索技术开发新模式，通过联合开发、与国外合作、购买国外专业开发机构等多种形式积极开发具有自主知识产权产品，逐步积聚力量形成自我主导的生存和发展能力，创立自主品牌。

三是要积极发展节能和新能源产品。积极发展节能产品，把节约能源放在首位，节能、环保、安全并重，发展新能源汽车产品，寻找新的替代品，缓解石油供应价格高的压力。目前江苏盐城的中大集团和湖北青山电动车研究中心合作研发的纯电动客车具备了一定的技术优势，必须进一步攻克电路系统存在的问题，才能实现规模化生产。因此政府要大力支持新能源汽车的研发和产业化发展，可以通过设立专项资金和出台专项政策来扶持新能源汽车产业的发展。

4. 改善汽车消费环境，培育个人汽车消费市场

汽车消费环境包括汽车信贷消费政策、汽车价格、各种汽车收费项目及交通基础设施状况等。建议采取如下措施：

一是完善城市道路网和高速公路网。江苏必须进一步完善城市道路网和高速公路网，提高道路分流能力和辐射能力，并采取有效措施提高城市交通管理水平，逐步实现交通管理现代化，协调好城市管理与交通管理之间的矛盾；重视市区停车场规划建设，制定合理的建筑物配建停车标准，鼓励兴建立体停车场，城市规划中有关建筑物必须预留或预建停车场，对停车场的收费要规范化。

二是清理取消限购汽车的不合理规定。江苏相关部门要认真清理取消现行限制汽车购置的不合理规定，包括牌照注册数量、车型限制、各种区

域市场保护措施、各类行政事业性收费、外地汽车进城收费，以及其他直接或间接影响汽车购置的措施。

三是促进和规范汽车消费信贷。江苏要进一步修改和完善汽车消费信贷制度，抓紧制定汽车消费信贷管理条例，使资信调查、信贷办理、车辆抵押、贷款担保、违约处置等汽车消费信贷全过程实现规范化、法制化。支持符合条件的汽车生产企业建立汽车金融公司。促进汽车消费信贷模式的多元化，推动信贷资产证券化规范发展，支持汽车金融公司发行金融债券。

四是规范和促进二手车市场发展。江苏应在国家建立二手车鉴定评估标准和临时产权登记制度，调整二手车交易的增值税征收方式的基础上，大力发展专业的二手车经销企业，倡导汽车品牌经销商开展以旧换新、以旧换旧等汽车置换业务。取消二手车交易市场的不合理收费，降低交易成本。减轻二手车市场监管，严格经营主体市场准入，规范二手车交易行为，维护市场秩序，积极推广交易合同示范文本，保护消费者合法权益。充分发挥行业组织作用，加强行业自律，促进企业诚信经营。

四、本章小结

本章首先论述了汽车行业发展的历程和现状，在此基础上强调了自主品牌的重要性并论述了江苏应如何利用自己的优势发展汽车产业。汽车产业发展水平是衡量一个国家和一个地区的工业化水平、经济实力和科技创新能力的重要标志。我国汽车产业经过改革开放30多年的快速发展，已经成为国民经济重要的支柱产业，特别是在全球金融危机的背景下，我国汽车产业在产业政策的推动下逆势增长，以其市场潜力大、产业关联度高、带动就业面广、资金积累能力强等特点，为促进国民经济快速发展做出了重大贡献。

汽车销售与国民经济发展、居民收入水平、基础设施建设、产业发展政策和产业发展阶段等因素都有着密切的关联。近年来，我国宏观经济持续快速增长，居民生活水平稳步提高，巨大的购买潜力已经陆续变成拉动我国汽车工业快速增长的动力，受此影响，未来10年，江苏汽车产业仍将保持持续增长的发展态势，“十三五”期间江苏汽车产业将迎来稳定、持续的发展机遇期。由于国内汽车市场的竞争将越来越激烈，作为江苏汽车产业发展重要时期，江苏政府应不断完善和加强行业管理，引导和推动汽车产业在自主创新能力建设、新能源汽车技术研究和汽车服务业等领域的发展，将汽车产业打造成江苏优势产业。

参考文献

[1] 翁方进，马建国，李长昌. 基于钻石体系的江苏汽车产业核心竞争优势分析 [J]. 市场周刊. 财经论坛，2004，04：113-114+111.

[2] 杨海霞. 关于中国汽车产业发展的变通理论的初步研究 [D]. 吉林大学，2005.

[3] 刘肆. 中国自主品牌汽车企业创新能力提升策略研究 [D]. 福建师范大学，2015.

[4] 门峰，王今. 中国汽车产业发展趋势预测 [J]. 汽车工业研究，2011，02：2-5.

[5] 刘颖. 中国自主品牌汽车市场营销 SWOT 分析 [J]. 价值工程，2015 (3)：158-159

[6] 陈涛. 中国自主品牌汽车企业发展分析——基于上市公司的数据 [J]. 现代商贸工业，2014，(20)：1-3.

[7] 李太. 盐城汽车产业竞争力提升研究 [D]. 扬州大学，2010.

[8] 倪波. 中国汽车市场发展前景展望 [J]. 上海汽车，2005，(09)：7-11.

第七章　船舶行业

一、船舶行业简介

（一）船舶行业的定义

船舶行业，亦称“造船工业”或“造船业”，是承担各种军民用舰船及其他浮动工具的设计、建造、维修和试验及其配套设备生产的重工业。船舶是各种船只的总称。船舶是能航行或停泊于水域进行运输或作业的交通工具，按不同的使用要求而具有不同的技术性能、装备和结构型式。

船舶是一种主要在地理水中运行的人造交通工具。另外，民用船一般称为船，军用船称为舰，小型船称为艇或舟，其总称为舰船或船艇。内部主要包括容纳空间、支撑结构和排水结构，具有利用外在或自带能源的推进系统。外型一般是利于克服流体阻力的流线性包络，材料随着科技进步不断更新，早期为木、竹、麻等自然材料，近代多是钢材以及铝、玻璃纤维、亚克力和各种复合材料。

（二）船舶行业的分类

船舶行业包括建造、配套与修理拆解三大部分。其中，建造包括造船、造船用发动机、造海洋工程设备，是船舶行业的主体。船舶产业链的相关情况如表 7－1 所示。

表 7－1 船舶产业链

上游产业	船舶产业	下游产业
1. 钢铁产业	1. 造船产业	1. 航运产业
2. 电产业	2. 修船产业	2. 海洋产业
3. 电子产业	3. 拆船产业	

资料来源：作者整理。

1. 造船行业

造船是整个船舶行业体系的核心，在船舶行业体系中居主导地位。一方面船舶制造业本身带动了地区就业、消费等多项经济指标发展，另一方面船舶制造业具有广泛而密切的产业关联，对于其他行业的带动性处于最高水平，对机械、电子、化工、冶金、轻工等工业部门需求巨大，同时带动了船舶配套及服务业的发展。目前，造船业是我国重加工工业中唯一能走在世界前列，与世界先进水平较量的行业。

2. 船舶配套行业

没有强大的船舶配套业，就很难成为一个造船大国、强国。日本一位造船专家坦言："如果没有一个强大的具有竞争力的配套企业，那么日本的造船工业将无立足之地。"一语道破了船舶配套工业中的重要地位和作用。

我国船舶配套行业起步比较晚，而且基础薄弱。改革开放以来，中国船舶配套行业以制造许可证和专利协议等方式引进了多项当时国际先进水平的船舶配套技术，使中国船舶配套设备国产化率在 20 世纪 90 年代前后曾达到 70%。但是由于国内有关厂家技术消化、吸收和创新能力不够，加上没有跟踪，未能及时签署新的专利协议和制造许可证，使得船舶配套国产化率下降到 40% 左右，与日本的 95% ～98%、韩国的 85% 左右相比，有较大的差距。

3. 修拆船行业

修拆船行业也是船舶产业中重要一环，而且修拆船市场越来越引人关注。通过船舶修拆行业的发展，一方面更加完善区域船舶产业体系，另一方面也可以在其他子行业景气不佳时避实就虚，发掘新的市场，创造利润增长点，也为未来发展做好更充分更全面的基础。

修拆船行业分为修船业和拆船业。修船业既是船舶产业的有机组成部分，又具有较强的独立性。它的独立性体现在它在一定条件下，可以不依赖于造船业的发展而发展。但从世界船舶工业发展的历史可以发现，凡是造船业高度发达的国家，修船业的发展水平也比较高。因为造、修船在技术、人才、配套等方面都具有很强的关联性。造船业的发展对修船业的发展有很强的带动和促进作用，如日韩造船的崛起，对世界修船中心从欧洲向亚太地区转移起到了重要作用。修船和造船一样，均属于技术密集型、劳动密集型产业。发展修船可以带动船舶机电配套设备、钢铁、船用锅炉、柴油机、电缆、橡胶密封件等相关产业的发展和一批劳动力就业。同时对我国国防建设也有着重要的战略意义。

拆船业是将废钢船作为生产对象拆解，并将拆解后的资源再重新使用的加工产业。从生产过程看，它是船舶的逆转，因为其产出的对象主要是金属，又无冶金工业的环境污染。因此它是资源环保型产业，同时也是劳动密集型产业，是国家发展循环经济的组成部分。我国重点拆船企业30个左右，形成长江三角洲和珠江三角洲两大拆船基地。

（三）船舶行业的基本特征

1. 全球性竞争

船舶作为国际贸易最主要的运输工具，其需求范围是全球性的；船舶建造行业则会因要素禀赋的比较优势不同而集中在少数国家。船舶的需求和供给特点使得船舶产品在全球范围内进行流通。因此，造船企业在分享全球市场的同时也将面临来自世界各地的竞争。

2. 产品结构复杂

船舶是一种定制化的产品。船东根据运输标的、通行航道、成本的不同来定制不同型号、不同技术水平的船舶。船舶可根据不同的用途分为16

大类，每一类别又可根据载重吨数分为多种种类。因此，单个造船企业无法生产也无须（从成本和收益角度考虑）生产所有类型的船舶，而是根据自身的生产规模、技术优势等条件来选择某一细分市场。

3. 单个造船企业所占市场份额较低

世界造船行业向着中国、韩国、日本集中，这三个国家手持订单量占世界的比重在90%左右。上述三个国家前10名造船企业的手持订单量占各自国家的比重也都在50%以上。然而，由于全球造船市场容量很大且船舶建造周期较长，从全球范围来看，单个造船企业的市场份额较低。

4. 周期性特征

船舶具有较长的建造周期和使用周期，这使得下游航运业的运力增减无法根据市场需求灵活地做出调节。航运业主要承担大宗商品在全球范围内的流通，而大宗商品的供需状况与宏观经济的走势密切相关。因此，产业链上下游之间的传导机制使得造船行业具有明显的周期性特征。随着自身及下游航运业的金融属性加强，造船行业的周期性波动更为剧烈。

二、船舶行业的发展

（一）船舶行业发展历程

人类生存的地球表面，70%为海洋覆盖。人类为了征服海洋，发明制造了船舶。几千年来，船舶的发展通过为人类不断地实践探索、不断地总结经验加以改进，经历了漫长曲折的道路。中国是世界文明古国之一，据我国史书记载，最早的船舶是在树木、葫芦、落叶漂浮于水面的启发下诞生的。商代甲骨文中多次出现的“舟”字是我国祖先对船舶的最早记载。古代船舶靠人力推进，最原始的独木舟开始时用手划进，后来改用树枝、木片，最后改为使用篙、桨和橹。人们在实践中发现风的力量可以帮助人类来推动船舶行进，古埃及首先发明了方帆。方帆是长方形的，装在上、下两桁之间，帆和桅在不用时还可以收起来。后来人们将帆改进为上、下两部分，同时增加了前桅和尾桅，这样在风力过大和船速过高时，可以收起下帆或后桅帆。到了19世纪，随着钢铁工业的发展和焊接技术的出现，特别是由于蒸汽机的发明而带来了工业革命，对船舶的发展起到了巨大的推动作用，钢质机动船舶终于在全世界范围内被推广开来。船舶的发展推进了工具的改革。自蒸汽机问世后，便出现了用蒸汽机带动的明轮船，明轮船在19世纪已得到了广泛的应用。但明轮结构笨重，效率低，遇到大风时船身容易左右摇摆，影响稳定航行。在明轮的基础上，产生了螺旋桨。它体积小、重量轻、效率高、牢固，而且深入水下，保护良好，并有较高的效率。它的出现是船舶推进工具的重大进步，进一步促进了船舶的发展。

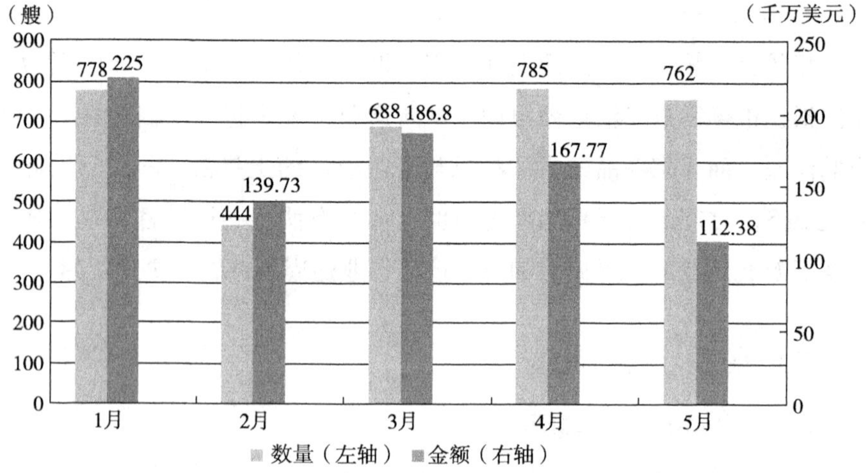

图7-1 2016年1—5月中国出口船舶数据统计

资料来源：中商情报网。

我国古代的造船和航海业有着极其光辉灿烂的历史，对人类文明的发展做出过卓越的贡献。但在新中国成立前的近百年间，由于统治者的腐败无能及帝国主义列强的侵略蹂躏，我国的造船业日益衰退。新中国成立后，我国的航运事业和其他各行各业一样迅速恢复和发展。50多年来，特别是改革开放后，我国的造船工业有了突飞猛进的发展和长足的进步。目前，我国不仅能自己设计、建造各种类型、各种用途的高质量内河、沿海和远洋运输船舶以满足运输生产的需要，而且还为世界许多国家包括造船工业发达的国家承接造船业务。2016 年 1—5 月中国出口船舶 3457 艘，与 2015 年同期相比增长 20.16%；出口金额达 831.67 千万美元，同比下降 24.79%。如图 7－1 所示。

（二）船舶行业发展地位与作用

船舶是人类社会发展中最早出现的运载工具之一，是世界各国经济、政治、文化交流的重要手段。按理说，它作为典型的传统产业在一国的国民经济发展中所占的比重不会太大甚至可能会相对下降，然而它在当今世界贸易、政治，尤其是军事中的地位仍然是其他产业所不可代替的。目前，我国是一个发展中的大国，从经济与国防双重发展的需要出发，大力发展船舶产业都具有十分重要的意义。

1. 船舶产业是国防与装备产业的重要组成部分

作为海上防卫的主要工具——军用舰船，在制造设施、生产设备、生产工艺与生产组织管理方面与其他船建造是相同的。因此，船舶产业是典型的军民结合、平战结合的产业，是海军的天然后备力量，是国防产业的重要组成部分。而且水上交通运输业、水产渔业、海洋开发业等多个行业也需要船舶产业为其提供装备。因此，船舶产业的发展对国防与装备产业、国民经济的现代化发展有着重大影响与作用。

2. 船舶产业关联性大，吸纳劳动力强

在国民经济产业体系中具有极强的产业关联性，它在国民经济中的重要地位与作用，也正是通过强烈的产业关联性体现出来的，它的发展能带动一大批的上下游产业发展。其上游产业有钢铁产业、机电产业、电子产业等，下游产业有航运产业、海洋产业等。另外，建造一艘现代化船舶必须使用大量的劳动力。因为其不似其他产品一般可上流水线生产，而且放样、号料、切割、焊接、舾装等工序要大量依赖手工操作，这对于吸纳社会劳动力、缓解就业压力起到积极作用。历史表明世界的船舶产业发展影射了世界经济的发展情况，伴随着各国船舶产业的兴衰，国际社会先后崛起了如西班牙、葡萄牙、荷兰、英国、美国以及之后的日本和韩国。这些

国家成为造船大国的同时也成了世界性的经济大国，船业与国家的经济强大具有一定的联系。

3. 船舶产业的发展见证了经济全球化

回顾船舶产业的发展，它不但见证了经济全球化的过程并且也是最早实现全球化的产业之一。船舶产业从西欧国家开始繁荣，18 世纪的工业革命之后，英国成了当时造船最为发达的国家，19 世纪 90 年代英国的商船进水量达到了全球的 80%。后来美国、瑞典、日本的船舶产业的发展迅速，在第二次世界大战之前，英国一直保持其最好的造船优势。到 1956 年，战后经济复苏的日本，在全球的船舶市场上长期 50% 的占有率取代了英国而有造船王国的称号，期间日本经历了 20 世纪 80 年代的资本主义经济危机，全球船舶产业不景气，但其一直保持世界第一的位置。到了 21 世纪，由于信息化的发展，经济全球化的发展发生了质的变化，新兴的发展中国家经济发展迅猛，造船业在这种形式下发展得很快，日本的造船业开始慢慢消失，后期的发展中国家开始成为新兴的造船国家，例如韩国，2000—2010 年，其造船业赶超日本，一度成为世界上最大的造船国家。与此同时 20 世纪 90 年代以来，我国船舶制造量以年均 17% 的速度增长，各项指标在世界前列。2016 年世界造船三大指标情况如表 7 –2 所示。

表 7 –2　2016 年世界造船三大指标

		世界	中国	韩国	日本
2016 年造船完工量	万载重吨	9997	3594	3630	2185
	占比重/%	100	35.9	36.3	21.9
	万修正总吨①	3445	1103	1221	702
	占比重/%	100	32.0	35.4	20.4

① 修正总吨（Compensated Gross Tonnage）：船舶货物总量（GT – Gross Tonnage）乘以船舶类型系数得出。像油轮一样只装载货物的船和像 LNG（液化天然气）船一样具有复杂结构的船的工作量不同，用装载货物量表示船舶大小显然不合理，所以采用这一表示船舶大小的单位。

续表

		世界	中国	韩国	日本
2016 年新接订单量	万载重吨	2742	1617	582	410
	占比重/%	100	59.0	21.2	15.0
	万修正总吨	1123	403	175	130
	占比重/%	100	35.8	15.6	11.6
2016 年底手持订单量	万载重吨	22332	9595	5028	5919
	占比重/%	100	43.0	22.5	26.5
	万修正总吨	8621	3049	1989	2007
	占比重/%	100	35.4	23.1	23.3

资料来源：中国船舶工业行业协会。

三、江苏船舶行业的发展现状

（一）江苏船舶行业发展优势

总体来说，江苏船舶产业区位优势明显，大、中、小船舶企业并举，在造船、船舶配套与修理拆解等方面形成一系列比较完整的产业体系。江苏长江岸线资源丰富，产业基础与开发条件优越，船舶产业主要分布在沿江两岸的南京、泰州、镇江、南通、无锡、苏州和扬州等地区。

1. 区位优势

江苏濒江临海，江河交错。流经江苏的长江总长 433 公里，岸线 1175 公里，主江岸线 862 公里，深水（10 米以上）长江主江岸长约 266 公里。长江下游江面宽阔，水深流稳，岸线资源丰富；临近长江出海口，水陆空交通便捷，港口集中。江苏是以上海为龙头的长江三角洲的重要组成部分，地理区位优势明显，主要造船企业集中分布在从南通至南京 300 多千米的沿江两岸，产业基础和开发条件优越，并具有明显的经济优势，城市密集、外资进入集中、开发区密集、制造业聚集、开放效益明显，是发展船舶工业的理想区域。此外，江苏省大部分沿江地区的气候比较适宜造船业的发展，一年四季可以造船。与华南沿海地区相比，江苏沿江和沿海地区受台风等恶劣天气影响少。

2. 造船历史优势

造船是江苏的传统产业，拥有深厚的造船文化积淀。江苏武进、宜兴、镇江和扬州等地均发现3000～5000年前遗存下来的独木舟。明代郑和下西洋的宝船是在南京的龙江关（即现在的下关地区）建造的。新中国成立之后，江苏造船业得以振兴。1950—1960年，南京、镇江、扬州、泰州、无锡、南通等地的地方造船业得到了适度发展。当时企业规模小，基础设施差，技术人才缺乏，建造的船舶起初大部分是木船、水泥船，后来发展成了小型钢质内河船舶。20世纪80年代后，江苏造船业得到了长足发展。

3. 劳动力优势

造船业是劳动力、资金、技术密集型产业，其中劳动力素质和成本水平是决定一个国家造船产业竞争力的重要因素之一。江苏位于长三角地区，经济发达，在灵活的管理机制下，造船企业吸引上海和周边省份，乃至国外同行的人才。“不为我有，但为我用”，江苏熔盛重工、大洋造船等民营企业集聚了大量来自外省市的高端技术人才和管理人才。江苏省经济发达，人才优势比较突出，整个社会人才环境为船舶工业发展提供了良好的支撑作用。江苏省本地院校培育出许多优秀人才，为中国造船业的发展提供源源不断的各类人才。江苏科技大学是造船业人才的摇篮，江苏省政府和国防科工委签约，联合共建江苏科技大学，旨在加强培养高级船舶建造人才。此外，江苏南通市是中国著名的“钣焊之乡”，造船劳务输出闻名海内外。

4. 工业基础和船舶配套业的优势

江苏省具有雄厚的工业基础和良好的产业结构。船舶工业所需要的大量钢铁等原料都可由江苏的南京、张家港及安徽的马鞍山和上海等产地直接提供。它们是我国重要的钢铁工业基地，可以作为江苏发展船舶工业的原材料基地。近年来，江苏船舶配套业发展迅速，目前，镇江中船设备公司、南京绿洲机器厂等多家企业生产的船舶配套设备已经达到国际先进水平。南通、扬州、泰州、镇江等地相继成立了船舶工业园区，以进一步促进船舶配套业的发展。这些船舶工业园区的规划和成立为江苏造船业的健康发展发挥着十分重要的推动作用。

专题 7-1 江苏主要船舶企业分布

南京：中国长江航运集团金陵船厂、江苏舜天船舶股份有限公司；

泰州：泰州口岸船舶有限公司、泰州三福船舶工程有限公司；

镇江：江苏省镇江船厂有限责任公司；

南通：江苏韩通船舶重工有限公司、江苏熔盛重工集团有限公司、南通中远船务工程有限公司、南通中远川崎船舶工程有限公司、南通明德重工有限公司；

无锡：江苏新时代造船有限公司、江苏扬子江造船有限公司、中船澄西船舶修造有限公司；

扬州：扬州大洋造船有限公司、中海工业（江苏）有限公司、扬州国裕船舶制造有限公司、扬州科进造船有限公司、环球造船（扬州）有限公司。

（二）江苏船舶行业发展的主要问题

在“十二五”时期，江苏省船舶业虽然得到了迅速发展，但必须清醒地认识到，在高速发展的同时该产业也积累了相当多的矛盾和问题。一是企业的自主创新能力、高端产品市场竞争力有待提升。江苏各船舶企业的创新模式仍属追随型，创新引领和创新驱动力明显不足；产品中海洋工程装备和高技术船舶的占比明显低于发达国家，在深水装备方面与发达国家的差距更加明显。二是企业融资较难，银行业输血功能不足。企业直接融资的准入门槛较高，能够通过中小板和创业板上市或者通过发债获得资金的企业数量有限；民间资本长期得不到有效监管，高利贷盛行，企业稍有不慎就会陷入破产倒闭的境地。三是船用设备本土化配套率低。韩国和日本的船用设备本土化装船率分别高达85%和90%以上，而我国差距较大，我国高技术船舶和海洋工程装备配套领域本土化配套率甚至还不足30%。在这方面，江苏省同样存在着较大的差距。四是船舶企业的生产效率有待提高。目前，我国造船效率较低，仅为韩国的1/3，日本的1/4，随着劳动成本的不断攀升，生产效率的高低对能否保持成本竞争优势的影响将更加突出。五是必须改进产业结构。目前，江苏省船舶工业面临着资源环境约束日益趋紧、劳动力成本和各类生产要素成本上升等问题，造船产能结构性过剩问题突出，产品结构主要以散货船为主，低端产能过剩，高端产能不足。六是海洋工程装备产能过剩。2014—2015年，船舶产业异常火爆，良好的发展前景吸引众多企业纷纷抢滩海洋工程装备建造市场。在国家一系列利好政策的激励和支持下，海洋工程装备制造已成为船舶工业转型的突破口，大量投资使海洋工程装备的制造能力迅速提升。但由于市场容量有限，江苏省的海洋工程装备产业的产能过剩已显现，需要及时加以关注。

与世界一流企业相比，江苏省船舶产业整体水平和实力仍有较大差距。受后金融危机的影响，经济持续低迷、油价大幅下滑对船舶和海洋工程装备的影响日益加深，船舶制造业利润大幅下滑，世界造船业的竞争格局面临深度调整，航运业处于低迷并缓慢复苏状态，造船业结构性产能过剩矛盾依然突出。散货船等常规船型需求乏力，高技术船舶需求相对旺盛；国际海事新标准、新规范频繁出台，船舶安全、绿色、环保要求全面提高。与此同时，国内劳动力成本不断上升，人民币汇率、原材料和设备价格波动加大，主要依靠生产要素投入的发展方式将难以为继。在未来竞争中，江苏省船舶行业始终面临着结构调整、产业升级步伐加快的压力和挑战，必须科学判断和准确把握发展趋势，充分利用各种有利条件，积极创造促进产业发展及参与国际竞争的新优势。

（三）江苏船舶行业优化升级建议

1. 鼓励技术创新，促进产业结构高度化

江苏船舶产业各部门中，造船产业和船舶配套产业与全国相比，都稍高于全国平均水平，具有微弱的优势，目前虽然江苏是中国第一造船大省，然而整个船舶产业的综合发展也并未领先全国很多，专业化优势并不明显，产业集中度也不高，竞争能力不强。要想成为真正意义上的强省，并促进江苏船舶产业结构的高度化，达到江苏船舶产业的优化升级目的，还需从创新方面努力。

加强自主创新，坚持把技术进步创新作为转型升级的重要支撑。船舶产业的技术进步和创新程度表明产业结构的素质和高度化程度，是产业结构合理化与高度化的标志之一。技术创新能力是影响造船企业的生产效率、造船速度、建造质量的关键因素，也是决定造船企业在国际船舶市场上竞争力强弱的关键。技术创新与人才培养的双重战略，是日韩船舶产业发展的决定性因素。目前我国造船技术与国外先进造船技术至少相差10年。因此，企业、行业只有依靠自主创新，不断打造核心竞争力，才能获得真正的长远发展。加强自主创新，大力提高船舶技术水平，不断发展高性能高附加值技术和船舶配套设备技术，提升江苏船舶产业的竞争力，刻不容缓。

2. 制定合理产业政策，保证产业结构优化升级

当前我国船舶工业发展存在的一个严重的问题就是船舶产业政策严重滞后，缺乏规范行业发展的法律法规。江苏船舶产业的发展要坚持政府主导，船舶行业协会加强产业政策引导，制定适当的产业政策来促进船舶产业优化与升级。韩国造船创造奇迹的关键在于其政府在经济发展过程中充分发挥了宏观指导的作用，“二战”后的日本政府也实施了一系列扶植措施使日本船舶产业能迅速振兴。因此，江苏船舶产业要通过政策的引导，使小而散的“块状经济”向“产业集群”升级，兼并重组、产业集聚、引进大项目大企业等，使其成为“金字塔”式分工精细、产业链长、效益好的船舶产业群。通过一系列的产业政策的实施，最终促进江苏船舶产业结构优化升级。

3. 培养相关行业人才，加强核心竞争力

在企业提高整体技术水平和管理水平，推行信息化、标准化建设过程

中，人力资源素质较低将成为最大的阻碍因素，因此推动造船产业现代化发展、船舶产业结构优化升级，人才是根本。在这方面，韩国与日本做得比较好。当前，江苏省乃至全国的船舶工业正处于由传统的造船模式向现代化造船模式、落后的设计制造技术向船舶先进制造技术发展的瓶颈时期，迫切需要大量的应用型、复合型、技术型专门人才。

江苏在人才培养方面要借鉴日韩国家，比如船舶企业建立良好的用人机制，健全绩效管理，对企业员工进行分类分层化管理，并对员工进行培训充电等提高员工专业素质；对核心技术领域的高级专家实行特殊政策，防止重要的科技人才流失；还要培养有利于人才成长的文化环境。另外，鼓励高校、船舶研究所与企业进行校企合作等培养研究型人才。企业要多渠道、多方式聘用和培养高层次科技人才。

四、船舶行业未来前景与发展方向

（一）船舶行业技术持续发展

恩格斯曾对人类需求与科技发展的关系做过表述，社会一旦有技术上的需要，则这种需要就会比十所大学更能把科学推向前进。在船舶行业，人类需求可以归纳为：增加安全性、可持续发展和减轻劳动量三类。船舶行业的技术进步围绕着三种需求在持续发展，其中最主要的有五项，分别是智能技术、环保技术、极地装备技术、海洋资源利用技术及新材料应用技术。

1. 智能技术

智能技术成为船舶行业热门话题是从德国提出“工业 4.0”[①] 概念开始的。“工业 4.0”为整个工业界提出了一个新思维，将制造业向智能化转

① “工业 4.0”是德国政府提出的一个高科技战略计划。该项目由德国联邦教育局及研究部和联邦经济技术部联合资助，投资预计达 2 亿欧元。旨在提升制造业的智能化水平，建立具有适应性、资源效率及人因工程学的智慧工厂，在商业流程及价值流程中整合客户及商业伙伴。其技术基础是网络实体系统及物联网。

型，被认为是继蒸汽机应用、规模化生产和电气、电子信息技术等三次工业革命后的第四次工业革命。“工业 4.0”就是将产品研发、生产、物流和客户通过智能网络联系起来。因为对整个工业界影响深远，其他制造业大国也纷纷推进相应战略，例如法国的“新工业计划”、英国的“制造 2050”战略、日本的“制造业竞争策略”以及中国的“中国制造 2025”。《中国制造 2025》中指出，至 2025 年中国全面建成数字化、网络化、智能化、绿色化设计制造体系。《2030 年全球海事技术趋势》也指出：大数据管理和分析将越来越重要，它将对海运业产生重要影响。智能技术并非一项单独的技术，它融合了“大数据”、“物联网”以及“人工智能”等多项先进技术，智能技术应用在船舶行业可以产生智能设计与建造、智能船舶等多个方向的新技术。

2. 环保技术

船舶的环保技术发展很快，从提出这一概念到成为行业的主流发展方向仅用了几年时间，随着规则的陆续生效，船舶具备环保性能将成为一种普遍的要求。并且随着技术的进步，对环保指标的要求将越来越高。对我国来说，不仅国际航行的船舶具备良好的环保性，内河航行的船舶也将逐步具备相同的环保性。除了采取各种措施减少排放，现在的技术已经在设想主动捕获排放的温室气体，并将其输送、封存到安全的场所。

3. 极地装备技术

北极地区蕴藏着丰富的油气资源，2008 年美国地质调查局发布《环北极资源评估报告》，评估结果为：北极地区有望新增石油储量 900 亿桶，新增天然气储量 50 万亿立方米，新增天然气凝析液 440 亿桶，新增储量 84% 来自海洋。2010 年来自俄罗斯科学院的数据评估表明，在 21 世纪后半叶，北极石油超级盆地有可能提供与波斯湾或西西伯利亚盆地相当的能源。另外北极地区还存在大量天然气水合物资源。另外，与传统航线相比，北极航线将显著缩短航程，降低航行成本，随着海冰消融，未来通航能力会极大提升。

目前在北极地区的油气开采活动主要集中在俄罗斯、加拿大、挪威及美国阿拉斯加等地。每年北极航线也有一定的通航量，其中 50% 左右是油船，其次是杂货船、散货船等，这可能与北极周边国家的进出口需求有关。比如俄罗斯是能源出口大国，石油需要经北极航线向外运送，又如芬兰、瑞典等国有纸浆、木材及机械设备出口需求，需要多用途船等杂货船运送。中远航运公司已经对极地航行进行了尝试，2013 年该公司的“永盛”轮首航北极东北航线，航行时间 27 天，比传统的经马六甲海峡、苏伊士运河的航线缩短 9 天。2015 年“永盛”轮再次航行北极，并实现双向通行，往返历时 73 天，比传统航线节省了 23 天航行时间和 30% 的航程。

过去几十年里北极海冰已经呈现加速减少趋势，海冰厚度和多年冰的范围也在减小，相关气候预测结果表明，2055 年后北极可能会夏季无冰，未来北极重要的航运价值、资源价值、环境价值和科学价值将会随着海冰融化得以释放，极地油气资源开采装备以及各类极地运输船将得到大力发展。

4. 海洋资源利用技术

随着人类社会经济的发展，对各种资源的需求量越来越大，陆上资源面临枯竭，人类的目光势必会转向占地球总面积 70% 的海洋。目前人类对海洋的认识并不全面，科学界认为人类对海洋的认识还不及对月球的认识。而随着科技越来越发达，人类对海洋的探索及利用也会越来越深入。以目前对海洋的了解，人类可以从海洋获取的资源有能源，包括油、气、天然气水合物、波浪能、潮汐能、海洋温差能等；矿产资源，包括各种金属矿产及稀土等；另外还有各种海洋生物资源。

5. 新材料应用技术

材料产业是船舶工业发展不可或缺的基础。目前船用材料绝大部分仍用钢材，一些复合材料及合金材料在船舶上有了一定的应用，尤其是对特殊性能和快速性有要求的船舶。比如军船为了追求高航速和隐身性常在部分船体采用复合材料，高速船为了获得高航速常采用铝合金船体。

船用新材料的优势在于重量轻、可塑性强、强度高、耐腐蚀等，缺点是初始采购成本高，加工工艺较复杂，如果考虑到新材料需要的维护较少、重量轻、油耗低等优点，综合衡量，全生命周期的使用成本反而会下降。有统计表明，海洋生物污损可使船舶每年的燃料消耗增加40%，由此产生的温室气体排放也会显著增加。

很多新材料在其他工业领域已有广泛的应用，属于成熟的使用技术，比如钛在航空领域普遍应用，民用飞机的钛使用量已从20世纪90年代的2%上升到目前的15%。未来随着应用技术的提升，以及对高效、智能、环保、节能等性能要求越来越高，船舶应用新材料的比例会显著提升，一些更加先进的新材料，比如纳米材料，也会得到应用。未来的船用材料可能会具有环境感知、自清洁、自修复能力，以及更好的导电能力和外型修正能力，将为民用运输船、军用舰船及海工装备带来卓越的性能优势。

（二）江苏船舶行业发展面临的机遇与挑战

江苏省船舶工业连续多年稳居全国第一，形成了较为完善的产业体系，加上原材料配套强、制造体系完备、科研院所众多、劳动力素质高等综合竞争优势，已成为世界上具有影响力的造船地区。“十三五”将是江苏省向造船强省目标迈进的关键时期，江苏的船舶产业面临着前所未有的发展机遇。

江苏省沿江地区、沿海地区有着优越的自然条件，所处长江三角地区具有经济发达、科教资源丰富、劳动力素质高、造船基础雄厚等优势，使江苏具备了良好的船舶及海洋装备产业发展条件和产业基础。“十三五”期间江苏省将继续保持产业发展环境和基础的优势。我国的海洋经济发展空间广阔，我国船舶工业处于稳步增长并发展的成长期，人力、技术、资本、市场等综合比较相对处于优势，我国将继续保持世界造船中心的地位。江苏省已将沿海、沿江开发上升为国家战略，将加快建成长江三角洲地区乃至全国东部沿海地区重要的新型工业化基地，并将船舶及海洋工程装备产业作为十大新兴产业予以扶持和优先发展。

目前，我国经济处于增速换挡、结构调整和政策转型“三期叠加”的态势，在这种态势下，船舶工业竞争格局将发生深刻变化。江苏省要适应新常态，抓住新机遇。

一是国家海洋强国战略。党的十八大提出“海洋强国”战略，指出我国是海洋大国，要发展海洋经济，保护海洋经济环境，提高海洋科技水平，加强海洋综合管理，坚持维护海洋权益；同时要妥善处理海上纠纷，积极拓展双边和多边海洋合作，实现海洋强国的目标。国家实施这一战略需要强大的船舶与海洋工程装备制造业支撑，这为船舶工业转型升级提供了极大的战略机遇，对结构调整、缓解造船产能过剩具有重要意义。

二是“一带一路”战略。“一带”是为多元化发展创造新的空间。建设丝绸之路经济带将带动包括港口、公路、航空等在内的交通基础设施建设，为船舶企业创造良好的市场机遇。“一路”则更加直接利好于船舶企业，那就是由开发海洋资源和进行海运贸易而带来的对海洋装备需求的增长。目前，我国正在大力推进南海开发与海上丝绸之路建设，急需海上基础设施建设、资源开发、空间开发等方面的相关装备，对我国高端海洋装备发展提出了更高的要求。

三是中国制造 2025 战略。《中国制造 2025》中提出了包括海洋工程装备与高技术装备在内的十大重点领域。《中国制造 2025》将引领我国制造业进入新的发展阶段，使我国加快从制造大国转向制造强国。在这一过程中，智能制造是主攻方向，也是从制造大国转向制造强国的根本路径。江苏省船舶工业应抓住此次重大机遇，坚持绿色发展，推动船舶工业化和信息化的深度融合，促进船舶企业在研发与建造“双轮驱动”下快速转型发展。

四是长江经济带战略。依托黄金水道推进长江经济带发展，是我国立足国际国内发展大势、着眼拓展国家区域发展新空间做出的重大战略决策。长江经济带建设是新常态下加快船舶工业发展的重大战略机遇。《国务院关于依托黄金水道推动长江经济带发展的指导意见》明确提出，要建设具有国际先进水平的长江口造船基地，突破核心关键技术，培育知名自主品牌。江苏内河水运发达，要紧紧抓住国家加快发展内河水运和实施长江南京以下深水航道建设工程的重大机遇，充分发挥黄金水道优势和作用，加快推进现代综合交通运输体系建设，促进物流等现代服务业发展，促进经济结构加快调整，促进沿海、沿江地区开发开放。江苏省船舶工业应主动对接，全面融入长江经济带发展战略，做好长江沿岸船舶工业布局规划和优先整合工作，加快现代化节能型环保型船舶的研发、建造、推广及使用，依托长江经济带打造船舶工业发展的“新引擎”。

五是“互联网+”行动战略。互联网平台推动了信息通信技术与各行业的跨界融合。“工业4.0”是利用互联网改造传统制造业，“工业4.0”与“互联网+”的碰撞，将明确传统制造企业转型升级的方向。江苏省应全面开展“互联网+造船业”行动计划，充分利用云计算、大数据、物联网等技术，进一步改造传统造船工艺设备和工艺流程，提升船舶制造过程的标准化和信息化水平，实现“两化”深度融合，建立现代造船模式，降低工厂成本，提高生产效率。

六是军民深度融合发展战略。军民融合发展，是兴国之举、强军之策，是实现富国强军的战略抉择。应鼓励军工企业参与民用基础设施生产和“民参军”。军民融合深度发展，已成为时代潮流和国家战略。在国家大力推进军民融合深度发展的大背景下，江苏省船舶企业应抓住机遇，努力推动海军装备建设、民用船舶的设计建造技术水平迈上新台阶。

专题7-2　江苏省船舶先进制造技术中心[①]

江苏省船舶先进制造技术中心是在江苏省经贸委设立的省级行业技术中心，由江苏科技大学、江苏苏美达船舶工程有限公司、江苏新世纪造船股份有限公司、江苏扬子江船厂有限公司、镇江船厂有限责任公司于2004

① 引自百度百科。

年共同出资成立。工商注册名称为“江苏现代造船技术有限公司”。江苏省船舶数字化设计制造技术中心是江苏省科技厅批准成立、江苏现代造船技术有限公司承担建设的科技公共服务平台。

江苏省船舶先进制造技术中心的任务是面向船舶制造行业，跟踪世界造船业的最新技术发展方向，立足船舶制造企业特别是江苏省造船企业，开展船舶先进设计制造的共性关键技术研究，提高船舶设计建造水平、生产效率和经济效率，全面增强船舶企业的核心竞争力。

江苏省船舶先进制造技术中心是面向造船企业、面向社会，开展船舶先进制造技术领域技术和成果研究开发的科研机构；是整合社会技术资源并使造船企业有效利用社会技术资源的服务机构；是为造船企业开展成果培育、技术引进、技术推广、成果转化的孵化机构；是培养造船企业专门技术人才和培训船舶先进制造技术专门技能的培训机构。

五、本章小结

本章论述了我国以及江苏省船舶业的发展情况和前景，并阐述了江苏船舶产业面临的机遇和挑战。“十三五”时期，江苏船舶行业要树立“创新、协调、绿色、开放、共享”的五大发展理念，实施供给侧改革，去产能、补短板。具体来说，要从4个关键领域实现突破。首先，应进一步加大对优质船舶企业的扶持力度，提升其规模和核心竞争力，加快发展船舶产业。其次，要促进船舶产业技术创新驱动发展，引领产业转型升级。要加强企业新产品的研发能力，优化升级三大主流船型，开发高技术船舶装备，加大节能、减排、环保的新船型的研发力度，重点研发绿色环保船型以及冰区船舶等关键技术，促进低碳船型的发展。最后，要强化管理创新，健全规范、长效的管理创新机制，学习日韩等世界先进船舶企业的管理经验，提高管理水平。应全面提升造船管理效率，加快船舶行业向绿色制造和低碳制造转型。

参考文献

[1] 陈柳池，赵喜仓．我国船舶行业产能过剩问题研究［J］．中国集体经济，2015，01：29－30.

[2] 陈勇．江苏船舶产业体系评价与实现路径研究［D］．江苏科技大学，2011.

[3] 支园园．江苏船舶产业结构分析及优化升级研究［D］．江苏科技大学，2013.

[4]．江苏大力发展船舶产业［J］．大陆桥视野，2013，12：77.

[5] 钱新华．我国船舶产业竞争力形成机理研究［D］．江苏科技大学，2014.

[6] 邹卫和．我国船舶产业竞争力形成机理研究［D］．江苏科技大学，2013.

[7] 李根，张光明，袁林．江苏造船业竞争优势因素分析［J］．江苏科技大学学报（社会科学版），2011，01：75－78.

[8] 李源．最新船舶技术盘点［J］．中国船检，2016，01：92－95.

[9] 夏纪福．江海联动、转型升级、江苏船舶和海洋装备产业现状及未来发展前景［J］．中外船舶科技，2016，01：1－4.

第八章 专用设备行业

一、专用设备行业的概述

（一）专用设备的定义

专用设备是指专门针对某一种或一类对象，实现一项或几项功能的设备；一般设备则针对对象较多，实现的功能也较多。前者针对性强，效率高，如机加工的专用设备，它往往只完成某一种或有限的几种零件的特定一序或几工序的加工，优点是效率特别高，适合于单品种大批量加工。专用设备大体上主要有电子专业设备和通用专用设备。

电子专用设备在研究、开发和生产各种电子信息产品过程中专门用于材料制备、元器件制造加工、整机装调、工艺环境保证、生产过程监控和产品质量控制的设备。主要分为半导体和集成电路生产设备、电子元件和机电组件生产设备、电真空器件生产设备、电子整机装联设备、净化设备、试验设备、电子通用设备和电子专用工模具等。

通用专用设备行业是指金属切削机床从事生产活动的工业部门，主要包括：农业机械、工程机械制造行业、石化通用行业、重型矿山、机床工具行业、电工电器行业（不包括家用电器）、通用基础件行业、食品包装机械制造行业、其他行业（不包括建筑用金属品）。一般指较常见且功能明确的专用设备。①

（二）专用设备行业的分类

专用设备制造业是国民经济行业分类 GB/T4754 – 2002 中的大类行业，

① 资料来源：互动百科。

专用设备制造业的行业代码是36。专用设备制造业中属于机械工业的中类行业有9个，即：矿山、冶金、建筑专用设备制造（361），化工、木材、非金属加工专用设备制造（362），食品、饮料、烟草及饲料生产专用设备制造（363），印刷、制药、日化生产专用设备制造（364），纺织、服装和皮革工业专用设备制造（365），电子和电工机械专用设备制造（366），农、林、牧、渔专用机械制造（367），医疗仪器设备及器械制造（368），环保、社会公共安全及其他专用设备制造（369），具体见表8－1。

表8－1　专用设备行业的分类

应用领域	细分领域
探矿、采矿、选矿和造团设备	钻探机、穿孔机和凿岩机；装药填充机械；矿用掘进和装载设备；采煤及支护机械；采油专用设备；提升设备和绞车；选矿和洗矿设备；造块设备；其他探矿、采矿、选矿和造块设备
炼焦和金属冶炼轧制设备	炼焦设备；炼铁设备；炼钢设备；有色金属冶炼设备；铁合金设备；金属轧制机械及拉拔设备
炼油、化工、橡胶及塑料设备	炼油化工基本设备；炼油化工专用设备；橡胶专用设备；塑料专用机械；日用化学品专用设备；林产化工机械
电力工业专用设备	电站锅炉及辅助设备；汽轮发电机组；水轮发电机组；输电、配电和变电专用设备；电力专用自动化控制设备；架线设备；其他电力工业专用设备
非金属矿物制品工业专用设备	水泥及水泥制品专用设备；平板玻璃制造设备；玻璃纤维、玻璃钢和工业技术玻璃生产设备；玻璃制品加工专用设备；陶瓷制品生产设备；墙体、地面材料；石棉、耐火制品及其他非金属矿物制品设备；非金属矿物切削加工设备；其他非金属矿物制品工业专用设备
核工业专用设备	核反应堆专用设备；核用矿冶设备；核电站设备；核电辅助系统专用设备；核燃料运输贮存与装卸系统；放射性废物处理系统；核地勘专用设备；核电站其他专用系统；其他核工业专用设备

续表

应用领域	细分领域
航空航天工业专用设备	飞机、火箭、导弹、卫星总装调试设备；弹（星）体加工专用设备；发动机专用设备；驾驶系统专用设备；战斗部火工专用设备；试验专用设备；全弹发动机试车台；其他航空航天工业专用制造设备
工程机械	工程掘进机械；挖掘机；铲土运输机械；压实机械；桩工机械；混凝土和灰浆机械；路面机械；其他工程机械
农业和林业机械	拖拉机；土壤耕整机械；种植机械；植物管理机械；植物保护机械；农作物收获机械；场上作业机械；其他农业和林业机械
畜牧和渔业机械	草原建设机械；畜、禽、昆虫饲养及配种机械；畜禽产品采集加工机械；水产品养殖机械；水产品捕捞和采集机械；鱼货起、卸和冻结保鲜设备；制网机械；其他畜牧业和渔业机械
木材采集和加工设备	木材采伐和集动机械；木工机床；木质纤维加工设备；质人造板加工设备；木材处理机械；木材处理机械
食品工业专用设备	制糖机械；糕点糖果及果品加工机械；菜类食品加工机械；屠宰、肉食品及蛋品加工机械；食品蒸煮、杀菌、均质机械；调味品加工机械；罐头食品生产线；其他食品工业专用设备
饮料加工设备	酿酒设备；饮料加工机械；茶叶加工机械；其他饮料加工机械
烟草加工设备	烟叶处理和烟丝生产设备；卷制、接嘴、包装设备；其他烟草加工机械
粮油作物和饲料加工设备	通用清理机械；碾米机械；面粉加工机械；榨油机械；油浸出机械；油脂精炼设备；饲料加工设备；其他粮油作物和饲料加工机械
纺织设备	化纤机械；棉纺织机械；毛纺织机械；麻纺织机械；丝绸绢纺机械；针织机械；染整机械；其他纺织机械
造纸和印刷机械	造纸机械；印刷机械；造纸和印刷用切纸机械；其他造纸和印刷机械
化学药品和中成药制炼设备	化学原料药加工机械；制剂机械；中药制炼机械；药瓶洗理机械；药用干燥设备；制药蒸发设备和浓缩设备；药品专用包装机械；粉碎、筛粉设备；其他化学药品和中成药制炼机械

续表

应用领域	细分领域
医疗器械	手术器械和注射穿刺器械；诊察器械及诊断、治疗仪器；医用射线设备；医用临床及实验室检验、分析仪器和设备；体外循环、人工脏器、假肢设备及装置；手术、急救、诊察、病房、消毒室设备；口腔设备及医疗用灯；兽医器械；其他医疗器械
其他行业专用设备	邮政专用设备；环境污染防治设备；公安消防设备；文化办公设备；商业服务机械；水工机械；殡仪火化设备
武器装备	枪械；火炮；战车；其他武器装备

资料来源：作者整理。

（三）专用设备行业发展的基本特征

专用设备制造业是制造业的重要分支之一，隶属于装备制造业。专用设备制造业有下游行业需求拉动作用明显，资本需求大、技术含量高等特点，在国家自主创新能力提升、国家投资快速增长及产业技术升级的需求加大的大背景下，专用设备制造业增长迅猛，规模效应愈加明显。专用设备制造业的带动作用强，规模效用大，它的高速、健康发展对经济具有强大的推动作用，对其竞争力评价及其影响因素进行分析，继续推进专用设备制造业可持续地、良性地发展，对我国工业乃至全国经济都具有重要的战略意义。专用设备制造业作为主导产业，具有其独特的特色，研究专用设备竞争力情况，首先要摸透专用设备制造业自身特点，专用设备制造业具有以下基本特征。

1. 准入门槛高，规模效益强

专用设备制造业是典型的资本密集型产业，初期资金投入大，准入门槛较高，要求社会关系链、产业技术链及资本链的高度融合，同时也具有较高的规模效益。这一方面为市场的进入增大了难度，另一方面也保护了现有的企业发展。

2. 技术含量高，人才需求强

研究经费及专业人才的多寡很大程度上决定产业的产出能力及创新能

力。专用设备制造业对技术、人才的依赖度更是高于其他产业，技术的先进性及专业人才素质已经成为决定企业市场上的话语权及持续发展能力。

3. 关联效益大，带动作用强

专用设备制造业是制造业的基础产业，与上、下游关系链接紧密。专用设备制造业的一般产业链条是钢材采购—锻造加工—毛坯或半成品制造加工—外购配件—装置包装，在这个环节中涉及钢材、化学制品、电子、机械装备制造业等多个行业，带动作用明显。同时，专用设备制造业也是典型的下游需求拉动型产业，其产品主要有钢铁、冶金、化工企业的配套生产设备，专用设备制造业的健康发展对于促进其下游产业升级有着不可忽视的作用。由于技术高及市场垄断等方面原因，专用设备制造业产品毛利率较高，投入产出比较高，对经济发展做出较为突出的贡献。

4. 政府作为大，路径依赖强

如上文所述，专用设备制造业是下游需求拉动型产业，下游市场活跃程度、固定资产投资力度决定着专用设备制造业的可持续的发展，政府的扶持政策及基础设施建设在其中发挥着决定性的作用，存在着较强的制度依赖及路径依赖。

二、专用设备行业的发展历程

（一）国外发展的基本情况

提到品牌效应，大家不难想到“德国制造”，这不但是一种品牌标识，更是品质、信誉的象征。众多的德标品牌在世界各地享誉盛名，就德国汽车产业来说有大众、宝马、奥迪、奔驰、欧宝、保时捷等世界知名品牌，另外德国纽伦堡的专用设备机械产业、斯图加特的机床工具产业、慕尼黑的高新技术产业都是世界闻名的。德国致力于打造民族品牌，以至于由国家主动干预工业标准，并具体深入到生产线的各个细节，对产品质量严格把关。在保证优良的产品质量的前提下，加之工人良好的职业操守、企业领导者科学的经营管理，最后再结合德国先进的科学技术及精湛的制造工艺，其产品精益求精，使得德国民族品牌在国际竞争中占据有利地位，在提升德国工业产品竞争力的同时也维护了“德国制造”的良好形象。以专用机床为例，德国在世界同行业中处于领先地位，为交通运输、电子电器等高科技行业提供专用生产设备。单从专用机床产业的产品来看，德国的专用机床产品种类齐全，且掌握关键部件及制造环节的核心技术，在国际贸易中享有主动权；从德国专用机床产业大的方面来说，该产业结构合理，规模强大、实力雄厚的大型企业与经营灵活的小企业在发挥各自比较优势的基础上互补合作，结成联盟，在国际竞争中灵活应对，在竞争中壮大民族品牌，发挥品牌力量，提升德国工业整体竞争力。

日本的制造业经历了不发达到发达的艰难过程，而推动这一过程向前发展的便是技术创新。日本审时度势，从本国国情出发走适合自己的技术创新道路，即进口—国内自主生产—出口的雁行发展模式。“二战”后，日本生产技术落后、资本不足，工业生产依赖美国等工业发达国家的进口产品和技术。为了恢复经济，日本依靠大规模引进技术设备来弥补落后生产力，为经济发展打下物质基础。日本重视引进技术和自主创新，强调在现有生产力水平实现集成创新，即在已掌握的技术水平的基础上引进必要的先进技术，通过消化吸收模仿创新出适合本国市场需求的高标准产品。能体现集成创新的最典型的例子是日本先进的整套钢铁技术，该技术成功地运用了集成创新将奥地利的钢铁技术、美国的热轧技术、德国的冷轧技术、瑞士及苏联的钢冶炼技术融为一体并再加工创新形成现如今世界一流的日本钢铁技术。

英国制造业发展过程中一直注重服务，制造商们紧紧围绕产品提供相关配套服务，他们认为提供全面的服务是保持企业竞争力的基础。首先，服务化可以满足顾客的需求，维持与顾客的良好关系，通过服务赢得良好的信誉，进而创造更多的市场需求；其次，服务化可以提高相同或相似产品的差异化，为企业创造更多的商机，增强企业竞争力；再次，服务化可以增加产品的附加价值，为企业带来更大的利润空间；最后，服务化可以加快优化企业内部结构，使企业运营更高效。除此之外，服务化还能使顾客更容易接受新产品，加快新产品的推广和应用，同时也提高了企业的自主创新能力。

（二）国内发展的基本情况

1. 全员劳动生产率提升

劳动生产率也就是单位时间里劳动者的生产能力，我国专用设备制造业规模以上企业的劳动生产率显著提升，截至 2011 年，劳动生产率较 2003 年同比增长了 188.85%，另外伴随生产效率的提升，该行业职工工资水平也得到相应提高，工资水平增长到 2003 年工资水平的 3 倍。数据表明，我国专用设备制造业劳动生产环境不断改善，效率不断提升，可以吸引更多的人才推动产业健康发展。①

2. 行业投资规模下降

国家统计局数据显示，2016 年 1—7 月，专用设备制造业累计投资额为 6444.0 亿元，同比下降 2.7%，降幅比 2016 年 1—6 月扩大 1.2 个百分点，上年同期为增长 8.1%。占全国累计固定资产投资的比重为 2.1%，具体见表 8－2。

表 8－2　2016 年 2—7 月专用设备制造业固定资产投资占比情况

时间	行业累计固定资产投资（万元）	同比（%）	比重（%）
2016 年 1—7 月	6444.0	－2.7	2.1
2016 年 1—6 月	5340.5	－1.5	2.1
2016 年 1—5 月	4040.0	1.8	2.1
2016 年 1—4 月	2919.6	4.7	2.2
2016 年 1—3 月	1876.8	5.4	2.2
2016 年 1—2 月	827.4	10.8	2.2

资料来源：2016 年专用设备行业分析报告。

① 数据来源：中国专用设备行业分析报告。

3. 技术投入不足，研发能力薄弱

专用设备制造业属于技术密集型产业，对生产设备、生产工艺、科技人员的要求相对较高，技术投入的比重与规模直接影响其经济发展规模与市场竞争实力。近年来我国专用设备制造业关于科研创新方面投入的研发人员及研发费用的比重都有所提升，但都未超过 10%，说明科研人才稀缺，科研投入不足，研发能力较弱，不利于产业竞争力的提高，更不利于维护产业安全。因此，我国专用设备制造业的发展需要加大研发投资力度，加强科研技术人员的培养与吸纳。

4. 资源环境依赖度降低

以节能减排为基础的可持续发展不仅是经济发展的必然要求，更是产业健康发展的唯一出路，专用设备制造业要想实现可持续发展，首先要摆脱资源高消耗的束缚，降低产业生产的经济成本及资源环境治理的社会成本。我国专用设备制造业大中型工业企业以及规模以上工业企业单位能耗一直处于下降趋势，该产业通过节能减排、改良生产技术等方法减少环境资源对行业自身的约束，不但有利于产业的可持续发展，而且利于产业安全度的提高。

5. 企业规模扩大

企业的数量、规模、销售能力、产品需求增长速度反映一个产业的市场需求环境，良好的市场需求环境是推动产业发展的强大动力。近年来专用设备制造业规模以上企业发展较快，企业个数增长迅速，资产规模也在不断扩大，产品的销售状况良好，上下波动不大，企业业绩良好。为适应市场的需求，我国专用设备制造业生产规模不断扩大，企业个数逐年增加，尤其是规模以上工业企业个数增长速度突出，其资产规模十年间增长了近五倍，说明该行业具有较强的规模效应，其市场准入门槛相对较高，需要较高的资金投入、人才技术投入。

6. 市场销售水平平稳

专用设备制造业规模以上企业的产销率均在 90% 以上，即该行业的产品销售收入占据了工业总产值的大部分，也就进一步说明了我国专用设备制造业产品符合市场需求，产品库存量较少，资源利用率较高，也即该行业的绩效业绩是较高的。出厂价格水平反映了工业产品出厂价格在不同时期的变动幅度，在图 8－1 中，产销率与出厂价格水平反方向变动，说明市场是相对有效的，价格在市场中发挥了基础性的调剂作用。

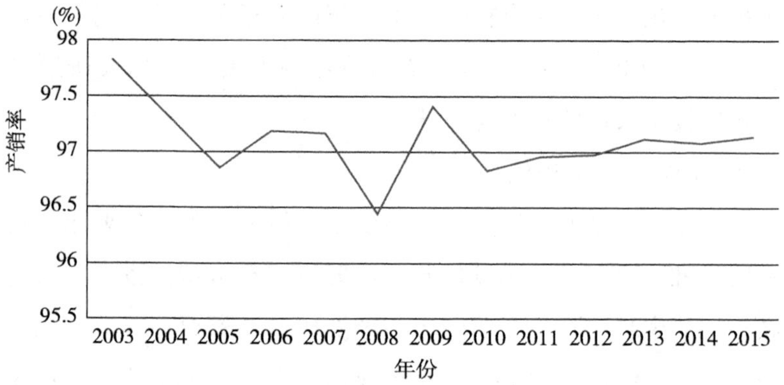

图 8－1　2003—2015 年专用设备制造业规模以上企业市场销售情况

数据来源：《中国统计年鉴》。

三、专用设备行业的发展前景

（一）发展机遇

1. 拉动内需与国际市场复苏

我国专用设备行业整体的感应度系数较低，受其他产业部门的拉动较少，长期来对经济增长的响应较弱。金融危机之后，我国正处于扩大内需、加快基础设施建设和产业转型升级的关键时期，需要一大批技术含量高、生产效率高、生态效益高的技术装备，这也为更好发挥专用设备行业对经济增长的推动作用提供了良好的契机。另外，对于我国的专用设备行业来说，金融危机之后的国内需求反弹迅速，但国际市场需求特别是发达国家的市场需求将在很长一段时间内难以恢复，所以对于我国具有国际竞争优势的专用设备行业企业，要抓住金融危机后的国际市场机会，以国际市场需求为导向进行产品和技术的创新，主动出击，积极参与国际竞争并扩大国外市场份额，提高出口产品的技术水平、附加值和成套水平。

2. 自主技术创新

技术创新能够充分发挥专用设备行业的高产业关联性。技术关联是专用设备行业关联的内在支撑，也是专用设备行业推动工业化进程和经济增长的根本动力所在。我国经济发展的多样性和复杂性对专用设备行业的技术创新提出了更高的要求。由于与国际先进水平仍存在较大差距，国外发达国家在核心技术以及关键零部件上对中国的技术进口的封锁还是很严重。因此，在引进技术的基础上加强消化吸收，提高自主研发能力和技术集成能力，在今后较长时期内仍是中国专用设备行业实现技术进步的主要路径。

3. 规避产业风险

由于各国政府在金融危机之后实施大规模的财政和货币政策，使得全球经济在很短的时间内就出现触底回升的迹象，各国政府的刺激政策在短期内就拉动经济回暖在很大程度上“代替”了市场调节作用。全球经济复苏的步伐与各国政府的经济刺激计划紧密相关，但经济刺激政策的不连贯或效果不显著都会使全球经济回暖的过程中出现下行拐点的风险。虽然当前国际经济形势出现好转，但西方发达国家的贸易保护主义使得摩擦不断且有愈演愈烈之势，因此我国装备制造业出口难以在短期内恢复到经济危机之前的水平。另外，伴随全球经济复苏由石油、能源等价格上涨引起的通货膨胀也使我国的装备制造业承担了很大的成本上涨的压力。对于金融危机之后我国专用设备行业的发展来说，所面临的宏观经济波动风险主要来自于国外经济再次衰退和贸易保护使得行业出口形势严峻，不过这种大规模的再次衰退的可能性较小，而国内经济向稳向好的势头明显，且宏观经济政策将会保持连续性和稳定性，因此，总的来看，专用设备行业面临的国内宏观经济波动的风险要小于国际经济环境风险。

4. 推动海内外兼并重组

在金融危机影响下，许多发达国家的专用设备行业企业资产贬值，为我国专用设备行业企业以较低成本收购海外企业的优良资产提供了大好的机会，以获得我国企业长期缺乏的产品品牌和关键、核心技术。我国专用设备行业企业由于缺乏海外并购经验，而且在国际上具有较强竞争力的大型企业集团较少，所以在海外并购的过程中，国家要在资金以及监督、指导方面给予大力的支持，并且减少盲目并购，谨慎进行投资，规避跨国并购中可能出现的政治、法律、文化整合、经营管理、人才缺失等各方面的风险。

5. 大力发展战略新兴产业与高端装备制造业

对于我国高端专用设备行业的发展，技术仍然是最大的壁垒。在高端装备制造产品中，80% 的集成电路芯片制造装备、40% 的大型石化装备、70% 的汽车制造关键设备以及基本全部先进集约化农业生产装备仍依靠进口。以国内的机床特别是重型高端机床为例，国内一半以上的中高端机床市场被进口产品占领，国内 2000 余家机床制造企业则处于低端混战、高端失守的状态。虽然我国某些型号的机床产品已经达到了世界先进水平，但与德国、日本等发达国家的产品相比，在自主设计能力和关键核心技术的差距仍然很大。我国高端专用设备行业的技术主要来自国外，对引进技术的消化吸收以及再创新的时间较长。由于国际专用设备行业的竞争日益剧烈，发达国家对一些核心关键技术的转移十分有限，这也增加了我国发展高端装备制造产业的难度。对于我国高端装备制造业的未来发展，技术创新是根本路径，要实现技术引进、消化、吸收与自主创新相结合，加大金融、人才、技术平台建设、首台（套）装备奖励等相关政策的支持力度，通过高端装备制造业带动我国经济快速发展。

（二）发展趋势

2016 年是“十三五”规划开局之年，也是推进结构性改革的攻坚之年。在 2015 年底召开的中央经济工作会议上强调，2016 年及今后一个时期，要在适度扩大总需求的同时，着力加强供给侧结构性改革，着力提高供给体系质量和效率，增强经济持续增长动力。这一适应和引领经济发展新常态的重大创新，给专用设备行业带来新的环境变化，一方面为行业发展带来长期利好，另一方面也不可避免地产生一定程度的短期阵痛，必须做好承受更大下行压力的准备。

2016 年在国家扩大国内光伏市场各项政策的推动下，中国已成为全球光伏最大的终端市场，光伏企业将加快扩大产能的步伐，给我国新一代全自动化、高转换效率的太阳能电池生产设备制造商带来了新的发展机遇。2016 年在国家重大科技专项（02 专项）和国家集成电路发展基金的支持下，国产高端集成电路设备（刻蚀机、CVD、PVD、氧化炉、先进封装设备）的国内外市场将继续得到增长。2016 年我国锂电池产业的迅速发展，将继续推动我国锂电池生产设备和锂电池材料制备设备市场的迅速增长。2016 年我国电子焊接、点胶、装配和物料运送将更多采用机器人，智能化、自动化的电子专用设备将得到更快的发展。预计未来专用设备行业将保持继续增长的态势，销售收入增速将在 15% 以上。

四、江苏省专用设备行业存在问题及发展对策

（一）存在问题

1. 产业缺乏竞争力

专用设备制造业缺乏竞争力主要表现在三个方面：首先，劳动生产率低。现在江苏省专用设备制造业的劳动生产率约是 2.2515 万美元/人·年，与发达国家及新兴市场国家相距甚远。劳动生产率影响产出效率，产业生产落后是影响竞争力水平的重要因素。其次，产品附加值低。专用设备制造业属于技术密集型产业，它的竞争很大程度上是核心技术的竞争。我们作为世界工厂，工业化进程仍处在中期阶段，受技术水平的限制，专用设备制造业在参与国际竞争中处于价值链底端的低附加值加工阶段。最后，产品进出口结构不合理。江苏省专用设备制造业贸易逆差现象严重。造成这种现象的原因主要是由于出口的产品数量多、价格低、总额小，主要以低附加值的整合组件产品为主，进口的产品数量少、价格高、总额大，主

要以高附加值、高技术含量的核心零部件为主。出口的中低端产品易受到需求危机的冲击，造成专用设备制造业出口不稳定，贸易风险较大。

2. 产业生产绩效不高

现在从经济绩效、技术创新绩效、科学管理绩效三个方面分析专用设备制造业生产绩效状况：首先，专用设备制造业虽然生产规模大，但是由于技术、资金等多方面因素的限制导致其经济绩效水平不高，资源利用率低。其次，该产业虽然专利项目数逐年增多，但是成果转化率不理想，创新能力有限，据资料统计，国产专用设备不能满足国内市场的总体需求，市场需求满足度不到 60%，核心技术的对外依存度仍高达 50% 以上。再次，专用设备制造业市场集中度虽然高于 50%，但较发达国家相比仍欠缺市场集聚效应和品牌效应。大部分企业管理较粗放，企业间缺乏信息、资源、技术、服务共享互动，难以抱团形成拳头优势，因此在竞争中处于弱势。

3. 科研能力不足

专用设备制造业的研发经费虽然一直呈上涨趋势，但是截至 2012 年研发经费所占主营业务成本的比重仍不高，只占 3. 25%，研发投入水平直接影响产业生产的技术水平，这根本无法满足该产业高技术含量的发展需求，因此也就不能与发达国家高精尖的技术优势相抗衡。我们专用设备产品以低技术含量、低附加价值的形象参与国际竞争，既影响品牌形象又严重威胁到该产业的产业安全。

造成科研能力的原因除了经费投入不足，另一个因素便是劳动力素质不高，专业人才稀少。专用设备制造业的从业人员主要以普通技术工为主，从事科研的专业人才少之又少，不足全国平均从业人员的 5%。人才紧缺是普遍面临的难题之一，发达国家加快培育人才、吸引优秀人才的步伐，江苏省在此方面也面临严峻考验。

4. 对外资依赖程度较高

对外开放中积极地外资引进政策对专用设备制造业的影响是双重的：

一方面，它积极地促进产业扩大生产规模、提升技术水平、提高管理能力、推动产业结构优化升级；另一方面，外资的大量引入必定会冲击专用设备制造业民族产业，削弱我们的产业控制力，进而对专用设备制造业的产业安全构成威胁。外资力量是我们专用设备制造业的重要组成部分，且其盈利能力高于国有控股企业。专用设备制造业对外资的依赖程度逐年增大，无论在市场、品牌还是技术上外资的控制力都显著增长。外资企业利用技术优势、资金优势挤压本土产业有限的利润空间，冲击着专用设备制造业的发展。另外，外商本土化的生产，降低了生产成本，外资企业再依靠其技术上的垄断优势，很容易将民族产业排挤出市场。除此之外，外资多流向经济效益高的生产领域，加重专用设备制造业内部结构发展失衡，造成部分产品产能过剩，甚至重复建设，导致资源浪费。

（二）发展对策

1. 加强产业自身建设，提升竞争实力

品牌首先是一种产品的标识，其次它还是一种无形资产，品牌效应在无形中影响着消费者的选择。品牌的力量是无穷的，不但可以起到产品价值增值的作用，还有巨大的抗风险能力。越来越多的企业认识到品牌的力量，树立品牌、实施品牌化战略成为企业间抢夺商机的重要途径。江苏省专用设备制造业的品牌，首先要做到以市场需求为导向，以高质量产品为支撑，结合江苏省的技术水平，明确产品市场定位，开发、设计、生产出具有特色的且符合市场需求的品牌产品。在民族品牌发展过程中，依靠企业间的强强联合培育高品质、高附加值产品，树立良好的品牌口碑，最终将品牌打造成国际知名品牌。

江苏省在培育技术创新的过程中更应该注重模仿、消化、吸收引进的先进技术，“取其精华，为我所用”，结合江苏省的技术水平和市场需求，集成产品技术优势，设计生产出有特色的高科技产品。这种技术创新的路径，不仅降低了创新的难度、节约了创新的周期，更重要的是提高了技术创新的能力、提升了产业发展水平、增强了产业竞争力。

所谓服务化是指为了在市场竞争中占据优势，企业将以产品生产为中心转化为以服务消费者为中心，以提供“产品+服务”来增加产品的附加价值，以满足消费者需求来改善企业业绩。伴随着制造业竞争的日益激烈，制造业的服务化转型成为抢占商机的砝码，尤其是在高技术含量的制造业中服务化趋势更加明显。作为未来行业的发展趋势，服务化发展对于增加产业经济效益、提升产业竞争力起到积极作用，因此服务化发展也是影响产业安全的重要因素。

专题 8－1　天龙光电：签 1.86 亿硅单晶炉大单

江苏华盛天龙光电设备股份有限公司 12 月 8 日早间公告，公司与深圳市赛宝伦科技有限公司签订《产品采购及供应协议》，公司向赛宝伦科技销售 256 套 DRF－95 直拉式硅单晶炉，共计 18636.80 万元。据公告，本次协议金额占 2015 年度经审计营业收入的 99.39%，若该协议能按期执行，预计对公司 2016 年度的经营业绩将产生积极影响（最终以公司经会计师审计的定期报告为准）。本次协议的签订不影响公司业务的独立性。

2. 整合产业资源，提高产业生产绩效

整合产业发展资源，从产业内部看，包括优化资本、技术、劳动力等生产要素的配置，提高生产效率，增加经济效益，实现产业升级；从产业外部看，还包括优化产业发展环境，使其更适宜产业健康有序发展。优化产业资本结构也即调整产业的资本构成以及资本分配比例，使既定的资本条件下运营成本最小且达到利润最大化的目标。

首先，在考虑经济周期的大背景下分析市场竞争因素，调整资产负债率。专用设备制造业属于垄断竞争性行业，其市场准入门槛较高，在市场竞争中价格波动较小，因此在经济繁荣或复苏时期，可适当提高资产负债率，扩大生产经营规模，形成规模经济效益，获得更多的收益。其次，合理分配各部门资本投放比例，控制固定资产的投资规模，合理分配生产资本与研发资本，把资本投向更高效部门以实现最优配置，提高资本利润率。

劳动力素质的高低直接关系着产业发展水平，提高劳动力素质是促进产业升级、提高产业生产绩效的内在要求。首先，在企业内部要有完善的人才选拔机制，对员工的劳动业绩进行科学合理的评价，定期开展企业内部的人才选拔与晋升，避免不必要的人才流失；其次，企业内部要建立完善的激励机制，把员工素质与薪资福利挂钩，提高员工学习的积极性；最后，企业与学校间要建立良好的合作关系，制定可行的定向人才培养计划，不但解决高校毕业生的就业，还为企业输送了专项合格人才。

良好的市场发展环境对产业发展起积极的推动作用，因此，提高产业生产绩效，还需要完善市场化制度，为营造健康有序的市场环境提供保障。首先，完善市场监管机制，强化管理力度，维护市场公平有序的竞争环境。例如制定相关规章制度规范市场准入标准、竞争行为等；建立行业协会，组织更多的同行业人士自律并互相监督；转变政府的职能，更好地发挥政府监督和行业自律的双重监管作用。其次，建立健全市场风险防范机制，做到风险前有预警机制、风险中有化解机制、风险后有检测排查机制。

专题 8－2　常州快克锡焊股份有限公司成功登陆上交所主板

11 月 8 日，常州快克锡焊股份有限公司在上海证券交易所主板上市，证券代码：603203，证券简称：快克股份。快克股份致力于电子装联锡焊技术的研究，是国内最早、最具规模的锡焊装联专用设备研发和制造企业，公司已实现产品制造与应用服务的融合，是电子装联综合解决方案提供商。公司本次公开发行股份数量不超过 2300 万股，占发行后总股本的比例不超过 25.00%。本次募集资金用于智能化精密锡焊设备项目和研发中心项目，将有效解决产能瓶颈问题，提升研发和测试水平，夯实技术工程化能力，增强盈利能力和竞争实力。

3. 合理利用外资，减少对外资的依赖程度

外商投资专用设备制造业，除了会直接拉动该产业的发展，还会引致其他的负面影响阻碍专用设备制造业健康发展，甚至威胁其产业安全。因此为维护产业安全，我们要合理利用外资，并减少对外资的依赖。

第一，控制外资规模，合理引导外资投向。将外资引进规模与专用设备制造业发展需求相结合，合理高效利用外资发展专用设备制造业的薄弱环节，避免重复建设、资源浪费。第二，优化外资结构，加强政策引导调控。目前专用设备制造业的外资主要来源于德国、日本、美国等少数国家或地区，为了分散风险，我们应吸引更多投资大国在江苏省的投资力度，鼓励外商合资。另外，还要对外资进行严格监管和调控，减免一些不必要的外资优惠政策，建立公平、公正的市场竞争环境，利用有力的产业政策稳定市场秩序，促进外资企业、本国企业、合资企业互惠互利，实现专用设备制造业均衡发展。第三，坚持独立自主原则，走自主发展道路。在引进外资的同时，更要依靠自己的力量发展壮大民族品牌，减少对外资企业资本外溢、技术外溢的过分依赖，这样才能真正抵御那些威胁产业安全力量的冲击。

五、本章小结

专用设备行业是我国当前装备生产领域中的一个重要分支，对社会中很多领域的发展都发挥着重要的支持作用。然而江苏省当前专用设备制造业的经济发展状况却不容乐观，其中存在的一些问题对其日后的可持续发展十分不利。对此，应当充分掌握和了解其发展态势，采取相应的措施进行解决，以确保专用设备制造业的良好发展。

江苏省作为中国专用设备行业的大省，在全国具有明显的优势与先机，然而通过研究我们也可以发现，距离世界先进水平差距还是很大的，在这样的形势与环境下，我们应该发挥主观能动性，善于学习与模仿，加强政府支持力度，使江苏省专用设备行业更上一个台阶。

参考文献

[1] 刘枫. 我国电子信息产业发展路径探究 [J]. 内燃机与配件, 2016, 06: 118-119.

[2] 彭爕. 专用设备制造业——国产化提升竞争力 [J]. 中国质量报, 2006, 10: 1-2.

[3] 吴利华. 中美专用设备制造业 [J]. 理论探究, 2013 (17): 134-136.

[4] 刘平. 中国专用设备制造业产业安全评价探究 [D]. 沈阳大学, 2014, 12.

[5] 周庆. 湖南省专用设备制造业竞争力探究 [D]. 西南大学, 2013, 05.

[6] 李绍东. 中国装备制造业先进水平实证研究 [D]. 辽宁大学, 2011, 06.

第九章 医疗器械行业

一、医疗器械行业的概述

（一）医疗器械行业的定义

医疗器械是指直接或者间接用于人体的仪器、设备、器具、体外诊断试剂及校准物、材料以及其他类似或者相关的物品，包括所需要的计算机软件。效用主要通过物理等方式获得，不是通过药理学、免疫学或者代谢的方式获得，或者虽然有这些方式参与但是只起辅助作用。目的是疾病的诊断、预防、监护、治疗或者缓解；损伤的诊断、监护、治疗、缓解或者功能补偿；生理结构或者生理过程的检验、替代、调节或者支持；生命的支持或者维持；妊娠控制；通过对来自人体的样本进行检查，为医疗或者诊断目的提供信息。①

医疗器械不同于一般的工业商品，是用于救死扶伤、防病治病的特殊产品，因此大多国家都设有专门的机构对医疗器械的研发、生产、销售和服务活动进行严格的监管，“这些国家和国际组织制定的大量的相关法律、法规和标准也是强制医疗器械行业内的所有企业所必须严格遵守的行为准则”。但由于各个国家对医疗器械的管理方式有所不同，法规制定初衷的侧重点也各有千秋，因此虽然对医疗器械的定义大致相近，但也有某些差别，例如美国 FDA（食品和药品监督管理局）将眼镜框、牙刷、按摩器等健身器材都纳入医疗器械的范畴，但在中国，这些商品都被作为一般消费品进行管理。

---

① 来自百度百科。

（二）医疗器械的分类

医疗器械直接跟人的生命紧密联系，所以对其进行相应的风险管理就非常重要。国家对医疗器械按照风险程度实行分类管理。

第一类是风险程度低，实行常规管理可以保证其安全性、有效性的医疗器械，如简易理疗康复仪器、医用光源及基础外科用刀、剪、钳等。

第二类是具有中度风险，需要严格控制管理以保证其安全性、有效性的医疗器械，如超声治疗设备、弱激光治疗仪器、血压计、无电能听诊器等。

第三类是具有较高风险，需要采取特别措施严格控制管理以保证其安全性、有效性的医疗器械，如人工心脏瓣膜、人工器官、微波治疗设备、人工心肺设备等。

常用药品及医疗器械具体见表 9－1。

表 9－1　常见药品及医疗器械分类

类别	具体内容
家庭保健器材	疼痛按摩器材、家庭保健自我检测器材、血压计、电子体温表、多功能治疗仪、激光治疗仪、血糖仪、糖尿病治疗仪、视力改善器材、睡眠改善器材、口腔卫生健康用品、家庭紧急治疗产品、家庭用保健按摩产品、电动按摩椅/床、按摩棒、按摩锤、按摩枕、按摩靠垫、按摩腰带、气血循环机、足浴盆、足底按摩器、手持式按摩器、按摩浴缸、甩脂腰带、治疗仪、足底理疗仪、减肥腰带、汽车坐垫、揉捏垫、按摩椅、丰胸器、美容按摩器
家庭医疗康复设备	家用颈椎腰椎牵引器、牵引椅、理疗仪器、睡眠仪、按摩仪、功能椅、功能床，支撑器、医用充气气垫；制氧机、煎药器、助听器等
家庭护理设备	家庭康复护理辅助器具、女性孕期及婴儿护理产品、家庭用供养输气设备、氧气瓶、氧气袋、家庭急救药箱、血压计、血糖仪、护理床
医院常用医疗器械	外伤处置车、手术床、手术灯、监护仪、麻醉机、呼吸机、血液细胞分析仪、分化分析仪、酶标仪、洗板机、尿液分析仪、超声仪（彩超、B 超等）、X 线机、核磁共振等

续表

类别	具体内容
新型医疗器械	随着科技的发展，一些院校的科技成果也迅速地转化出成果，一些新型厂家生产的专利产品也出现在市场，包括一些家用和医院常用的设备，例如医用外伤处置车等。

资料来源：作者整理。

（三）医疗器械行业发展的基本特征

1. 中小企业众多

医疗器械行业发展已有 10 多年的历史，中小企业众多的是医疗器械行业发展的一个显著特点，中小企业占据大多数市场，低、小、散是中国医疗器械行业的重要特征之一，行业发展有赖于技术的创新和发展。企业的规模在一定程度上会直接限制大型医疗器械的发展，对于一些资本密集型的医疗器械发展也有着不可忽视的阻碍作用。

2. 中低端产品占据多数

我国的医疗器械行业中大量小企业以生产低端产品为主，这是由于我国的紧固件生产企业在生产技术、装备水平、生产工艺等方面与国外相比有一定的差距。随着社会的发展，对于高端医疗器械的需求会不断增加，我们必须转变发展方向，扩大技术投入力度，加大研发支出，向高端产品进军。

3. 中低端产品大量出口

尽管我国医疗器械行业中低端产品占据多数，但是在国际市场上具有性价比高的特点，颇受欢迎。与此同时，产品对外贸依存程度提高，对于我们来说也是一个不利的影响。大量的对于出口的依赖，使得我们对抗风险的水平显著降低，学会分散风险也是我们必修的一课。

4. 健康服务需求显著增加

随着经济不断发展，人民生活水平提高，对医疗器械的选用会越来越先进，因此医疗器械行业会不断调整产品结构，促进功能多样化。医疗器械行业是我国国民经济的重要组成部分，有利于促进经济增长。随着以人为本发展理念的不断增强，中国的医疗器械产业将会获得更快发展。

5. 向创造高附加值发展

产业的高风险性和高投入性必然需要高回报率来支撑，所以医疗器械产业研发费用的高额投入必然导致医疗器械新产品的高附加值，只有如此，医疗器械企业才能发展壮大，医疗器械产业才能承担更大的社会责任。这不仅是企业发展的需要，也是我们整个社会发展的需要。

二、医疗器械行业的发展历程

（一）国外发展的基本情况

1. 医疗器械行业与药品市场销售额基本持平

受 2008 年金融危机的影响，全球医疗器械行业增长率略有放缓，但随着经济的复苏，从 2008 年开始又显示出来良好的增长势头，至 2015 年全球医疗器械市场规模约为 3710 亿美元，具体见图 6－1。医疗器械行业跟药品行业有着千丝万缕的关系，所以，这个数值跟药品行业也保持着基本一致的水平。

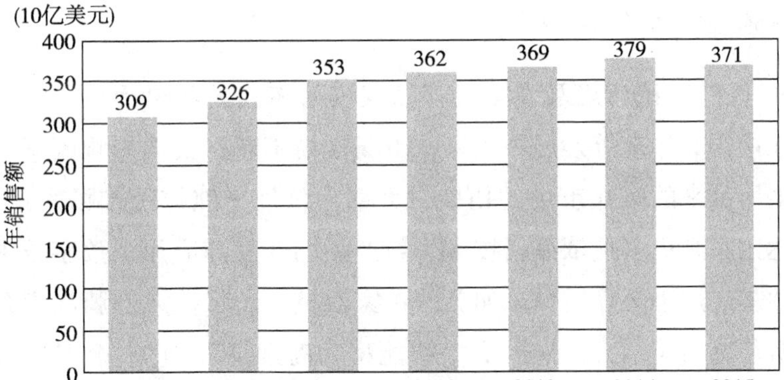

图 9－1　全球医疗器械销售额

资料来源：中商情报网。

2. 医疗器械市场垄断现象更加明显

从最新的数据来看，世界排名前30位的医疗器械企业的销售额合计占到全球医疗器械总销售额的62%，具体情况见图6－2。以欧美发达国家为中心的新型医疗器械产业链逐步稳定，包括CT仪、核磁共振仪、高端质谱仪在内的医疗器械，以欧美发达国家为主要研发和生产基地。美国依靠领先的医疗器械企业成功方式——创新＋持续研发＋并购的模式，依然领军全球医疗器械市场。

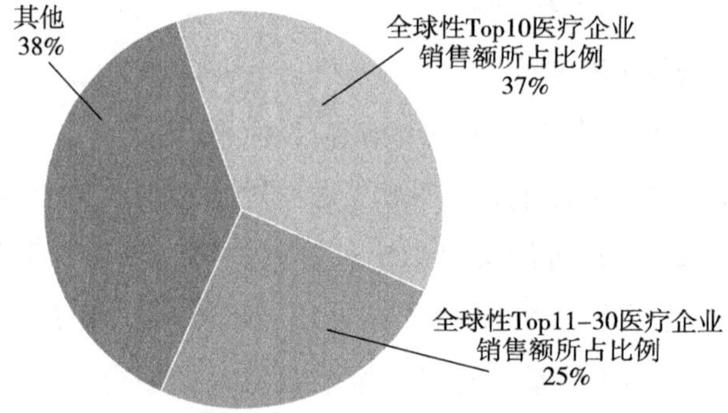

图9－2　全球医疗器械市场集中度

资料来源：中商情报网。

3. 医疗器械的发展在不同国家间有着不同的推动力量

在中国和印度等发展中国家，市场规模不断扩大的影响因素主要为经济发展所带来的医疗市场的拓展，大部分仍处于纯粹的市场容量的增加。而发达国家则更多地依靠新技术、新产品的开发和应用，数字技术和新材料正逐步应用于医疗器械。如美国一家器械厂商将植入性胰岛素泵与糖自动分析传感器相结合，推出了“智能型胰岛素泵”，它能根据患者的血糖高低自行判断是否需要开启胰岛素泵及计算输注剂量，从而使治疗更加及时、合理。

（二）国内发展的基本情况

1. 市场潜力巨大

随着金融危机之后全球经济的复苏，健康服务需求的整体增加，医疗服务市场的逐步开放，国内外资本相继进入医疗器械市场。在发达国家，医疗器械产业和制药产业的产值大体相当，而我国，前者产值仅为后者的1/3，比例严重失调，这也预示着，随着新医改政策的实施，医疗器械产业在我国仍有较大的发展空间。另外，随着医疗领域计算机和网络技术的发展，对影像化、数字化等高、精、尖医疗设备的需求增加。

2. 进口持续增加

跨国企业在我国医疗器械的高端市场中占据着绝对的优势，尤其是医学影像设备和体外诊断等技术壁垒较高的领域。如CT是美国GE公司的主打产品，核磁共振成像设备主要被德国西门子公司控制，血管造影设备多为荷兰的飞利浦生产。为满足市场需求，每年我国都会从国外大规模进口高端器械，2011年我国医疗器械进口额为108亿美元。但随着三甲医院等规模大的医院对高端器械需求日渐饱和，增幅有所减缓。而在“医改”的政策下，农村乡镇等潜力市场对医疗器械的需求量越来越大，跨国企业也及时地改变策略，不断通过与中国本土化企业合作，推行本土化研发，开发针对基层的低成本产品。

3. 需求不断改变

新医改明确指出，国家将逐年加大公共卫生体系和城市社区、农村基层医疗卫生建设。随着医疗器械企业进一步深挖“下乡+社区”市场，以及在不断调整结构和产业升级的态势下，医疗器械行业已进入快速发展期。未来几年，二、三线的县城、乡镇的基层医疗机构将是中国医疗器械市场的重中之重，包括中西部等经济落后地区也是未来的发展重点。随着这些地区消费实力的增长，以及国家医改投入的不断增大，区县的增长空间将相当广阔。但由于大型设备的核心技术较多掌握在国外大公司手中，国内器械公司由于人才和资金等的缺乏，很难形成自主创新品牌，少数潜力企业也被国外大公司并购，所以国内大型设备市场需求增长不会很明显。

4. 研发面临难题

国内大多数医院在采购医疗器械时，国产器械往往沦为第二选项，而更偏向强生、GE、西门子等国际大品牌。本土品牌成了“山寨”和“低端”的象征，不受欢迎。的确，我国医疗器械行业起点相对较低，人才匮乏，产品结构和研发体制相对落后，从企业到行业，核心竞争力都比较弱。

5. 医改影响巨大

首先，我国未来的医疗体系将呈现层级结构布局，医疗器械的配置也将形成层级配置。其次，现行的政策对城市社区和农村基层将有较大的倾斜，基层的医疗需求将极大地释放。第三，医疗机构以药养医的局面将大为改观，医疗器械在医院中的作用将更加准确有效地发挥作用。第四，医疗器械集中招标采购模式的覆盖品种将进一步扩大。政府对医疗器械行业给予了前所未有的重视，研发投入的增加，医疗卫生体制、医疗保障体制改革的推进，卫生部投资建立农村及社区医疗卫生体系政策的出台，都为我国医疗器械产业提供了巨大的发展动力。

（三）江苏省发展的基本情况

经过多年来的精心培育和持续发展，江苏省医疗器械产业取得了长足进步，产品逐步在向高端化、智能化转变，产业集聚效应进一步显现。

一是产业规模持续扩大。目前，江苏省共有医疗器械生产企业 2568 家，经营企业 15394 家，注册产品 11000 多个，生产企业数和注册产品数均居全国首位。医疗器械产业产值、销售收入等主要经济指标也连续多年保持两位数增长。2015 年，据不完全统计，江苏省医疗器械产业实现总产值 520 多亿元。从产业规模和经济效益上看，江苏省医疗器械产业总体水平已处于全国前列，而且已成为江苏省医药产业发展的重要经济增长极。①

二是产品结构加快向高端发展。在传统优势产品如眼科手术器械、一次性医疗用品、骨科内植物、B 超等市场份额得到巩固和提升的同时，研发并投产了一些高技术、高附加值产品，如正电子断层扫描仪、准分子激

① 数据来自江苏省医疗器械行业协会。

光治疗仪、彩色B超、伽马刀、肿瘤治疗仪（射频、微波）、人工晶体、各类助听器、吻合器、腔道支架等，为江苏省医疗器械产业发展带来了新的竞争优势。

三是良好的投资环境和市场秩序吸引国内外客商纷纷来江苏省投资办厂。一批世界著名跨国公司如美国通用、碧迪、强生，德国西门子、罗氏，荷兰飞利浦，日本日立等都看好江苏，纷纷前来兴办独资、合资企业。目前，江苏省外商独资医疗器械生产企业已超百家。另外，国内如江苏阳光、云南白药、南京大学等有影响的大企业和高等院校，也纷纷涉足江苏省医疗器械产业。

四是产业集中度提升、产业密集区凸现。江苏省苏州、常州、无锡三市的医疗器械产值已超过全省总产值的60%，前50强医疗器械企业年产值达全省总额的45%。同时，形成了若干个医疗器械产业密集区，如常州国际医疗器械城、西太湖医疗产业园、泰州中国医药城及苏州、徐州、丹阳医疗器械产业园等，正处于快速建设发展阶段。

虽然近年来江苏省医疗器械产业发展迅猛，已成为医疗器械产业大省。但江苏省医疗器械行业目前仍处于“初生”阶段，其规模只占省内医药总市场的20%，与全球医疗器械占医药总市场规模的42%相比及发达国家1∶1相比，存在着巨大的发展空间。随着《医药工业“十三五”发展规划》、《中国制造2025江苏行动纲要》、卫生事业发展规划、医疗器械科技产业专项规划等诸多规划的实施，医疗器械产业必将迎来发展的“黄金期”。作为监管部门，我们将积极适应产业发展需要，进行宏观调控，在加强规范、提升标准、引导创新等方面发挥更大的作用，促进江苏省医疗器械产业实现又好又快可持续发展。

专题9－1 南京微创开发的放疗支架受广泛关注前景广阔

在中国，食管癌是造成癌症死亡的第四大原因，导致了全世界48.9%新病例。虽然它是排世界第六的死亡原因，但大部分食管鳞状细胞癌患者通常在疾病的晚期才被发现，只有15%～20%患者有机会成功进行手术切除。当癌症处于晚期时，主要症状为吞咽困难，很多患者死于因无法进食造成的营养不良和抵抗力低下。20世纪90年代初期，支架作为一种快速有效的缓解食道狭窄的方法获得广泛应用，但这种方法对肿瘤本身没有杀灭作用，只是一种姑息治疗方法。

为了突破普通支架的局限性，从2002年开始，南京微创医学科技股份有限公司支架研发团队就和东南大学附属中大医院滕皋军教授团队进行医工合作，开发出了可携带125I放射粒子的食道支架。这种支架可在缓解食道狭窄的同时对肿瘤细胞进行放射线杀灭。据2014年发表在《柳叶刀·肿瘤学》上的160例随机双盲临床研究显示，放疗食道支架和普通支架相比，治疗无法手术切除食管癌性梗阻效果更佳，不仅显著改善吞咽困难，还延长了患者生存时间。

放疗食道支架一经上市，就受到了国内外临床专家的广泛关注。2011年，放疗食道支架医工合作团队获得了国家科技进步二等奖。自2007年获得CFDA注册证、2009年获得CE证书以来，南京微创已在国内外销售放疗支架10万套以上，累计销售收入超过5亿元。近几年来，放疗支架销量增长迅速，预计到2020年，放疗食道支架的用量有望超过普通食道支架，年需求量将达到8万套以上，年销售额将超过4亿元。随着放疗支架技术的不断发展，其应用范围也不断延伸。目前，已经从最初的食道癌治疗延伸应用到胆道、气管、门静脉等部位的肿瘤治疗。新型的放疗支架给肿瘤患者带来了新的生命曙光。

三、医疗器械行业的发展前景

（一）市场前景广阔

医疗器械行业是一个多学科交叉、知识密集、资金密集型的高技术产业，进入门槛较高。近年来，我国医疗器械产业出现持续增长，年增长达14%～15%。医疗器械产业广阔的市场前景主要得益于三个方面：

首先，随着经济发展的加速，医疗服务需求不断升级，医疗器械越来越先进，其产品结构逐步调整，功能更加多样化，带来市场容量将不断扩大。中国经济水平不断发展，人们对于健康水平的要求不断提高，对于医疗水平的要求也必然不断增长，这将在很大程度上不断带动医疗器械行业的快速发展。

其次，医院信息化趋势引发医疗器械需求增长，随着计算机和网络技术的发展，医疗领域的信息化和网络化成为今后医疗管理的发展趋势，这个趋势引发了医疗卫生机构对影像化、数字化等高精尖医疗设备的需求增长。

最后，国家政策变化带动了医疗器械需求的增长。如医疗器械集中招标采购制度的出台逐步降低了医院对医疗器械收入的依赖程度。在这种情况下，通过改造医院软硬件条件，提高医疗服务收入成为医院减少对医疗器械收入依赖程度的重要途径，由此产生的对医疗设备的需求又构成医疗器械行业发展另一个持续动力。

（二）高增长助力因素

1. 老龄化、保健需求提升

据国家统计局国民经济和社会发展统计公报显示，我国已步入老龄化社会（当一个国家或地区 60 岁以上老年人口占人口总数的 10%，或 65 岁以上老年人口占人口总数的 7%，即意味着这个国家或地区处于老龄化社会），且趋势仍在加剧，预计 2025 年我国 60 岁以上的人口将超过 3 亿。老年人口比例的上升，以及人们保健意识的增强，将拉动医疗资源的需求不断攀升，特别是对于医用高值耗材及家居智能医疗设备的需求，医保覆盖和报销比例的提升也将进一步提供需求保障。

2. 基层医疗机构需求放量

（1）存量需求：截至 2016 年，我国基层医疗卫生机构 92.2 万个，其中社区卫生服务中心（站）3.4 万个，乡镇卫生院 3.7 万个，村室 64.9 万个，诊所（医务室）19.0 万个。根据新医改的相关方案，卫生部会同国家发改委将投资1000亿元，支持建设全国约2000所县医院、5000所中心卫生院和2400所社区卫生服务中心，并对基层医疗卫生机构中的装备配置开展医疗器械集中采购工作。在性价比优势和政策导向下基层医疗机构倾向于优先采购国产医疗器械。

（2）增量需求：随着国家率先在基层医疗机构实现药品零加成、提高基层就诊报销比例等措施的出台，基层医疗机构的就诊人次逐步提高。另外《中共中央关于全面深化改革若干重大问题的决定》中提及，我国将深化基层医疗卫生机构综合改革，健全网络化城乡基层医疗卫生服务运行机制以及完善合理分级诊疗模式。预计未来基层就诊人次将逐年加速增长，从而带动基层对于医疗设备的采购需求。

3. 民营医疗机构扩容

国务院“十二五”医改规划中提到，到2015年非公立医疗机构的床位数和服务量均要达到医疗机构总数的20%，民营医疗的扩张对医疗器械的需求将进一步促进行业发展。民营医疗机构也是医疗行业不可小觑的一股力量，民众对其需求还是很大的，对于民营医疗机构的扩容，无疑会在很大程度上扩大对于医疗器械的需求，这对于医疗器械行业来说是一个难得的商机。

四、江苏省医疗器械行业问题及应对措施

（一）江苏省医疗器械行业存在问题

在江苏省医疗器械产业快速发展的同时，行业也存在着一些问题，如医疗器械企业规模普遍偏小、市场占有率较低、产品创新能力不足、国际竞争层次较低，以及行业自律性差等问题。尤其是创新医疗器械市场开拓方面，也存在动力不足等问题。此外，企业对医疗器械目标市场的法律法规、产品质量、产品认证等准入要求不熟悉，对医疗器械出口现状和国际环境变化也缺乏相应了解。整体来看，江苏省医疗器械产业发展存在诸多制约因素。

缺乏有效的知识产权保护，企业研发投入受制约。知识产权保护是医疗器械企业面临的最大难题。在我国由于存在侵权行为成本低、收益高且形式比较隐蔽等问题，中高端医疗器械设备的专利频频遭遇侵权。耗资数百万元研发的新型产品，上市后不久就遭遇他人“克隆”，致使市场价格暴跌，而血压计、血压表等简单产品的外形、商标更是不断被仿造。遭遇侵权的企业损失惨重，其后果是制约了医疗器械企业科研创新的热情和投入，并造成互相模仿的恶性循环。

国际市场开拓力量薄弱。由于医疗器械企业普遍是技术型中小企业，企业集中精力投入到技术研发和产品生产，由于资金有限，并且缺乏市场信息渠道和手段，难以有效开拓国际市场，出口情况很不理想。也有些企业具备相当的规模，但仅满足于国内市场，在国内具备了相当的品牌优势，对国际市场缺乏热情，缺乏将国内品牌推向国际市场的勇气和魄力。

同质化竞争现象严重。同质化竞争是我国医疗器械行业普遍存在的问题，徐州地区集中了四五十家B超企业，同质化竞争现象明显，产品结构雷同，重复建设严重，市场存在过度竞争。许多企业为生存大打价格战，在原材料、能源、人员工资等成本上升的情况下，终端产品价格却因竞争过于激烈，难以上涨，企业利润下降。

政策支持力度有限，部分企业对政策了解程度不够。在调研过程中发现，医疗器械企业普遍是中小企业，行业规模相对较小，得不到地方政府足够的重视，在获取配套资源和资金支持上比较困难，企业新技术、新产品的研发进度和迅速扩大市场的能力受到很大制约。还有部分企业对鼓励政策缺乏了解，未能充分利用国家的支持，错失了发展机会。

（二）江苏省医疗器械行业发展对策

1. 坚持严格市场准入

把好市场准入关，是加强医疗器械监管的“源头”，也是规范医疗器械市场秩序、保证公平竞争的必然要求。在行政审批过程中，认真贯彻医疗器械监管法规制度，严格执行准入标准，从资料审核、现场检查等方面从严把关，坚决把不符合条件的企业、产品排除在医疗器械行业之外。继续深化行政审批制度改革，在坚持受理、审评、审批三分离的基础上，充分发挥省局认证审评中心和省医疗器械检验所的技术支撑作用，建立健全监管、审评、检测三方联席会议制度，统一审评审批尺度，研究解决共性问题和疑难问题。

2. 坚持强化日常监管

日常监管是医疗器械监管工作的基础和重点，也是指导帮助企业健全质量管理体系、提高产品质量管理水平的重要途径。一是结合监管工作面临的新形势新任务，认真贯彻《医疗器械监督管理条例》，强化属地监管职能，落实日常监管责任，切实消除监管盲点。二是深入企业调查研究，了解产品在质量安全上的主要风险、企业在质量管理和生产经营中面临的困难以及我们在监管工作上存在的薄弱环节，真正做到对各方面情况心中有数，日常监管有的放矢。三是注重监督检查质量，要能够在检查中真正发现问题，并指导帮助企业切实加以解决。建立健全监督整改责任制，对查出的缺陷项目，明确整改要求，监督和帮助企业及时整改到位。四是实行分类分级管理，强化对高风险产品生产企业的监管，指导帮助企业开展风险管理，主动查找质量安全隐患，减少和杜绝医疗器械质量安全事故的发生。五是加强事中、事后监管，科学组织开展医疗器械产品监督抽验，通过监督抽验，既依法对不合格产品做出处理，又及时发现和解决一些共性问题，促进同类产品整体质量水平的提高。六是加快推进医疗器械不良事件监测工作。制定相关文件，明确监测和再评价的主体、职责、标准和程序。各级监管部门和企业一起把好上市产品的监测和评价关，为进一步改进产品设计、提高产品的安全性提供科学依据。

3. 坚持高标准、高质量推进

进一步加大《医疗器械生产质量管理规范》（以下简称《规范》）实施力度，这是保障医疗器械质量安全可控的有效手段，是推动我国医疗器械行业向国际先进水平靠拢的重要途径。实施《规范》不是以关停、减少企业为目的，而是要通过加强软硬件建设、强化质量管理，规范企业生产经营过程，实现产品质量安全全程可控，以此更好地保证产品质量、提升医疗器械行业整体水平。经过四年多的强力推进，2015 年江苏省近 600 家无菌、植入性医疗器械生产企业全面按规范组织生产，圆满完成了“十二五”规划目标。下一步，我们将重点推进第三类医疗器械生产企业和所有医疗器械经营企业实施规范。

专题 9－2　打造常州医械产业“名片”

江苏省常州市是全国知名的医疗器械产业大市。了解常州医疗器械产业发展的人都知道，在常州，有一个地方已经成为常州医疗器械产业发展的一张“名片”，这个地方就是常州西太湖国际医疗产业园。园区总布局规划 10714 亩，约 7 万平方公里。

产业园是常州医疗器械产业发展的重要基地，基研发孵化、生产制造、展示交易等功能于一体。2013 年，产业园先后荣获科技部颁发的“医疗器械国家外贸转型升级示范基地”称号。

4. 坚持完善技术支撑体系

江苏认证审评中心不断加强内部建设，制定医疗器械产品技术审评指南，规范技术审评行为、提高审评质量。下一步，审评中心将分门别类地建立专家库，对高、精、尖医疗器械产品进行更加科学权威、更加快捷高效的技术审评。省医疗器械检验所以检验检测能力建设为主线，大力加强检验队伍和各项基础建设，医疗器械检验检测能力取得了长足进步。目前，综合承检能力位居全国前列，并已成为美国信科检验认证集团、德国劳氏集团、德国迈德赛、南德 TUV 的签约授权实验室。近几年，根据江苏省医疗器械产业发展需要，分别在泰州、苏州建立了检验分所。

5. 坚持抓好信用体系建设

江苏是全国最早开展医疗器械行业诚信体系建设的省份。早在 2005 年初，江苏就全面启动了医疗器械行业诚信体系建设，发出了“从我做起、共铸诚信、造福人民——全力打造江苏医疗器械行业诚信体系”的倡议。十年来，以诚信建设为抓手和载体，加大宣传培训力度，实施分级分类监管，建立激励惩戒机制，把医疗器械监管逐步纳入科学化、制度化、规范化轨道，实现了企业诚信意识、监管执法效能、产品质量水平和行业整体形象四个“显著提升”。各级监管部门不断完善激励和惩戒机制，落实省局关于医疗器械生产企业诚信建设的各项激励措施，对被评定为诚信企业的单位，在法律法规允许范围内，优先办理相关行政许可事项，减少日常监督检查频次，并通过多种形式予以广泛宣传。同时，严格执行不良行为登记管理制度，依法加大对制假售假、虚假宣传等违法失信行为的打击和曝光力度，强化“守信者得益、失信者受罚”的利益导向。

6. 坚持服务发展大局

省局始终坚持“严监管”、“促发展”两手一起抓，经常组织开展企业相关人员进行法规、标准培训，每年定期召开企业座谈会，广泛征求企业的意见和建议，深入企业现场办公，了解企业在执行法规、生产经营方面的疑难问题，切实帮助企业解决实际困难。各级监管部门主动服务地方经济，在依法行政的基础上，积极开展政策咨询、上门服务活动、缩短审批时限等，为产业发展打造良好“软环境”。下一步，将充分发挥省医疗器械行业协会及相关社会组织的作用，推进资源整合，倡导科技创新，努力搭建产、学、研交流合作平台，引导企业不断进行产品的更新换代和产业结构的调整转型，从整体上提高江苏省医疗器械产业的核心竞争力。

五、本章小结

医疗器械行业是一个新兴较特殊的高科技、发展快速的行业。技术创新是推动医疗器械行业持续发展的关键动力。但是，目前高新技术医疗器械市场主要被国外少数国家所垄断。随着我国国民经济的持续发展、人口成长、老年化和农村医药市场的逐步扩大以及人们生活水平的提高，我国医疗器械市场潜力很大。如何推动我国医疗器械企业技术创新，带动行业发展，抓住市场机遇，满足人们日益提高的健康需求成为一个备受关注的问题。江苏省是医疗器械产业蓬勃发展的大省，面对如今形势，主要有以下展望：

一是行业发展仍将保持较高的增长幅度。医疗器械作为多学科交叉的行业，其产业外延在不断扩大，这将带来新增的领域市场。人口老龄时代的来临以及消费能力的提升，将进一步拉动市场需求，导致行业发展增速较高。与发达国家相比，中国药械比仍然较高，器械成长空间仍然较大。

二是市场集中度不断提高。随着准入门槛不断提高，国内外市场竞争加剧，抱团取暖、跨界合作会不断增多，将导致产业发展进一步集中，地区发展不平衡的现象将进一步扩大，最终淘汰一批产品出局。

三是本土医疗设备将占据更高的市场比例。在国家自上而下地对国产医疗设备进行扶持以及开辟绿色创新通道的背景下，国产医疗设备将在未来的公立医院采购及市场上拥有更多的话语权。

四是创新监管能力不断提高。随着监管法规日益完善，各级政府对医疗器械产业重视程度的不断加强，监管手段、监管能力、监管效能将得到较大幅度的提升。

参考文献

[1] 王朋，邱家学．基于波特“五力模型”分析我国医疗器械行业的现状及发展［J］. 中国医疗器械信息，2012，12：5－9.

[2] 江明尹．基于决策树的医疗器械行业发展分析应用研究［J］. 医疗卫生设备，2016，03：23－26.

[3] 李小敏，陈德棉．医疗器械行业核心竞争力分析［J］. 现代科学管理，2009（2）：61－63.

[4] 薛松，姚丽平．医疗器械行业现状分析［J］. 中国处方药，2013，12：25－26.

[5] 祝壮飞．我国医疗器械产业国际竞争力初步研究［D］. 北京理工

大学，2015，12.

［6］吴穹．医疗器械制造企业竞争情报综合分析框架构建与应用研究［D］．南京大学，2015，5.

第十章 电子行业

一、电子行业的概述

（一）电子行业的概念

电子信息制造业（电子产业）是研制和生产电子设备及各种电子元件、器件、仪器、仪表的工业。是军民结合型工业。由广播电视设备、通信导航设备、雷达设备、电子计算机、电子元器件、电子仪器仪表和其他电子专用设备等生产行业组成。根据工信部电子信息产业公报统计，电子信息产业分为电子信息制造业、软件与信息技术服务业。

电子信息产业是在电子科学技术发展和应用的基础上发展起来的。电子信息产业的发展由于生产技术的提高和加工工艺的改进，集成电路差不多每三年就更新一代；大规模集成电路和计算机的大量生产和使用，光纤通信、数字化通信、卫星通信技术的兴起，使电子工业成为一个迅速崛起的高技术产业。电子工业的发展及其产品的广泛应用，对军事领域产生了深刻的影响：改进了作战指挥系统。第一次世界大战以来，无线电通信成为军事通信的基本手段，被称作军队的“神经”系统。利用电子技术，通过由通信、雷达、计算机等电子设备组成的指挥自动化系统，改变了传统的通信、侦察和情报的处理手段和处理方式，大大提高了军队在指挥现代化战争条件下的效能。改进了武器装备系统。电子技术的发展和电子产品的应用，大大提高了现代武器的威力和命中精度；电子器件成了现代武器装备的重要组成部分，电子技术是导弹、军事卫星及其他高技术武器装备制导和控制的核心，无论是战略武器，还是战术武器，其性能高低都同电子技术有密切关系。使电子战发展成为独立的作战手段。电子侦察、电子干扰、电子摧毁等形式的电子对抗，电子信息产业在现代战争中越来越重要。[①]

（二）电子行业的分类

表 10－1　电子行业具体门类

行业名称	具体门类
雷达工业行业	雷达整机制造；雷达专用配套设备及其他制造
通信设备工业行业	通信传输设备制造；通信交换设备制造；通信终端设备制造；移动通信设备制造；移动通信终端制造；其他通信设备制造
广播电视设备工业行业	广播电视节目制作及发射设备制造；广播电视接收设备器材制造；应用电视设备及其他广播电视设备制造
电子计算机工业行业	电子计算机整机制造；计算机网络设备制造；电子计算机外部设备制造；电子计算机配套服务及耗材制造；计算机应用产品制造
软件产业	软件制造；系统集成制造；软件服务业
家用视听设备工业行业	电视机制造；摄、录像、激光视盘机制造；家用音响电器设备制造；其他家用电子电器制造
电子测量仪器工业行业	电子测量仪器制造；医疗电子仪器及设备制造；汽车电子仪器制造；应用电子仪器制造
电子工业专用设备工业行业	电子工业专用设备制造；电子工业模具及齿轮制造；其他电子设备制造
电子元件工业行业	电子元件及组件制造；电子印刷电路板制造；敏感元件及传感器制造；电子塑料零件制造
电子器件工业行业	真空电子器件制造；光电子器件及其他电子器件制造；半导体分立器件制造；集成电路制造
电子信息机电产品工业行业	电子微电机制造；电子电线电缆制造；光纤、电缆制造；电池制造
电子信息产品专用材料工业行业	电子元件材料制造；真空电子器件材料制造；半导体材料制造；信息化学材料制造

资料来源：作者整理。

① 来自互动百科。

依据《电子信息产业行业分类注释（2005—2006）》，电子信息产业包括雷达工业行业、通信设备工业行业、广播电视设备工业行业、电子计算机工业行业、软件产业、家用视听设备工业行业、电子测量仪器工业行业、电子工业专用设备工业行业、电子元件工业行业、电子器件工业行业、电子信息机电产品工业行业、电子信息产品专用材料工业行业，12 个行业、产业，共 46 个门类，这是对于电子行业的细致分类，具体见表10－1。

（三）电子行业的基本特征

电子信息产业作为经济发展中的朝阳产业，成为新的经济增长点，其原因在于其突出的基本特征，使其发展具有传统产业难以比拟的增量效应和乘数效应。

1. 技术和资金密集，创新和风险并存

在电子信息产业中，无论是计算机业，还是通讯设备制造业和网络建设业，都具有较高的技术含量，与高新技术的发展、创新密切相关。

目前，电子信息产业的创新速度是其他产业不可比拟的。电子信息技术水平每 3 年提高 1 倍，信息技术专利每年新增超过 30 万项，科研资料的有效寿命平均只有 5 年，以科技研发为先导、具有高创新性和高更新频率已经成为世界电子信息产业发展的重要特征。电子信息产业的外延广泛，不但涉及制造业，而且衍生到服务业，其产品的形式也日趋多样化，技术创新的空间大大扩展。电子信息技术与第三产业结合，便产生了许多前所未有的经营模式，如电子货币、电子银行和虚拟商店等。电子信息产业的高度创新性不仅为经济发展带来了活力，为企业创造了效益，为就业提供了大量机会，而且极大地改变了人们的生活，对教育、医疗保健、旅游及文化娱乐等都产生了深刻影响。同时，由于电子信息技术产业化过程投入大、成功率不高，也使电子信息产业呈现相对较高的风险。

2. 固定成本高，可变成本低

除了部分信息设备制造业企业，大多数信息产业企业都具有高固定成本、低边际成本的特点。以计算机硬件制造业为例，建设一家生产计算机芯片的工厂，总投资需 20 亿美元以上，而在建成后的生产过程中，可变成本却不到总成本的 30%，即计算机芯片生产中 70% 以上是固定成本。

这一特征使电子信息产业的生产在规模经济效应上与许多传统产业有显著的不同。工业时代传统产业一般都存在生产的最佳规模，超过最佳规模则会使成本上升，诸多电子信息产品由于固定成本高而可变成本低这一特点，在生产过程中基本不受最佳生产规模的限制，电子信息产品的扩大化生产可以使单位产品的固定成本不断摊薄。因此，成熟的电子信息产品在经历了生产初期的垄断利润空间后，其价格有着急速下降趋势，利润空间反而随着生产扩大逐渐缩小。电子信息产品的这种显著特征迫使电子信息产业必须不断进行新产品开发，以追求超额垄断利润。另外，信息产品的低边际成本给予厂商的营销战略更大的灵活性。由于多生产一份软件拷贝的成本接近于零，因此，可以向用户免费发送试用版本；以低价向支付意愿低的群体出售功能有限的版本；以中等价格向一般消费者出售普通版本；以高价向企业用户出售专业版本。这种价格歧视实际上也是信息产业企业常用的销售策略。在理论上，它可以使生产者剩余最大，企业利润最大。

3. 研制开发投资高，生产制造成本相对低

信息技术产业是研究开发密集型、知识密集型产业。电子信息产品的研制与开发往往属于跨学科、跨行业的系统工程，与传统产业相比，大多数电子信息产品在研制开发阶段投资都很高，而真正到生产制造阶段时投资则相对较低。

20 世纪 90 年代以来，随着全球信息产业竞争的加剧，信息技术企业研发投资规模迅速扩大，研究开发投资占销售额比重明显提高。一般的信息技术企业研究开发投资占销售额比重都在 5% 以上，处于发展前沿的信息技术企业研究开发投资占销售额的比重甚至高达 15% 至 20%。2000 年美国网络设备制造商 Cisco 公司研发投资 27 亿美元，2001 年美国微电子器

件制造商英特尔公司研发投资超过40亿美元。

4. 需求方规模经济效应突出

技术创新是电子信息产业发展的核心驱动力，但一项新的电子信息技术或产品能否生存还取决于需求方是否具备规模经济效应，这是信息产业发展的独有特性。工业时代的规模经济是指随着生产商的生产规模扩大，产品的平均成本将随之下降，可称之为生产方规模经济（Supply - Side Economy of Scale），或卖方规模经济，信息时代的电子信息产业具有独特的需求方规模经济效应（Demand - Side Economy of Scale），或买方规模经济，即随着需求方规模的扩大，需求方和生产方的收益会随之增加，这种由信息产品自身特性所构成的现象，极大地影响了生产和消费两方面的决策。

一方面，电子信息产品自身存在着互联互通的内在要求，存在着网络外部性，即电子信息产品对一名用户的价值取决于使用该产品的其他用户的数量。消费方构成相互交流和收集信息的网络，只有一名用户的网络毫无价值，只有少数用户就要承担高昂的运营成本，而且也只能与数量有限的人交流信息和经验。随着用户数量的增加，平均承担的费用将下降，信息交流的范围和内容将不断扩大，所有用户都将从用户规模扩大中获得更大的价值。

另一方面，电子信息产业在淘汰旧产品的同时，通常将其信息交换格式也一同淘汰，所以，不论是消费者还是生产者，对电子信息产品都存在着一种忧虑：消费者担心自己所购买的产品将会因为产品格式的淘汰而失去使用价值；生产者要考虑其开发的产品能否被大多数用户支持和接受，双方事实上都希望“与胜者为伍”，以保证自身利益不会因为产品的淘汰而受到损失。所以，一件电子信息产品一旦被较多的用户所接受，就会吸引更多的需求者，生产者的平均成本也随之降低，收益上升。

5. 用户成本锁定

电子信息产品具有很强的用户成本锁定效应，即用户一旦使用上某种电子信息产品之后，如果要更新原有的产品，就会遇到巨大的更新转移成本，高更新转移成本带来用户锁定。这是电子信息产业中普遍存在的现象，也是电子信息产品区别于传统工业制成品的一个显著特性。

与传统工业品通常是独立产品不同，电子信息产品大多数处于一个系统中，单件产品难以发挥作用，只有与其他配套的产品相互配合，才能产生效用，所以，用户一旦选定某种系统中的一件产品，就不得不采用与之相适应的配套硬件和软件。另外，用户本身还存在与外界数据交换的需求，这种交换往往要求采用同一种格式，否则就会造成很大的信息交换障碍。这种状况使得更新信息系统转移成本巨大，频繁更换供应商几乎不可能。一旦用户使用上该产品，就会"越陷越深"，直至被牢牢锁定。锁定程度的大小与转移成本相关，成本越大，锁定程度越高。这种现象使不兼容的新产品即使性能优良、价格便宜也难以得到推广和使用，使有效的市场机制在电子信息产品市场出现用户被锁定时失去竞争性，有利于供应商获得长期的高额利润。

6. 对标准的高度依赖

随着电子信息技术及其产业的发展，对标准的依赖性越来越高，一定意义上讲，谁控制了标准，谁就会在激烈的市场竞争中取得主动。由于电子信息产品通常是在系统中发挥作用，产品供应商虽然可以通过成本锁定用户，但是毕竟一家厂商难以提供所有的配套部件，要使多家厂商发挥各自技术优势生产的产品能够协调运行，必须依赖于一个统一的接口标准，因而对标准的控制和介入程度实质上标志着技术和生产的竞争实力，如果一个国家或一家企业能够有效控制标准、技术，并且有足够的生产实力，就具备了其他国家或企业难以超越的竞争优势，不仅能够将产品线延伸至多种电了信息产品，进行"纵向竞争"，还可以利用手中的专利和专有技术来限制竞争者生产兼容产品，或者阻挠竞争者建立联盟，进行"横向竞争"，以确保自己在市场中的份额。

7. 高渗透性

电子信息产业对其他产业具有很高的渗透性。当前，各行各业的进一步发展都离不开电子信息技术和电子信息产品的应用。一方面，电子信息产业通过产品与服务广泛渗透到其他产业和部门的产品与服务中。例如，信息技术在工业设计、生产、控制等领域内被充分运用；计算机控制技术、计算机辅助设计、计算机辅助分析、计算机集成系统等已经被广泛应用于机械、电子、航空、航天、造船、建筑、轻工、纺织等产业领域，或提高了这些产业和部门的劳动效率，或提高了相关产品的质量、实现了产品创新，亦即其他产业所生产的产品和提供的服务中包含着电子信息产业所创造的价值；计算机和通信技术在传统产业中的运用，使传统产业的自动化程度越来越高，机器设备对人的依赖程度相应降低，在易腐、易爆的危险岗位，由“钢领工人”（即机器人或其他机械手）来代替“蓝领工人”，这使传统工业在生产方式上发生重大变革，增强了安全性，降低了能耗，提高了产品合格率和生产效率，同时技术含量增加，加工更加精细，满足了消费者日益提高的需求。

另一方面，电子信息产业直接向其他产业提供有偿信息服务，直接影响其他产业的发展。如公路、铁路、航运、水运、航天、管道等运输方式因为采用了先进的计算机和通信工具而发生了质的飞跃。电子信息产业内部各行业之间也存在很强的相互渗透，这种高渗透性是由电子信息产品的多样性和电子信息技术应用的广泛性决定的。

二、电子行业的发展历程

（一）国外发展的基本情况

德国的电子信息产业历史悠久，基础较好，在世界电子市场上曾与美国争霸，称雄一时。早在1888年，德国物理学家赫兹证实了电磁波的存在。当时，德国的电子技术尤其在理论方面居世界领先地位。在工业方面，德国拥有欧洲最大的通信设备企业——西子·哈斯克公司和通用电气公司等重要电气垄断企业。它们先后创建于20世纪中期或后期，第一次世界大战后得到迅速发展，取得了不少技术成就，为德国电子工业的发展打下了良好的基础。20 世纪 40 年代初，它们瓜分了国内市场，垄断了德国电气设备的生产，在第二次世界大战中为德国法西斯提供了大量的军用设备。例如，第二次世界大战期间，西门子公司曾大量制造飞机、潜艇、导弹用的电气设备和发射装置。这时的电子工业很大程度上是为战争服务的。

随着德国法西斯在第二次世界大战中的失败，德国电子工业也遭到严重破坏。战后，民用电子工业的发展，为军用电工技术及军用电子产品的研制打下了良好的基础。联邦德国军用电子工业的发展大致可分为以下三个阶段。

1. 第二次世界大战结束到 1956 年

第二次世界大战后，作为战败国的德国曾被禁止研究和生产军用电子产品，只能发展民用电子产品。但是在美国的扶植下，随着联邦德国经济的迅速恢复和发展，电子信息产业也发生了很大变化。第二次世界大战中遭到破坏的电子信息产业基础设施迅速恢复和重建；损失巨大的电子信息产业企业，如西门子公司和通用电气公司等得到较快的恢复和发展，其资本日益集中，业务逐渐扩大，技术不断创新。它们控制了联邦德国电子信息产业大部分产品的生产。到 1950 年，整个联邦德国电子信息产业的产值比战前的 1936 年增长了两倍。20 世纪 50 年代，联邦德国电子工业年平均增长率达 20.3%，在制造业中仅次于造船业（21.7%）。

2. 1956—1975 年

1956 年后，随着联邦德国正式加入北大西洋公约组织和联邦国防军的建立，成立了一些军用电子技术方面的研究机构，开始了军用电子技术的研究和发展工作。例如，1957 年 1 月在北莱茵威斯特伐利亚州研究协会范围内建立了高频物理研究所，1963 年建立了无线电和数学研究所，1967 年建立了人机工程学研究所，1974 年建立了数据处理和模型识别研究所以及光学研究所等。这些机构在军用电子技术各专业领域的研究方面取得了较大成绩。

在此阶段，联邦国防军装备的军用电子设备从国外采购逐步转向国内生产，越来越多的企业承担了军用电子产品的研制和生产工作，研制了大量性能先进、质量优异的军用电子产品。在通信设备方面，西门子公司研制了 FM12/800 移动式无线电中继系统等；通用电气—德律风根公司研制了 FM120/500 无线电中继系统等；罗德·施瓦茨公司研制了 XT3000 系列甚高频和超高频电台（装备了“狂风”和“阿尔法”喷气战斗机）。在雷达技术方面，通用电气—德律风根公司研制了飞行安全控制雷达、机载和舰载雷达、防空雷达；西门子公司研制了移动式多普勒雷达（MPDR）；标准电气洛伦茨公司研制了毫米波雷达等。在光学仪器方面，卡尔·蔡司公司、通用电气—德律风根公司等研制了各种测距仪、潜望镜、红外瞄准仪、夜视仪、热成像设备等。在导航设备方面，好几家公司研制了各种机载和车载导航设备和陀螺仪。此外，还研制了一些自动化作战指挥、侦察和电子战等方面的设备。

3. 1975 年—2009 年 2 月

联邦德国从 20 世纪 70 年代中期开始加快军用电子设备的研制和生产，加强与国外的合作，实现了军用电子产品的国产化。为了实现军队指挥自动化、现代化，发展了综合军用电子系统。例如，在这期间研制了“奥列斯特”（Onest）三坐标雷达、“莱姆斯特”M 型和 FLT2 型坦克火控系统；通用电气—德律风根公司研制了 ETM1800 高频调制解调器、E-1800 通用接收机，西门子公司研制了 CHR532/533 高频通信接收机、CHX200 系列短波智能/跳频通信系统、CTM200 微波中继通信设备；罗德·施瓦茨公司研制了 HF-850 系列短波自适应/跳频通信系统、XK403 高频收发信机等。联邦德国研制的通信设备完全取代了美式装备。已研制成阿德勒和阿雷斯两种地炮火控系统，并开始实施军民两用的比格风（Bigfon）光纤通信工程，耗资 149 亿马克，以取代联邦德国现有的电缆通信，以及研制陆军防空侦察、指挥系统等。1984—1988 年用于侦察、指挥设备和系统的研究和发展费用增长 33%。

（二）国内发展的基本情况

1. 产业规模不断壮大

2015 年，我国电子信息产业销售收入突破十万亿元大关，达到 11.0 万亿元，增幅超过 15%；其中，规模以上制造业实现收入 84619 亿元，同比增长 13.0%；软件业实现收入 25022 亿元（快报数据），比上年增长 28.5%，具体见图 10－1。

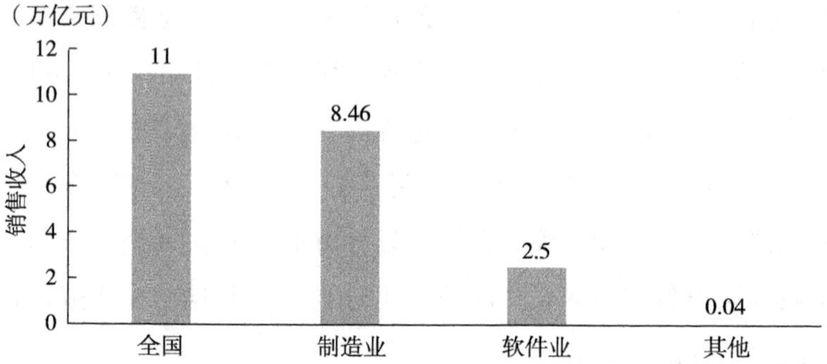

图 10－1 2015 年全国及各行电子信息产业销售收入情况

资料来源：互动百科。

2. 行业增速保持领先

2015 年，我国规模以上电子信息制造业增加值增长 12.2%，高于同期工业平均水平 3.9 个百分点，在全国 41 个工业行业中增速居第 7 位；收入和利润总额分别增长 9.8% 和 20.9%，高于同期工业平均水平 2.8 和 17.6 个百分点，占工业总体比重分别达到 9.4% 和 7.8%，比上年提高 0.3 和 1.2 个百分点。①

3. 制造大国地位日益稳固

2015 年，我国规模以上电子信息产业企业个数超过 5 万家，其中电子信息制造业企业 1.87 万家，软件和信息技术服务业企业 3.8 万家。全年完成销售收入总规模达到 14 万亿元，同比增长 13%；其中，电子信息制造

---

① 数据来源：中国电子仪器行业协会。

业实现主营业务收入 10.3 万亿元，同比增长 9.8%；软件和信息技术服务业实现软件业务收入 3.7 万亿元，同比增长 20.2%，具体情况见图 10－2。我国共生产手机、微型计算机和彩色电视机 16.3 亿部、3.5 亿台和 1.4 亿台，分别增长 6.8%、－0.8% 和 10.9%，占全球出货量比重均达半数以上；生产集成电路 1015.5 亿块，增长 12.4%，增速比上年提高 7.1 个百分点。

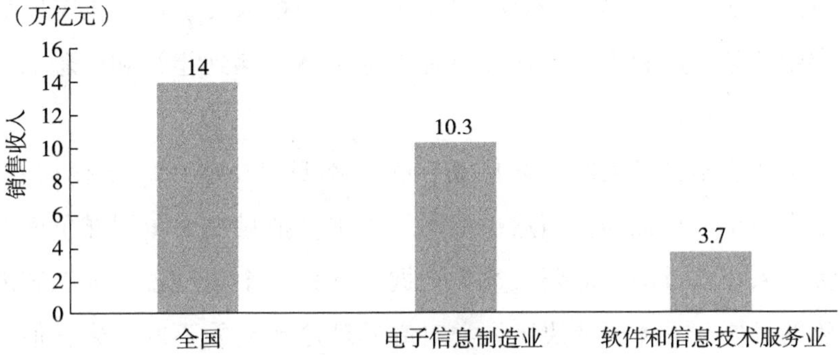

图 10－2　2015 年全国及各行业销售收入

资料来源：互动百科。

工信部统计数据显示，2015 年 1—7 月，规模以上电子信息制造业增加值增长 10.6%，领先工业增速 4.2 个百分点。内资企业与小型企业活力增强，集成电路、导航仪器、可穿戴设备、大数据服务等新兴领域加快成长，核心技术不断取得新突破。但也应看到，我国电子信息产业正处于转型升级关键期，传统比较优势逐渐削弱、自主创新能力不足、企业品牌影响力不强、国际竞争力有待提升等问题仍然突出。工信部党组成员、办公厅主任莫玮透露，要继续强化电子信息产业基础，促进融合发展。围绕产业链促进融合配套发展，着力推动软硬融合、制造与服务融合、网络与产品融合。实施智能硬件行动计划，加快培育基于互联网的融合性新产品，鼓励大众创业、万众创新，为产业发展不断开辟空间。

三、电子行业的发展前景

（一）发展机遇

1. 人工智能可期

近几年，人工智能（AI）开始被业界所关注，而谷歌 AlphaGo 与李世石的人机大战，将人工智能从业界讨论的高大上的专业技术变成了街头巷尾老百姓的热议。于是，一时间关于机器人将抢人类饭碗、人工智能将主宰人类生活甚至威胁人类生存等声音不绝于耳，感到担忧和惶恐的人也越来越多。

人工智能不会给人类带来威胁，科技本身是中性的，不存在好和坏，更多是来源于一种创新。当然在不同运用中，把科技力量用在负面时就会对人类带来很多挑战，需要人类去把握。从另一个角度说，人工智能最近这些年的发展，一方面取决于人类对基础理论研究的不断探索，但更重要的是随着数字化能力不断增强，有大量的数据可以从分析和实证的角度，提高对问题的预测、判断和解释能力，因此大数据的发展是最有效的保障。数字科学和其他社会科学共同进步形成的交叉影响也是非常大的。

我国人工智能的优势在于，在过去整个产业发展和科技当中国家投入很大，人工智能成为“互联网 +”的一个重要内容。现在很多行业由于大数据的发展，形成了自己的人工智能研究，大数据分析能力得到巨大提升；同时金融、保险以及在制造业领域等很多行业都有这样的研究。应该说在这个方面，尚没有形成世界垄断局面，也正处于全面发展中，并且在行业运用当中有很多的机会。中国在这方面的部署和在产业初步应用上，已经取得了实在的效果，相信会有更好的未来。

人工智能可以说是一只披着狼皮的羊，它只是看起来很可怕，但其实没有那么可怕。相反，它是很有益的，可以为人们所用。“人工智能技术在最近几年突然开始有了实质性的应用，无论是语音识别、图像识别，还是无人驾驶汽车、无人驾驶飞机等，背后的基础都是人工智能技术。人工智能是当今世界的一个技术制高点，同时中国在这方面又不算落后，所以我觉得我们国家有机会。”李彦宏说。他建议集国家之力去建设全球最大规模的人工智能开发平台，让企业、科研机构甚至是创业者都公平地在此平台上进行创新。

2. VR/AR 大行其道

创新是电子信息产业的生命，通过创新，苹果 iPhone 颠覆了传统手机市场，将手机的用户体验提升到前所未有的高度。那么，在手机之后，谁将取而代之成为新的杀手级智能硬件——VR/AR 设备被业界看好。

近年来，随着技术的不断创新，基于 3D 信息的获取、计算、处理及输出技术快速发展，以此为基础的虚拟现实、增强现实、混合现实产业和消费趋势在全球范围内蔓延。调研机构 ABI Research 预测，VR 移动设备的出货量在 2020 年有望突破 5000 万台，同比年增长率可达 84.5%。而增强现实智能眼镜，到 2020 年发货量将达到 2100 万台，年复合增长幅度为 78%。

当然，像其他新技术新产品一样，AR/VR 在发展初期也面临困难。VR 和 AR 硬件的基础优化还没有真正到位，标准没有统一，这使得体验存在局限。一年多以后，才能出现基于新业态优化的系统。目前市场上的产品强调沉浸感和互动性，未来需要解决的问题则是轻薄和无线传输问题，也包括丰富的应用。也有专家认为，行业想要进入爆发期，需要打破两大瓶颈，一是硬件端眩晕，二是内容匮乏。对于国内外差距，虚拟现实创业者周凯表示，虽然国内虚拟现实企业不乏黑马，但大多数在夹缝中生存，缺乏核心技术。无论内容还是硬件，只能跟着国外的技术跑。很多企业针对国外的一些软硬件进行开发和匹配，来提升公司的影响力。

3. 融合带来机遇

毋庸置疑，在我国，互联网已从过去传统的服务行业，开始向制造业、向实体经济快速发展。互联网与制造业的融合发展，实现了制造大国和网络大国的聚合和倍增效应。2016 年《政府工作报告》指出，深入推进

“中国制造＋互联网”，建设若干国家级制造业创新平台，实施一批智能制造示范项目，启动工业强基、绿色制造、高端装备等重大工程。在制造业与互联网融合发展的过程中，大数据和集成电路产业迎来了产业发展机遇期。

在制造强国建设中，发展信息产业是制造业的基础，物联网、云计算、大数据等新一代信息技术通过传统产业的智能化升级结合在一起，将会产生更加先进有效率的系统。大数据作为新一代信息技术和产业发展的重要方向，对制造业研发设计、生产制造、经营管理、销售服务等全产业链具有重要影响，是实现智能制造的核心动力，为建设制造强国提供了难得机遇。《中国制造 2025》中明确要求促进大数据在企业研发设计、生产制造、经营管理、销售服务等全流程和全产业链的综合集成应用。2016年，以《中国制造 2025》实施为依托，将有越来越多的企业更加注重整合、分析制造设备数据、产品数据、订单数据以及生产过程中产生的数据，能够使生产控制更加及时准确，生产制造的协同度和柔性化水平显著增强，从而给制造业配备上“大脑”，使之能灵活应对各种业务场景，实现真正的智能。

对于集成电路产业，《中国制造 2025》明确将“推动集成电路及专用装备发展”作为重点领域之一实现突破发展。经过多年的发展，我国集成电路市场和产业规模都实现了快速增长。根据中国半导体行业协会统计，2015 年我国集成电路产业销售额为 3609.8 亿元，同比增长 19.7%。2015年全行业总投资超过 1000 亿元，适应产业规律的投融资环境基本形成，产业资本和金融资本融合发展，取得了初步成效。另外，由于国内市场的拉动和技术进步，集成电路设计业将继续领跑 2016 年集成电路产业的发展。集成电路设计业的增长率有望超过 20%，整个集成电路产业有望实现 20%左右的增长。

未来，产业融合将给集成电路产业带来难得的发展机遇。12 英寸、8英寸生产线工艺模块和 IP 核的开发，将为智能电网、智能交通、智能家居等物联网相关的集成电路产品提供有力的支撑。“智能家居、智能金融、智能建筑等都蕴含着巨大的机会。在这些产业中，集成电路发挥着重大作用。”中国半导体行业协会副理事长、中国科学院微电子研究所所长叶甜春表示。

机遇总是伴随着挑战。我国集成电路产业正处于深度调整的关键时期。摩尔定律逐渐逼近极限，市场驱动、创新要素、竞争格局面临新的转折点，集成电路产业作为基础性和先导性产业，在全行业当中的关键性作用愈加凸显，供需两侧的矛盾愈加突出。

新形势下企业要更注重创新，其中技术创新的重点应当瞄准市场趋势。一是面向产业结构调整、战略性新兴产业和社会服务智能化。二是从“跟随战略”转向“创新跨越”，在全球产业创新链中形成自己的特色。

（二）发展趋势

电子信息产业仍然是发达国家抢占的战略制高点。近年来世界各国纷纷退出了新的电子信息产业发展的战略，美国智能系统的发展，提出了“智慧地球”的理念，对出台经济刺激计划中重点关注医疗电子和光电子等新型信息技术发展。日本推出了他们的战略，重点关注教育、医疗和政府服务这三个领域。韩国政府出台了韩国未来的 IT 战略，英国提出来数字英国计划。这些都是把信息技术与传统工业的融合应用作为未来发展的重点，在欧盟、日本出台的电子信息相关的战略中，还特别强调将物联网应用到传统产业作为未来发展的重点。

信息技术创新的集成化、融合化的特征更加显著。信息技术越来越表现为技术群的协同发展，例如以集成电路、网络技术为代表的信息技术群带来了通讯产业的革命，并渗透了各个学科和领域。技术的综合集成与交叉融合，增加了技术研发的难度，需要技术、人才、资金等创新要素的集中投入，企业研发投入大形成的专利多，少数大企业通过核心技术创新，形成标准和体系联盟，对后进入的企业形成了壁垒，进而阻碍产业发展，这种案例在 IT 业里面太多了。全球金融危机导致经济发展非常困难，但是微软的研发投入还超过了90亿美元，英特尔也超过50亿美元，这些跨国巨头的高强度的研发投入是他们形成垄断的基础。商业模式的创新，作为产业发展新的引领，IT技术产业的服务化，例如云计算将是我们未来产业服务重要的商业模式之一。基础设施及服务、软件及服务、平台及服务、未来云计算中心将会类似于自来水公司的概念，用户以较低廉的费用，随时随地按需使用资源，而不需要购买和拥有软硬件系统，这个趋势现在看来已经非常明显了。

重构产业链体系，服务的整合能力日益成为抢占产业发展主导权的关键。美国的苹果公司就是这样一种模式，成功地创建了基于苹果的个人产业链，通过销售IPAD终端，已占公司总收入30%以上。作为高科技行业的领头羊了，其创造的模式给制造业的企业带来了诸多的思考。苹果的创新给了制造业一个非常大的启示，那就是必须要有全新的创新理念，有好的创新的技术和实力。

跨国公司兼并重组的步伐加快，2009年以来世界各大IT企业应对金融危机纷纷通过并购重组战略性资源，开拓新兴市场，实施产业多样化发展策略，从而提升行业地位和自身的竞争力。金融危机已经过去了，但是在这过程当中有很多值得总结的地方，我们行业总结一条非常深刻的教训就是当时没有产业发展的基金，来支持我们企业在全球产业不景气的时候实施有效的并购，这使得我们丧失了一次产业快速发展非常好的机遇，战略性新兴产业的发展措施有一条，就是要支持发展产业基金来帮助产业实现快速的发展。

绿色的IT将成为产业发展未来的重点，各国政府制定IT发展规划，日本政府提出要开发和实施无所不在的绿色ICT，加速推动革命。韩国政府在绿色国家战略中提出加大研发投入，以实现低碳工作环境。欧盟也制定出各种利用ICT实现节能减排的政策构架。各主要公司在积极设计和改进绿色的IT技术，IBM宣布其绿色创新工程进入第二阶段，在全球模块化和高效率地进行设计，能够削减高达50%的能源消耗。惠普持续研究动态智能散热等各层面的技术，因特尔新增加了绿色 IT 新技术公司，以加强民用利用率和性能提升。

四、江苏省电子行业发展存在问题及对策

（一）存在问题

经过短短几年的发展，江苏信息产业已初具规模，信息化带动工业化取得了明显成效。从总体上看，江苏的信息产业已进入以外资企业为龙头，加工组装为主和以一定的技术含量的劳动密集型产品占较高比重为显著特征的加速发展阶段，尤其是苏南地区的信息产业保持着强劲的增长势头，并将逐渐成为全球重要的信息产业加工制造基地。但是应该看到，面对全球信息产业跨国公司在世界范围内进行生产和制造布局大调整的机遇和挑战，江苏能否在新一轮国际信息产业资本转移中勇立潮头，获取最好的效益，还面临着诸多影响和制约因素，主要表现在以下几个方面。

1. 电子信息产业吸引资本的能力还比较弱

江苏 GDP 居全国第二，是具有较强经济实力的省份之一，发展信息产业应该具有较好的资金来源和基础，但目前由于受机制体制等多种因素制约，真正敢于冒风险花代价投入到信息产业的资金仍不是太多，对 IT 产业的投资不仅数量少而且不成熟。而在其他一些传统产业，仍存在着生产能力过剩、重复投入的问题。从对部分企业的调查情况看，目前企业信息化资金投入力度虽有所加大，但占总资产的比重仍然偏低，一些效益较好的大集团企业用于系统开发建设和 IT 产品采购的费用也尚显不足。

2. 电子信息产业聚集度低，大而不强

近年来，随着大量外资的涌入，江苏信息产业发展持续升温，新企业不断涌现，数量倍增。但从总体上看，产业集中度并不高，尤其是同类产业的上下游产品聚集度较低，因布点分散致获得信息灵敏度较差，彼此缺少技术创新的动力和竞争力，造成资源配置的浪费和损失。目前江苏省除苏南地区初步形成电子信息产业地区聚集带外，苏中、苏北地区信息产业

分布较为分散，如电子及通信设备制造业，江苏省 13 个市中 12 个市均有涉足，但尚缺少规模较大、实力雄厚的骨干企业。这几年，江苏电子及通信设备制造业呈高速增长之势，主要是在较低基数上的高增长，有相当部分仍是低水平的数量扩张，"大而不强"的特征比较明显，且核心技术的研发和新技术的升级仍滞后，特别是缺乏具有自主知识产权的产品、技术和服务。即使是苏南新建的电子信息产品企业，大部分也是来料加工和组装型的，真正拥有研发核心技术能力的为数不多。江苏移动通讯和计算机整机等代表电子先进技术方面的产品仍以简单加工、装配为主，关键技术和关键零部件仍主要依赖进口，缺少拥有核心技术和自主知识产权的规模企业，从而导致产品的国际市场竞争力较弱。

3. 传统产业的信息化改造较缓慢

加速信息化带动工业化，关键是带动传统制造产业的技术改造和升级。从江苏工业的现有产业结构看，传统产业仍占绝对高的比重，江苏省纺织、机械、化工、冶金等这些传统产业中的部分企业因历史悠久，加上内部体制转换不快、技术创新动力不足等因素，设备陈旧、工艺落后、能耗高、效率低等问题仍较为突出，其重要生产环节信息化和生产过程的数字信息化的推进仍然较为缓慢，尤其在采用计算机和智能仪表对生产过程各环节进行检测、监控，建立完整的生产控制自动化系统方面还有很长的路要走。面对"入世"后国际市场的激烈竞争，加快对传统产业进行信息技术改造，增强企业外部引进技术和内部开发力度，是摆在我们面前的一项十分紧迫的任务。

4. 信息技术人才短缺

信息化的过程是一个非常复杂庞大的社会工程，信息化带动工业化，不是购买大量计算机就可以实现的，它需要有较高水平的软件人员以及较多既懂专业又懂计算机的复合型人才参与并完成。从江苏的现状看，信息化在江苏发展最大的制约因素主要是缺乏足够数量和质量的懂计算机知识的工人和技术人员，特别是既懂业务流程又懂计算机的复合型的骨干人才比较缺乏，这在一定程度上制约了企业信息化建设的质量和速度。从软件人才看，能够编程独立完成某一模块的人员，往往不能同时胜任系统方面软件的分析工作，尤其缺乏对市场和技术具有前瞻性分析能力的软件人才。部分国有企业因用人机制不灵活，效益较低，一方面引进优秀信息技术人员比较困难，另一方面原有的信息化人才又流失严重，也制约了企业信息化水平的提高。

5. 与发达省市相比，江苏的信息产业发展水平尚有一定差距

在市场开放度和机制灵活运作方面有待改善和提高。广东以三资企业为引擎，加上高度灵活的市场机制，信息产业起步早、发展快。上海、北京则凭借国际化大都市优势，吸引了大批信息产业制造公司的代表机构和研发中心，并拥有大量高素质的国际化管理人才，为信息产业发展提供了广阔的增长空间。而江苏因在资金投入力度、人才引进、技术开发以及政府运作机制等方面缺乏推进信息化的快速有效举措，信息化建设在短期内较难有新的突破。

（二）发展对策

根据上述分析，结合江苏省未来电子行业发展的诸多因素，本章提出如下对策建议。

1. 要借助“长三角”的优势推动江苏电子行业的发展

“长三角”15 个城市，除上海和浙江的杭州、宁波、嘉兴、湖州、绍兴、舟山六城市之外，剩下的就是江苏的苏州、无锡和沿江六城市了。而江苏这八个城市的通信设备、计算机及其他电子设备制造业所提供的销售收入占了全省的99%以上。从地理上讲，这八个城市处于“长三角”极为有利的位置：它们东连上海，南接浙江，西接山东。而这一地理位置必然带来良好的集聚效应，因为从全国电子行业发展规模看，除广东居首位之外，江苏居第二位，上海和山东则分列第三、四位，行业发展水平本来就较高。随着新一轮全球信息产业和资本加速向长江三角洲地区转移，江苏电子行业进一步发展的外部条件日益趋好。

2. 加强苏南与苏中、苏北地区的合作与交流

从电子及通信设备制造业在全省的地区分布看，有96%的销售额集中在苏南五市，而苏中地区仅占了全省的3.05%，苏北地区只有全省的0.93%，地区间不平衡发展很严重。此外，三大区域的技术水平、人力资源、工业化进程、产业结构等因素相差也很大，苏南地区信息化设备制造业的一些产品已经具备较强的国际竞争力。而苏中和苏北主要从事技术含量低或来料加工和简单组装等活动。总体来看苏南信息产业正处于以加工为主、以外资企业为主、以一定技术含量的劳动密集型产品为主的发展阶段，而苏中、苏北信息产业正处在起步阶段。因此，要以苏南作为信息化设备制造业发展的龙头，通过地区合作带动苏中、苏北加快跟进。苏南地区要加快打造苏州到南京的IT产业带，尽快建成国际化的信息化设备制造业基地，以开发区为载体，围绕软件、芯片、计算机、通信、光电子五大产业领域强化整体优势。苏中地区要通过加强与苏南一体化步伐，尤其要通过联动建设基础设施，加快发展通讯设备、计算机及其他电子设备制造业，扩大沿江实力较强的开发区的权限，带动苏中形成各具特色的两岸园区产业群。对苏北地区要加大对发展电子信息产业的重点基础设施和优势企业的资金扶持，积极引导苏南的外资企业到苏北举办二级企业，尤其是污染少、见效快、附加值高的信息化设备制造业，加快苏南科技成果向苏北地区的转移，积极支持高等院校科研院所的科技成果到苏北落户，鼓励苏南企业通过参股、兼并、收购等多种形式搞活苏北企业，尽快增加新的电子信息产业亮点。

3. 推进苏州工业园区的建立

苏州虽然没有被列入沿江城市，但是电子及通信设备制造业的发展规模、技术水平、发展势头都是最好的。这里有一大批上规模、效益好的外资制造业企业，如苏州罗技电子有限公司、苏州飞利浦消费电子有限公司、苏州爱普生有限公司、苏州三星电子有限公司、三星电子（苏州）半导体有限公司、国巨电子（苏州）有限公司等。同时，苏州工业园区还聚

集了美国安德鲁、方正科技、中化国际等国内外知名企业设立的研发类项目近30家，其中包括由日本松下电器、美国艾默生电机、韩国三星半导体、德国英飞凌信息资讯等著名跨国公司注册的4家研发中心，初步形成了研发类项目的集聚发展之势，区域科技创新能力后劲十足。今后要继续大力引入外资，推进苏州工业园区的建立，促进生产与研发的进一步发展。以苏州带动全省电子行业的全面发展，以苏州为龙头带领全省各市充分利用“长三角”高新技术迅速发展的有利环境。

专题10-1　微软苏州——用科技拥抱人工智能新时代

2013年，微软苏州落户园区，作为微软全新的创新基地，其研发方向涵盖人工智能、机器学习、神经网络、自然语言处理、语音识别、图像识别、自然人机交互、云计算、大数据等十余个智慧科学领域，并深度参与微软人工智能、Office365、必应搜索引擎等核心产品的开发和运营。微软全球资深副总裁、微软（亚洲）互联网工程院院长王永东表示，“我们正处于智慧科技变革的节点，未来的科技经过质变与飞跃将更加智能。作为微软最新的创新研发中心，微软苏州将不断探索包含人工智能在内的前沿科学，将为苏州的研发基地持续投入资源、提供力所能及的一切支持，探索科技让整个人类社会更快发展，让人类拥有一个更美好的未来。”

4. 推进大企业集团战略，提高劳动生产率和资金使用效率

江苏电子行业平均每个企业实现的工业总产值只是上海的66%，广东的84%，作为行业老二，其生产规模也只是比全国的平均值高了3.5个百分点，而且占全省销售额34%的沿江六市，其生产规模只有全省平均值的70%，比全国平均值低了28个百分点。江苏电子行业尤其是沿江六市电子行业生产规模小、劳动生产率低，资金使用效率低已经成为制约经济效益提高的重要因素。南京和常州是两个重点城市，境内聚集了全省1/3的电子企业，小规模、重复生产现象非常普遍。因此，要积极创造条件，促进

企业联合、兼并和资产重组，培育一批核心竞争力强，市场份额大，能带动行业发展的大公司和企业集团，形成一批高附加值、高技术含量、市场前景广阔的优势产品。要大量引入外资，以外企带动行业经济效益的提高。要通过对企业竞争力的监控评测，按照“做精、做大、做强”的原则，筛选并培育一批具有较强国际竞争实力的大型企业集团。要通过上市融资和国际合作等措施，促进一大批电子企业技术水平和生产规模的提高，并通过建立现代企业制度，加快其发展步伐，使其步入良性发展的轨道。

5. 推进全省以信息化带动工业化的进程，拓展国内市场空间

由于竞争的加剧、新管理思想的出现和信息技术的提高，未来若干年内企业信息化和利用信息技术改造传统产业等多项工作将不断深入，企业在企业资源计划（ERP）、供应链管理（SCM）、客户关系管理（CRM）等方面的基础信息设施建设上加大投资。商务电子化一浪高过一浪，国家信息产业部前不久也在全国实施了网络营销推广计划。同时也要看到，当前电子商务的开展受到了诸多因素的制约。国际 IT 厂商提供的电子商务解决方案大都是一步到位的：通过互联网实现与供应商和客户的信息交流整合，并完成内部工作流程信息化改造。

五、本章小结

中国相对于一些电子行业强的国家，发展的步伐晚，在这方面缺少根基。中国要发展电子行业，就应该认真学习国外先进的技术，加强企业间的合作，而不是打价格战来争夺市场。同时要有创新精神，在电子行业方面进行认真研究，拥有自己强项和品牌。对此，国家应该出台相关的政策来大力支持电子行业的发展，投入资金开展项目的开发研究。

江苏省虽然是电子行业的大省、强省，但是在发展上依然存在很多问题。因此，要努力实施“网络营销推广计划”，推进电子商务的发展；要推进电子政务及各类上网工程，开展多形式、多层次的信息推广和应用工作，并在充分利用国家现有网络平台资源的基础上进一步搞好信息系统的

基础设施建设。而这些工程必然会带动电子行业的迅速发展，江苏电子行业的明天一定是灿烂的。

参考文献

[1] 张翔．我国电子行业上市公司投资价值研究［D］．上海交通大学，2010，01.

[2] 赵玉勇．电力电子应用行业投资价值分析［D］．上海交通大学，2011，12.

[3] 胡理增，于信阳．江苏电子行业发展现状及对策［J］．产业经济研究 2004（4）：52－63.

[4] 钟昌标．影响中国电子行业出口决定因素的经验分析［J］．经济研究，2007，09：62－70.

[5] 乐菲菲，李帮义．电子行业上市公司资本结构影响因素的实证分析［J］．工业经济研究，2010，08：155－158.

第十一章 纺织行业

一、纺织行业的概述

（一）纺织行业的概念

纺织业在我国是一个劳动密集程度高和对外依存度较大的产业。我国是世界上最大的纺织品服装生产和出口国，纺织品服装出口的持续稳定增长对保证我国外汇储备、国际收支平衡、人民币汇率稳定、解决社会就业及纺织业可持续发展至关重要。纺织品的原料主要有棉花、羊绒、羊毛、蚕茧丝、化学纤维、羽毛羽绒等。纺织业的下游产业主要有服装业、家用纺织品、产业用纺织品等。①

纺织业同时也是一个高污染行业。2007 年 5 月，国务院下发了《第一次全国污染源普查方案》，纺织业被列为重点污染行业。据国家环保总局统计，印染行业污水排放总量居全国制造业排放量的第 5 位。60% 的行业污水排放也来自印染行业，且污染重、处理难度高，废水的回用率低。化纤行业在生产过程中，有些产品大量使用酸和碱，最终产生硫磺、硫酸、硫酸盐等有害物质，对环境造成严重污染；有些则是所用溶剂、介质对环境污染较为严重。化纤生产污染环境的另一种表现是化纤产品本身的不可降解性，特别是合成纤维，其废弃物回收成本高，燃烧后污染空气；废弃后不易降解，造成土壤环境恶化。另外，毛麻丝行业的前处理过程也是行业污水排放的重点。在能源消耗方面，纺织机械、化纤机械电力消耗十分突出。化纤行业总耗能比国外先进水平高 10% ~30% 。

① 来自百度百科。

（二）纺织业的分类

纺织业细分下来包括棉纺织、化纤、麻纺织、毛纺织、丝绸、纺织品针织行业、印染业等。具体细分情况见表 11 -1。

表 11 -1　纺织业具体分类

细分名称	具体类别
棉、化纤纺织及印染精加工业	棉、化纤纺织加工；棉、化纤印染精加工
毛纺织和染整精加工	毛条加工；毛纺织；毛染整精加工
麻纺织	无
丝绢纺织及精加工	缫丝加工；绢纺和丝织加工；丝印染精加工
纺织制成品制造	棉及化纤制品制造；毛制品制造；麻制品制造；丝制品制造；绳、索、缆的制造；纺织带和帘子布制造；无纺布制造；其他纺织制成品制造
针织品、编织品及其制品的制造	棉、化纤针织品及编织品制造；毛针织品及编织品制造；丝针织品及编织品制造；其他针织品及编织品制造

资料来源：作者整理。

二、纺织行业的发展历程

（一）国外发展的基本情况

现在纺织行业的一个趋势就是国外的纺织产业和纺织技术都是由发达国家向发展中国家进行产业转移。像一些欧美的发达国家，它的生产制造这块基本都是转移到中国或者接着可能转移到东南亚、越南、印度、巴基斯坦这些国家。而且国内保存的基本都是高端的，以及设计、研发中心和营销中心，所以国外很多企业，像耐克这种工业主要是做品牌了，它本身企业在制造这一块规模不是很大了。所以说这方面和中国目前纺织业的情况还是有所不同的。从国外纺织企业来看它对信息化的要求和目前国内的情况有一些区别。但是从韩国和中国香港、台湾地区来说是有一些共性的。尤其像中国这么多型的联合企业确实不多。但是它的信息化水平是比较高的，它往往都采取的是管理、生产、制造和控制一体化的系统。大多数的生产数据和参数都是进行自动的检测、自动控制。整个企业管理业务都在计算机网络上运行。

（二）国内发展的基本情况

我国的纺织行业属于发展较早的行业，从最早的引进国外的技术到现在独立自主生产且具备一定的竞争优势，经过了几十年。纺织行业带来的上下游产业的发展也是有目共睹的。纺织行业对于就业的带动也是效果显著。

1. 行业发展背景

随着 2008 年世界经济危机的发生，我国的纺织行业及相关产业受到了一些不利的影响。加之国内积极的财政和宽松的信贷，导致了很多纺织行业企业没有认识到经济危机的巨大影响，反而积极贷款扩张产能，到 2014—2015 年，国际环境的变化导致不少企业的破产。因此，在社会上造成一定的影响，一方面是因为我国的纺织业、服装业以及化纤业等相关行业发展较早，技术已经较为成熟，基本上属于经济强有力支撑，突然出现行业不景气，社会大众一时难以接受；另一方面相当一部分的奢侈品牌和国际大品牌的服装等产品依然由国内代工，因此纺织行业的不景气只是局部现象，消费者对此有很大的疑问。总体上，我国的纺织行业发展从无到有，从落后到先进，从无法满足基本需求到出口全世界，行业是有实力，但随着全球经济的发展，纺织行业需要站在更高的视野去审视行业的转型。

2. 行业发展驱动力

随着全球经济的不景气，我国纺织行业的出口开始快速下降，行业的发展驱动力逐步由国际转向国内。经过 10 多年的经济高位增长，我国居民的可供支配的收入也是逐年增多，消费者的消费欲望增加，消费潜能还没有完全释放出来。国内的消费驱动将成为我国纺织相关行业的进一步发展引擎。这其中典型的代表是电子商务的崛起，以淘宝、天猫为代表的电商集团很大地带动了居民的消费，也使得消费扩展到三四线城市甚至农村。

3. 行业发展趋势

未来一段时期，纺织行业将会进入激烈竞争时期，甚至不乏行业兼并和破产现象。国际经济环境的疲软，使得我国纺织行业无法回到它的辉煌出口时期。未来将有越来越多的企业开始转型国内市场，同时也会有一部分企业考虑多元化发展。总体上，纺织行业面临着巨大的经济下行压力，但依然存在很多发展机会。

（三）江苏省发展的基本情况

江苏作为纺织服装大省，已连续 5 年保持了万亿产业规模，江苏纺织服装业经过稳中有进的产业转型升级，整体素质明显提高。

2014 年，江苏纺织行业经受住了经济复苏缓慢、棉花价格和原油价格波动等因素的考验，产业进入了发展新常态，产业结构从增量扩能为主转向调优调高，发展方式从规模速度型发展转向质量效率型发展，发展动力从要素驱动转向创新驱动；江苏纺织出口逐步回升，产业转型升级全面推进，整体素质明显提高，品牌优势地位进一步增强，总体情况分析如下。

1. 产业规模稳步增长

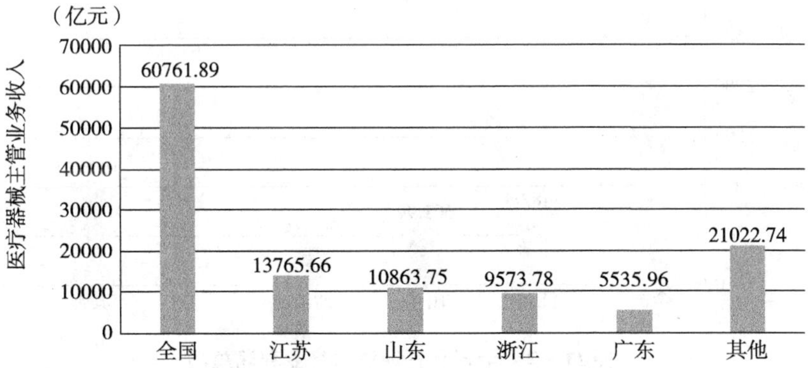

图 11－1　全国及各地纺织行业主营业务收入

数据来源：中华人民共和国统计局。

据统计局数据显示，2014 年，全国纺织行业主营业务收入 60761.89

亿元，同比增长 7.33%。其中：江苏省纺织规模以上企业实现主营业务收入 13765.66 亿元，居全国首位，占全国的 21.9%，同比增长 4.81%。山东省规模以上企业实现主营业务收入 10863.75 亿元，同比增长 10.73%；浙江省规模以上企业实现主营业务收入 9573.78 亿元，同比增长 2.88%；广东省规模以上企业实现主营业务收入 5535.96 亿元，同比增长 7.25%。具体内容见图 11－1。

2. 利润增幅高于全国

2014 年，全国纺织行业实现利润总额 3111.92 亿元，同比增长 8.98%。其中：江苏省纺织规模以上企业实现利润总额 748.08 亿元，同比增长 11.90%，江苏占全国的 20.3%，江苏利润总额增长高于全国利润增长 4 个百分点；山东省规模以上企业利润总额 601.99 亿元，同比增长 15.1%；浙江省规模以上企业实现利润总额 449.16 亿元，同比增长 10.81%；广东省规模以上企业实现利润总额 238.44 亿元，同比增长 17.48%，具体见图 11－2。

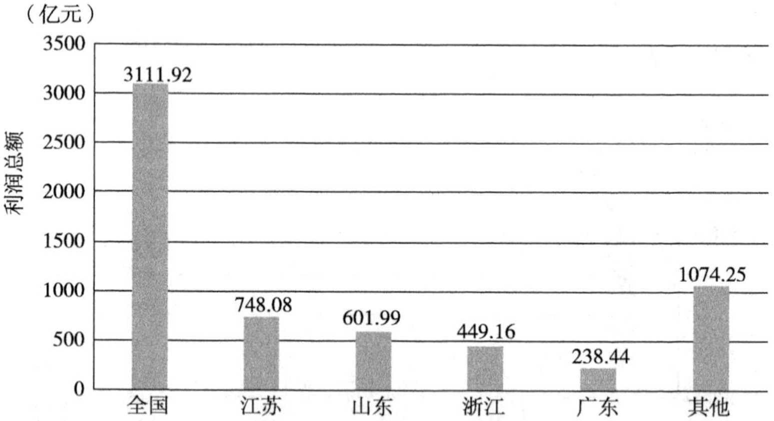

图 11－2　全国及各地纺织行业利润总额

资料来源：中华人民共和国统计局。

3. 投资增速稳定增长

2014 年，全国实际完成投资额 9440.03 亿元，实际完成比上年同比增长13.03%，江苏纺织业实际完成投资1615.09亿元，实际完成比上年同比增长12.04%。2015年上半年，据纺织行业运行数据统计显示，全国纺织服装业主营业务收入为32444.9亿元，江苏纺织服装业主营业务收入达6895.6亿元，同比增长5.16%，江苏占全国主营业务收入的21.25%，继续保持全国第一的领先地位；江苏纺织服装业实现利润总额349.93亿元，同比增长21.86%，而全国纺织服装业利润增长为9.22%，江苏纺织服装行业优势显著。

4. 出口总体增长

2014年，据海关统计，全国纺织行业实现出口2970.3亿美元，同比增长5%。其中：江苏省纺织规模以上企业实现出口交货值480.16亿元，同比增长4.98%，占全国14.8%，居全国第二位。居首位的是浙江省，实现出口669.83亿元，同比增长1.43%；广东省规模以上企业实现出口交货值441.03亿元，同比增长6.66%，位居第三位。其中服装出口236.28亿美元，同比增长4.19%，具体见图11－3。

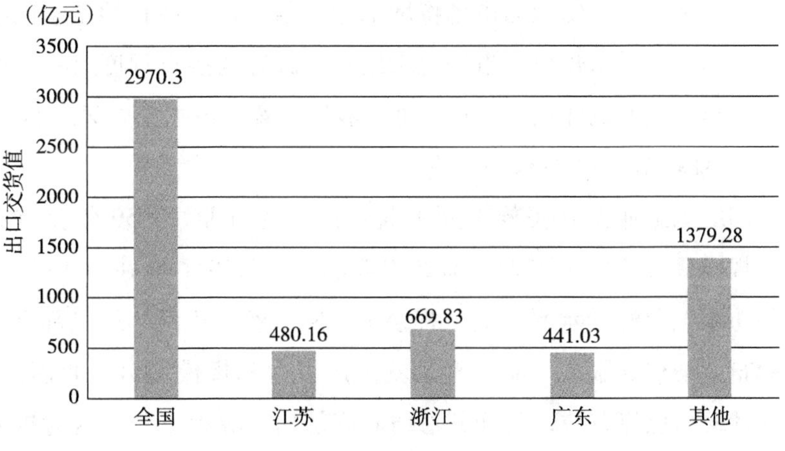

图11－3　全国及各地纺织行业出口交货值

资料来源：中华人民共和国统计局。

三、纺织行业的发展前景

（一）发展优势

1. 劳动力成本低

我国纺织服装业的国力竞争优势很大程度上来自于国内较低的劳动成本。目前，由于发达国家和地区服装加工自动化问题未得到根本解决，纺织服装业仍属于劳动密集型产业。因此，劳动力的成本对产品的总成本影响较大。据德国提供的 1998 年 58 个国家纺织业的劳动力成本资料显示，我国的劳动力成本位居第 52 位。这使得我国的纺织品及服装的总成本较低，从而在价格上占据优势。

2. 国内市场巨大

中国众多的人口为民族纺织业的发展提供了巨大的市场。随着人民生活水平的提高，对纺织品的需求将大幅度增长。目前，我国的人均纤维消费量是每年 4 公斤，而国外是 7 公斤。如果我国居民对纺织品的需求达到世界平均水平，国内纺织品市场将增加近 1 倍。根据波特的竞争四要素理论，国内的市场需求规模、市场需求结构、顾客的挑剔程度对一个产业的发展起到至关重要的作用。在这方面，我国无疑又占据了先天之利。

3. 基础较好，配套水平较高

中国纺织工业是在民族工业中起步最早的行业，1950 年就有 500 万锭，是规模最大的加工工业，为纺织业的发展打下了良好的基础。同时，我国的纺织工业配套水平较高，棉、毛、麻、丝、化纤、纺机都有，从纺纱、织布、染整到服装一应俱全。就生产能力和规模而言，我国的棉纺、印染和针织居世界首位，化纤、毛纺和麻纺居世界第二位。这对进入国际市场竞争十分有利。

4. 原料资源丰富

我国不但发展纺织业的原料品种齐全，而且数量充足；不仅拥有天然纤维，而且化学纤维发展迅速，同时原料质量不断提高。棉花、蚕丝产量居世界第一，尤其是丝类出口量占世界出口量80%，绸缎占40%，完全可以垄断世界丝绸市场。与此同时，我国纺织原料的质量也有了明显的提高。在棉花种植中，我国自己培育出的转基因抗虫棉，有利于降低防治虫害成本，减少污染，保护生态环境，适应世界环保要求，迎合绿色消费浪潮；同时，还能提高棉花产量，在近期内就能和美国的保铃棉相抗衡。在化纤原料方面，我国现在不仅能生产细度为0.5旦的纤维，而且还是世界上唯一能生产比0.5旦更细的超细旦纤维的国家。这一切为我国发展服装工业提供了可靠的物质保障。

（二）江苏省纺织产业发展趋势

在国家实施“中国制造2025”战略和“互联网+”行动计划的背景下，江苏纺织产业未来发展具有以下趋势。

1. 继续推进产业转型升级

江苏纺织产业的转型升级，要走研发、设计为主导创新之路，不断提高市场竞争力，进一步做好节能减排、减少污染物排放、循环利用工作，发展绿色制造技术，开发绿色纺织产品；加强资源循环利用，推行绿色消费模式，努力强化协同产业链上下游资源的应用创新，不断提升产业综合竞争实力。

2. 加快智能制造进程

“机器换人”是纺织服装行业发展趋势，江苏纺织要抓住数字化时代转型升级的机遇，以智能制造为重要切入点，促进装备、运营和产品的智能化，使纺织产业从劳动密集型向技术密集型转变；通过开发智能纤维、智能面料和智能服装，逐步向产品智能化制造迈进；通过信息化技术应用，加强产业链各环节联动，促进消费互联网向工业互联网转变。

3. 促进品牌建设工作

江苏纺织未来要进一步强化自主品牌培育，突出时尚创意设计，在总结推广知名企业品牌建设的经验基础上，帮助企业实施品牌战略，由贴牌加工向自主品牌创建转变，不断提升企业品牌价值，同时营造良性品牌生态，强化企业的社会责任，促进企业知名品牌成长。

4. 优化纺织人才培养体系

江苏纺织要加快高技能人才的培养步伐，江苏纺织产业的发展需要地方高职教育为之提供强有力的智力支撑和高技能的人才的保证，行业迫切需要大量从产品设计到产品制作加工的各环节、各层次的实用型、技能型人才，也迫切需要更多全方位发展的生产管理、设计管理、产业链管理、买手等方面跨界型人才，江苏纺织需要加速培养大批符合产业需求的纺织服装高技能人才。

专题 11－1　江苏纺织服装产教联盟在常州纺院成立

2017 年 1 月 17 日，江苏纺织服装产教联盟在常州纺织服装职业技术学院宣告成立。来自江苏、浙江、上海、广东、福建、河北、新疆、宁夏、云南等省市自治区的政府部门、企业集团、行业协会、本专科院校等近 50 家单位共同参与了联盟创建。

联盟将营造“政、行、企、校”良性互动、优势互补、责任共担、成果共享、合作共赢的可持续发展生态环境，在产教融合、科学研究、技术服务、对外交流、人才联合培养、教育教学与培训、实训基地建设与就业等方面开展深度合作，共同打造深度产教融合职业教育品牌，实现联盟成员的优势互补、互惠互利与共同发展。

四、江苏省纺织行业发展存在的问题及对策

（一）存在问题

1. 技术装备落后

纺织行业经过几十年改革开放的发展，虽然取得一部分进步，也形成了一定的优势，但依然存在部分问题。比较明显的是技术装备和生产工艺上落后发达国家，我国是纺织和服装的代工大国，但并不是纺织强国。当然也存在部分技术的领先或者达到国际一流水平，例如化学纤维以及缝纫

技术等。但在纺织的高端面料上，依然是欧美技术占据主流并垄断一部分材料的工艺及生产。

2. 处于产业链低端

不仅纺织行业存在一定的技术落后，而且整体上并没有占据产业的最有价值的部分，从面料的研发、特殊材料的加工到新型印染技术等，都存在较多的短板。与此类似的还有电子产品代工，苹果手机占据行业较多的利润，富士康仅仅是加工，并不能从整个成熟的产品生产环节攫取较多的利润。纺织行业以服装为代表，出口到世界各地，但是高端的服装行业代工居多，中低端的数量占据全球大部分份额，但从此获取的收益与份额不具备可比性。

3. 企业管理信息化程度不高

纺织行业属于起步较早的行业，较多的企业自我认同为传统的制造业，在国际的信息化潮流中无法占据优势。随着计算机技术和互联网技术的不断发展，企业的生产也逐步走向定制化，订单已经从原始的纸质订单，到短期的快速订单发展，很多企业跟不上变化的市场，很容易出现不敢接单，或者接单后不能准时交货。全球经济状况瞬息万变，提前一年下订单的情况将会越来越少，“短频快”将是信息化时代的贸易趋势。在这些方面，大部分纺织行业企业依然没有跟上技术变革的脚步。

4. 缺乏品牌经营理念

纺织行业主要以加工为主，真正的实力品牌并不多。无论是原材料加工还是成品高端品牌都较少，这从侧面反映了相关的企业缺乏品牌的经营理念。因此面临产业链的顶端企业时，话语权缺失也是肯定的。典型的例子是，国际行情一旦不好就会导致很多纺织、服装行业企业破产或跑路，这也说明了较多的企业存在着对外订单的依赖，满足于蝇头小利，没有品牌服务意识。

（二）发展对策

现代纺织技术向设备高速化、自动化、工序连续化方向发展，传统技术与新技术之间的差距越来越大。江苏省的纺织行业要想缩小与先进企业的差距或者继续引领行业的未来只有严格正视自己的弱势或者缺陷，弥补自身短板。主要的努力方向有以下几点。

1. 引进先进技术加强研发

纺织领域需要引进新的设备或者生产线，以满足新的纺织材料的研发、生产，与此同时应考虑提升各项纺织工艺，提升生产和实践技术水平。例如提升相关纤维检测技术，引进红外线检测、数字图像处理、扫描电子显微镜等新技术、新设备，通过技术手段去创新化学纤维的研究以及生产，以至于建立自己的行业标准，占据技术优势，不失为一个好的方向。纺织行业的技术提升能直接转化为冲锋衣这种面料产品的创新，迅速转化为经济价值，这样的企业肯定能占据产业链的顶端，以最优质的资产和最小的包袱，脱离加工这一层面进入设计和研发层面，同时取得的效益却是指数般增长。

2. 打造品牌

当前纺织行业应该抓住电子商务的大潮，加强信息化管理，打造自身的优质品牌，从加工企业进行转型。例如天猫、淘宝的大型 B 站商城，这些新的销售渠道和传统的渠道有着非常大的差别，既给消费者带来了便利也给企业带来压力，但也能使得企业走出新的一步。大量的天猫卖家的成功使得一批批的小企业顺利转型为知名品牌厂家，在消费者心中有一定的知名度，摆脱了过去依赖外贸订单的被动生产局面，企业得到了新生。也有很多主打新设计、新国货旗号的纺织企业，都得到了进一步的转型发展。品牌成为未来纺织企业一个重要的发展趋势。

3. 经营渠道多样化

由上面可看出，电子商务渠道正在成为一些企业的试水渠道，也成为一些中小纺织企业的重要发展方向。纺织行业的企业发展未来一定会成为多样化的发展趋势。借着互联网变革之风，企业的选择也逐渐增多。既可以选择常驻天猫、京东、亚马逊等，开设品牌旗舰店，也可以考虑自己单独开设线上品牌商城，同时全国的零售渠道也依然畅通，甚至并不耽误企业去接外贸订单，这一切在现代化的管理信息系统中都是可以实现的。企业选择上线大型的管理新系统，即可满足线上线下的货品错位、订单生产和消费需求不冲突等。多样化的经营渠道是未来纺织行业企业的又一重要发展方向。

五、本章小结

现代纺织技术向设备高速化、自动化、工序连续化方向发展，传统技术与新技术之间的差距越来越大。我国的纺织行业要想缩小与先进企业的差距或者继续引领行业的未来只有严格正视自己的弱势或者缺陷，弥补自身短板。我国的纺织品和服装价格都比较低，这导致我国虽然是纺织品出口大国，却非纺织品出口强国。同时，我们在低档产品市场上又受到其他发展中国家的挑战，我们的劳动力成本优势逐渐弱化。这些都要求我国的纺织品和服装必须增加附加值。为此，我国纺织业要加快技术改造步伐，推动技术进步，提高设计水平；要把压缩淘汰陈旧落后设备、优化产业结构、企业结构、产品结构有机地结合起来；要加大力度引进先进技术，并加以消化吸收，在此基础上提高创新能力，为扩大我国纺织品的出口奠定良好的技术基础。为提高服装设计水平，我们要向法国、意大利等服装强国学习，在能力上不具备的时候，可以采取聘用国际服装设计大师的方法，在此基础上搞出自己的特色。

参考文献

[1] 倪玉婷.2015 年纺织行业十大热点资讯 [J]. 中国纤检，2016，01：116－119.

[2] 杨纪朝．纺织行业现状与发展分析 [J]. 棉纺织技术，2011（1）：2－5.

[3] 张洁．江苏省纺织行业共性技术发展对策 [J]. 管理纵横，2011

(19)：4 - 5.

［4］陈玲．浅议我国纺织行业现状及其发展趋势［J］．中国纤检，2016，6：126 - 127.

［5］陶丽珍，卞克玉．新常态下江苏纺织服装行业调研及人才需求分析［J］．丝绸科技，2016（1）：33 - 38.

第十二章 轻工行业

一、轻工行业的概述

（一）定义及分类

轻工业主要是指生产生活消费品和制作手工工具的工业部门[①]。按使用原料不同可分为“以农产品为原料的轻工业”和“以非农产品（工业品）为原料的轻工业”。轻工业发展一共经历了三个发展阶段，即工业社会前期以农牧业产品为原材料的轻工业、工业社会以重工业产品为原材料的轻工业、知识社会以高技术支撑的轻工业。

轻工业是我国的传统优势产业，是国民经济的重要组成部分，是重要的民生产业，且最具市场化特征，包括食品、造纸、家电等20大类的44个行业，是涵盖衣、食、住、行、用、娱乐等消费领域的产业组合群，是满足人民物质文化生活水平日益提高的民生产业，是承启一、三产业的重要消费品工业，具有“满足内需型、出口外销型、就业支柱型、服务三农型”的显著特征。

轻工业按其所使用的原料不同，可分为以下两大类：

（1）以农产品为原料的轻工业，是指直接或间接以农产品为基本原料的轻工业。主要包括食品制造、饮料制造、烟草加工、纺织、缝纫、皮革和毛皮制作、造纸以及印刷等工业。

（2）以非农产品为原料的轻工业，是指以工业品为原料的轻工业。主要包括家电制造、文教体育用品、化学药品制造、合成纤维制造、日用化

① 引自《中国统计年鉴》。

学制品、日用玻璃制品、日用金属制品、手工工具制造、医疗器械制造、文化和办公用机械制造等工业。

《中国统计年鉴》没有对轻工业进行分类统计，轻工部门对轻工业的分类如表 12－1 所示。

表 12－1　轻工行业分类目录

序号	行业	序号	行业
1	采盐	11	塑料制品业
2	农副食品加工	12	玻璃、陶瓷制品制造
3	食品制造业	13	金属制轻工业产品制造
4	饮料制造业	14	缝纫机械、衡器及轻工专用设备制造业
5	皮革、羊毛、羽毛（绒）及其制品业	15	自行车制造
6	木、竹、藤、棕、草制品业	16	电池、家用电力器具及照明器具制造业
7	家具制造业	17	钟表、眼镜及其他文化办公用机械制造
8	造纸及制品业	18	工艺美术品、日用杂品制造业及制帽
9	文教体育用品制造业及本册印制	19	建筑装饰业
10	日用化学产品制造及油墨、动物胶制造	20	印刷业

资料来源：中国轻工网。

（二）基本特征

轻工业根据其技术构成、组织结构和在国民经济活动中的地位，具有以下 3 个主要特点。

1. 多学科的应用工业

轻工业的技术基础是化工技术、机械加工技术、电子技术和生物工程等。各个学科的进步给轻工业的发展开辟了新的道路。如电子表是随着微电子学的不断发展而升级换代的，它的出现不仅动摇了有二百多年历史的机械手表的统治地位，而且使手表的面貌完全改观；化工不断地给轻工业提供新的原材料，合成纤维的出现极大地丰富了人们的衣着，打破了过去天然纤维一统天下的局面，随着合成化学和高分子化学的发展，产生了塑料制品、合成洗涤剂、合成革等许多新的消费品行业；微生物学的发展给食品发酵工业开辟了更广阔的活动领域，生产出如酶制剂、高果糖浆、单细胞蛋白等很有发展前途的产品。

许多轻工产品是技术与艺术的结晶。产品设计是随着文化艺术、美学的发展而变迁的。如服装不仅与人们的生活有密切关系，而且是一个国家一个民族文化物质文明的活动橱窗。陶瓷不仅是人们生活中不可缺少的日用品，而且艺术陶瓷陈设品融技艺于一体，艺术搪瓷中的中国景泰蓝享誉国内外。工艺美术品的艺术特征更为明显，它像大百花园中瑰丽多姿的鲜花盛开在世界的东方。当代消费品的质量指标，不仅是功能和物化性能，还有美学的价值。产品的美学价值在现代生活中愈来愈重要。

2. 以中小企业为主体

不仅中国轻工业组织形态是如此，各国也大都如此，只是在大中小企业数量和产值上所占比例有所差异。中国中小企业占轻工企业总数高达99%，就业人数也占99%，总产值占84%。

大中小企业的形成是根据原料和市场的集中和分散，技术的简易、复杂程度，资金的多少，交通运输条件的好坏等多种因素决定的。

大型企业多集中于原材料工业，如糖、盐、纸等行业以及必须具有规模经济生产的机电产品工业，如自行车、缝纫机、钟表、电冰箱、洗衣机等行业。中小企业多集中于日用小百货、日用五金制品、食品、工艺美术品、日用化学品等行业，它们在国民经济保障供给方面发挥了重要的作用。

3. 国民经济中重要环节

轻工业是农业、重化工业的连锁工业，是国民经济大循环中的一个重要环节。轻工业是加工工业，原材料生产是它的“第一车间”，中国轻工业原料有 50% ~60% 来自农业，40% ~50% 来自工矿业。食品、纺织、造纸、制糖、烟草、制革等行业的生产发展，在很大程度上取决于农业的发展，现阶段中国轻工业的农业原料基本处于农业自然经济供应状态，即供给什么就加工什么，而发达国家则按工业要求制订农业原料技术标准，按贸、工、农的次序，逐步形成从优良品种的选育、培植、推广到生产、供应的一整套商品生产体系。

轻工业技术装备的供应和发展，除了自身的生产和技术改造外，在新工艺、新设备、新技术，特别是电子、生物、节能及原材料综合利用等技术的应用方面以及大型、高级、精密的技术装备、零部件和元器件的供应方面，都需要机械、电子、化工以及军工部门的大力协作，所以说，轻工业的发展，离不开国民经济一体化的原则。

二、中国轻工行业发展的基本情况

（一）运行状况

我国已经形成了较完善的轻工生产体系，具有较强的自主创新能力，是参与国际竞争与合作的重要力量。我国轻工业发展承担着繁荣市场、增加出口、扩大就业、服务“三农”的重要任务，对第三产业的发展有着重要引领作用。在“十二五”时期我国轻工业加大了结构调整和转型升级力度，目前已经具有一定的出口比较优势和国际竞争力，在经济和社会发展中起着举足轻重的作用。

在规模总量上，“十二五”期间实现主营业务收入年均增长 11.84%。2015 年轻工企业主营业务收入 28.2 万亿元，实现利润 2 万亿元，其中规模以上企业实现主营业务收入 23.14 万亿元，利润总额 1.49 万亿元，出口 5982.39 亿美元。由此可见，我国已经成为世界轻工产品生产大国、出口大国和消费大国。

在利税率总额上，“十二五”期间前四年轻工业规模以上企业实现利润总额年均增长12%左右。其中，2014年轻工业规模以上企业实现利润总额1.4万亿元，而2015年更是实现了飞速增长，一跃达到了2万亿元。

在出口方面，“十二五”期间前四年轻工业保持年均7.5%的稳定增长。其中，2014年轻工出口6154亿美元，同比增长10.27%，高于全国4个百分点，占全国出口总量的26.3%，实现贸易顺差4626亿美元，是全国贸易顺差的1.21倍，轻工行业在稳定外需上依然举足轻重。我国轻工出口区域更加合理，美欧日占比下降（仅占44%的份额），对东盟十国、“金砖国家”、自由贸易区的贸易额保持快速增长。

表12-2　轻工业“十二五”时期总产值、利润总额及出口额

年份	2011	2012	2013	2014	2015
主营业务收入（万亿元）	16.46	22	20.3	22.1	28.2
同比增长（%）	—	18.2	-1.77	8.72	27.6
实现利润总额（万亿元）	0.92	1.1	1.33	1.4	2
同比增长（%）	—	19.6	18.2	5.2	28.6
出口额（亿美元）	4431.14	5039.09	5583.38	6154.3	5982.39
同比增长（%）	22.95	13.72	9.99	10.27	—

资料来源：国家统计局快报数据。

（二）存在问题

我国轻工业目前正在从高速增长转变为中高速增长，由中低端产业向中高端产业方向过渡，经济结构正在由目前的增量扩能逐渐向调整存量和做优增量并举方向发展，发展方式正在由规模速度型向质量效益型转变，发展动力从主要依靠引进技术和劳动力成本优势向创新驱动方向发展。已有越来越多的制造企业不再只是注重产品的生产制造，而是更加注重产品的研发、提升、销售、售后服务和回收利用等领域。但是，我国在由“轻工大国”向“轻工强国”转变的道路上任重而道远，依然存在许多问题需

要解决。

1. 企业规模小，产品同质化严重

轻工业涉及了我国国民经济行业中 20 多个大类、70 多个中类、190 多个小类，其中大部分都是劳动较为密集、竞争较为激烈的一般加工业。就我国目前情况而言，从事轻工业的企业大多都是中小企业，只有几家国内知名企业，而国际知名企业更是少之又少。通常情况是有多家规模不大的企业生产十分相似的产品，产品缺少特点，产品之间相互竞争非常激烈。因此，企业很难达到规模经济，产品生产成本较高，在面对来自国外厂商的竞争时缺乏竞争力。

2. 生产技术落后，管理能力欠缺

我国轻工业长期依靠廉价劳动力进行生产活动，在过去，中国劳动力相对外国便宜许多，因此有许多企业凭这一点进行加工制造，中国由此得到了“世界工厂”的称呼。但随着经济的发展，我国劳动力价格的优势正在被慢慢削弱，没有先进的生产技术，仅仅依靠廉价劳动力已经很难让轻工业企业继续生存下去。再加上我国轻工业企业中有很大部分都是中小规模的民营企业，在生产经营和企业管理上缺乏先进科学的管理方法，这对于我国轻工业发展也非常不利。

3. 创新能力薄弱，产品缺乏竞争力

近年来，我国一直在推动改“中国制造”为“中国创造”，这一点对于轻工业来说尤为重要。我国轻工业创新能力薄弱，所生产的产品无论在质量还是在创新性上与国外的同类产品相比差距都很大，很难与国外产品竞争。2015 年春节期间，中国游客在日本大量购买马桶盖在国内成为一则热门新闻。中国游客购买的马桶盖有部分产地就在中国，为什么游客们不远万里要到日本购买？这其中就显示出了国内轻工业产品缺乏核心技术，以及国人对国内产品的不信任。

4. 发展模式粗放，环境问题严重

环保问题已经日益成为国家发展过程中的一个重要问题，我国过去轻工业的发展模式一直较为粗放，不注重环境的保护，导致目前我国出现了一系列的环境问题。由于企业自身对于利益的追求以及政府监管不到位，企业资源浪费、污水随意排放等问题屡禁不止。尤其是一些造纸企业，由于其生产规模小、生产成本高，企业的经营者完全不考虑污水处理的问题，将生产废料随意处置，污染了大量水源和土地。

5. 企业规模小，融资成本高

我国轻工产业98%以上是中小民营企业，对这些企业来说，融资难、融资成本高一直是他们面临的严峻问题。中小企业要扩大生产规模必须要获得资金的支持，但是银行对于贷款客户的选择往往偏向于大型企业。中小企业因此很难从银行方面获得资金，纷纷转向其他融资成本更高的方向获得资金，甚至发展出民间借贷，这不仅提高了他们的融资成本，还增加了融资风险。

6. 生产装备智能化低，电子商务发展不规范

我国轻工生产装备在可靠性、稳定性以及数字化、智能化、集成化方面与国外先进产品差距明显。轻工装备自动化系统的自主创新能力低下，自主知识产权的匮乏，阻碍了制造与服务更深层次的融合。

电子商务正在改变企业传统的采购和销售模式，网络采购、在线营销逐渐发展成为企业销售的重要方式。只有通过汇总整合上下游相关企业的资源，加强企业间的业务配合，才能建立生产企业与供应商之间的协同制造体系，强化产、供、销协同运行能力。目前存在的问题主要集中在网络诚信、支付安全、物流运输、金融服务质量、专业人才缺乏、网上交易税收等方面。

专题12－1 我国终于造出圆珠笔头 有望完全替代进口

我国拥有3000多家制笔企业、20余万从业人口、年产圆珠笔400多亿支，我国已经成为当之无愧的制笔大国，但一连串值得骄傲的数字背后，却是核心技术和材料高度依赖进口、劣质假冒产品泛滥的尴尬局面，

如果不是李克强总理说出来，估计好多人都不知道，大量的圆珠笔笔头的“球珠”还需要进口。中国作为世界制造业大国，为何我们却无法实现一个小小零件的完全自主研发和生产？“圆珠笔之问”更是“中国制造业之问”。

为了给数百亿支圆珠笔安上“中国笔头”，国家早在2011年就开启了这一重点项目的攻关。太钢集团技术中心高级工程师王辉绵认为，钢材要制造笔头，必须用很多特殊的微量元素，把钢材调整到最佳性能，微量元素配比的细微变化都会影响着钢材质量，这个配比找不到，中国的制笔行业永远都需要进口笔尖钢。为了提炼材料，王辉绵说，因为开发这个产品没有可借鉴的资料，都是从一个成分的配比从几十公斤的开始炼，各种成分加入多少这个次数没法统计了。笔头产品的生产工艺是国外企业的核心机密，王辉绵他们必须自主开发一套前所未有的炼钢工艺。没有任何参考，只能不断地积累数据、调整参数、设计工艺方法。突破的灵感来自家常的“和面”，面要想活得软硬适中，就要加入新“料”，相对应的钢水里就要加入工业“添加剂”。普通的添加剂都是块状，如果能把块状儿变细变薄，钢水和添加剂就会融合得更加均匀，这样就可以增强切削性。经过五年数不清的失败，在电子显微镜下，太钢集团终于看到了“添加剂”分布均匀的笔尖钢，试验在2016年9月取得成功。大规模炼钢十多次后，第一批切削性好的钢材终于出炉了。这批直径2.3毫米的不锈钢钢丝，可以骄傲地写上了“中国制造”的标志。

在贝发笔业的测试实验室，用太钢原料生产出来的笔芯正在进行极限测试，在同一个角度下，每支笔芯都要连续不断地书写800米不出现断线情况，这已经是对这一产品的第六轮测试。现在，一些笔头企业已经开始使用，在未来两年有望完全替代进口。

（三）发展建议与展望

1. 加大企业规模，形成规模效应

推动我国轻工业振兴最重要的一点就是要形成大规模企业，使企业有

实力与国外企业竞争。无论是通过扶持中小企业成长，还是推动企业合并形成大企业，最终目的都是要让企业形成规模效应，降低生产成本。另外，形成大企业后有助于获得资金的支持，企业更有能力改进技术、改善经营、提升产品质量，进而提升经济效益。

2. 加强创新，保证产品质量

产品创新是企业长期生存发展的必要条件，我国轻工业的发展必须要摆脱对国外技术的依赖，要从简单的加工型生产转向创造型生产，这样才能吸引国内消费者甚至让产品实现“走出去”的目标。另一方面，我国轻工业产品的质量问题，尤其是食品安全问题十分值得关注。轻工业产品是大众接触最多的产品，其质量的好坏会对需求的高低产生很大的影响，因此为实现产业振兴，必须严格保证产品质量。

3. 重视产业转型，严格执法

为实现节能减排和经济社会的可持续发展，淘汰落后产能、注重环境保护是未来轻工业发展的必要内容。对于一些污染严重、制造效率低的小企业要尤其注意管理，必要的可以要求关停。政府部门要制定一些市场准入的标准，严格按照有关条例执法，将不规范的企业排除在市场之外。

4. 提供政策倾斜，扶持中小企业发展

轻工业中的众多中小企业需要政策上的优惠政策，如减免税收、加大财税扶持力度、提供信贷支持等。中小民营企业只有有了充足的资金才能更好地发展企业规模，因此需要政府进一步营造公开、公平、公正的市场环境，各种金融机构提供资金支持，从根本上解决中小企业融资难的问题。

三、江苏省轻工行业发展的基本状况

（一）运行状况

轻工业是江苏重要的支柱产业和传统优势产业，承担着满足消费、稳定出口、扩大就业、服务“三农”的重要任务。“十二五”以来，面对国内经济步入发展新常态以及进入增长速度换档期、转型升级攻坚期带来的挑战，全省轻工业积极培育消费热点，扩大有效投入，大力拓展市场，行业发展保持良好态势，全面完成“十二五”规划各项目标任务。

从规模上看，2015 年，全省轻工业拥有规模以上企业 11041 家，占全省规模以上工业比重 23%；完成工业总产值 24113.4 亿元，占全省工业比重 15.8%，是“十一五”末的 2.1 倍，“十二五”期间年均增长 15.3%；完成出口交货值 2861.1 亿元，占全省工业比重 12.6%，是“十一五”末的 1.3 倍，“十二五”期间年均增长 5.3%；实现利润总额 1716.7 亿元，占全省工业比重 17.8%，是“十一五”末的 2.2 倍，“十二五”期间年均增长 16.8%。①

从门类看，江苏省轻工业体系较为完整，重点行业涵盖食品、造纸、皮革、木业、日化、烟草、塑料制品、家用电器、五金制品、文体用品、工艺美术等行业。食品行业占全行业经济总量的 31%，家电、造纸占比也较高，产量占全国均在 10% 以上，支撑地位明显。

从区域看，产业集聚步伐加快，形成了宜兴陶瓷、东海水晶、锡山电动自行车、吴江缝纫机、常州横林地板、丹阳眼镜（皮革）、江都皮鞋、启东电动工具、铜山食品制造、兴化不锈钢制品等一批在全国具有较强影响力的产业集群和特色产业基地，规模效应不断增强。从企业竞争力看，在食品、造纸、五金、电池等行业涌现出一批竞争力较强的大企业大集团，雨润、维维、洋河、大亚、申达、隆力奇、双登、宏宝、金东纸业、天能电池、美丽华等企业成为国内行业发展排头兵，全省轻工行业百亿级企业（集团）超过 10 家。全省轻工行业以提升产品质量、加快品牌建设为抓手，积极推进产业结构优化升级，有“中国名牌”61 个、“中国驰名商标”52 个，分别占全省工业中获得“中国名牌”和“中国驰名商标”称号的 25.6% 和 25.8%，位居各工业行业之首。

① 数据来源于江苏省统计局。

（二）发展前景

“十三五”时期，是江苏省轻工业积极完成制造强省建设，推动企业制造装备升级和互联网化提升，开展增品种提品质创品牌的“三品”专项行动，推进供给侧结构性改革，实现江苏轻工业“十三五”时期迈向产业中高端水平的关键时期。新常态下产业发展环境和形势正在发生深刻变化，消费升级需求为产业发展提供广阔空间，制造强省建设为转型升级明确发展方向，产业变革调整为传统产业增强改造动力。面对结构性矛盾不断凸显、环境资源约束加剧、国际环境日趋复杂等压力，全省轻工业加快科技创新、品牌建设、绿色发展和结构调整等方面的转型升级任务十分紧迫。

在未来的发展中全省要树立正确的指导思想，全面贯彻党的十八大和十八届三中、四中、五中全会精神，深入落实习近平总书记系列重要讲话特别是视察江苏重要讲话精神，牢固树立并自觉践行创新、协调、绿色、开放、共享的发展理念，围绕建设具有国际竞争力的先进制造业基地的目标，以推进供给侧结构性改革为主线，以深入实施增品种、提品质、创品牌的“三品”专项行动和企业制造装备升级、互联网化提升计划为主攻方向和长期措施，注重从供给和需求两端发力，加强协同创新，突出先进制造，做优增量、调整存量，提供有效供给，提升产品品质，创建优秀品牌，满足多样需求，推动江苏轻工业智能化、绿色化、可持续发展，保持产业中高端增长，加快产业向中高端迈进。

（三）“十三五”时期全省发展新任务

“十三五”时期全省轻工业发展主要有以下六大任务：

一是加强技术创新能力建设。构建以企业为主体、以协同创新平台为支撑、以万众创新为基础的江苏轻工业技术创新体系，瞄准制约行业发展的基础共性和核心关键技术，加强协同创新，形成创新成果，加快转化应用。实施江苏轻工业关键技术攻关工程。

二是加快企业智能改造升级。落实智能制造工程，加大技术改造，全面提升企业制造装备整体水平，加快江苏轻工业数字化、网络化、智能化转型升级，培育智能制造示范，发展智能产品和装备，构建支撑服务体系。实施江苏轻工业制造装备升级工程。

三是促进行业两化深度融合。大力推动江苏轻工业两化深度融合，加快新一代信息技术与先进制造技术集成应用、融合创新，引导江苏轻工业加快实现生产全流程的互联网化转型，推进企业研发设计互联网化，推进营销平台电商化，扩大应用领域。实施江苏轻工业互联网化提升工程。

四是开展“三品”专项行动。落实改善消费品供给专项行动，增加一批行业产品品种、提升一批行业产品品质、打造一批行业产品品牌，形成江苏轻工产品品牌价值和整体形象，努力丰富产品品种，推动产品质量提升，推动实施对标发展，做优做响历史经典产业，保障食品质量安全。实施江苏轻工业质量品牌建设工程。

五是积极推动产业结构优化。持续淘汰落后产能，引导退出低效产能，扩大有效投入，发展先进制造业，加快传统优势产业改造提升，推动产业合作取得新成效。鼓励企业兼并重组，积极推进产业转移，推进制造业服务化转型。

六是深入推进行业绿色制造。贯彻落实绿色制造工程，更大力度推进行业绿色清洁生产，推动行业建立绿色循环低碳产业发展体系，推动重点企业节能低碳行动，推进资源高效利用，加大绿色化改造力度，推广绿色制造技术。①

四、本章小结

轻工业是我国消费品工业的主体、国民经济的重要产业，承担着提高人民生活质量、扩大出口创汇、吸纳社会就业和促进经济增长的重要任务。作为国家十大振兴产业之一，轻工业的转型升级将是我国经济转型的

---

① 引自《江苏省“十三五”轻工业发展规划》。

重要方面。面对轻工业目前发展中的种种问题，我们需要在借鉴国外经验的基础上不断摸索，走出适合中国的发展道路。

江苏省经济实力强、创新科研水平高、产业发展的基础设施完善，为轻工业行业可持续发展提供了良好的产业环境和社会环境。但是，轻工行业的发展同样面临着许多挑战，在新时期如何积极应对这些问题显得尤为重要，我们应该深思，江苏省应如何发挥自身的领先优势，充分利用各种资源，合理规划和布局轻工行业的长期发展，完成由“轻工大省”向“轻工强省”转变目标。

参考文献

[1] 刘晶晶，廖小红，李永智．我国轻工行业服务型制造发展现状［J］. 齐鲁工业大学学报，2016，(4)：63－66.

[2] 曾琦．3D 打印技术对革制品设计竞赛的促进作用探讨［J］．皮革科学与工程，2015，25（6）：73－76.

[3] 李靖华，毛俊杰，朱文娟．制造—服务集成解决方案商的前后台运作模式：浙江案例［J］. 科技管理研究，2013，33（17）：180－185.

[4] 吕建中，杨虹，袁磊．中央企业技术创新体系的框架模式及建设目标研究［J］. 石油科技论坛，2015，34（5）：18－24.

[5] 龚明．我国轻工业经济发展存在的问题相关探讨［J］. 南方农机，2015（05）.

[6] 白玉，玉强．刍议提高轻工产品企业产品标准水平［J］. 黑龙江科技信息，2015（15）.

[7] 陈永杰．有效实施中国制造 2025，必须推进十大结构调整［A］. 中国经济分析与展望（2015—2016），2016.

[8] 洪姝翌．江苏省轻工也仍处重要发展机遇期［N］. 江苏经济报，2012－06－09.

第十三章 医药行业

一、医药行业的概述

（一）行业定义

医药是预防或治疗或诊断人类和牲畜疾病的物质或制剂。药物按来源分为天然药物和合成药物。医药也可预防疾病，治疗疾病，减少痛苦，增进健康，或增强机体对疾病的抵抗力或帮助诊断疾病的物质。

医药行业是我国国民经济的重要组成部分，是传统产业和现代产业相结合，一、二、三产业为一体的产业。其主要门类包括：化学原料药及制剂、中药材、中药饮片、中成药、抗生素、生物制品、生化药品、放射性药品、医疗器械、卫生材料、制药机械、药用包装材料及医药商业。医药行业对于保护和增进人民健康、提高生活质量，为计划生育、救灾防疫、军需战备以及促进经济发展和社会进步均具有十分重要的作用。①

（二）行业分类

从运营情况来看，主要分为医药工业和医药商业两大类。其中医药工业可分为七大子行业，分别为：化学药品原药制造业、化学制剂制造业、生物制剂制造业、医疗器械制造业、卫生材料制造业、中成药制造业、中药饮片制造业；医药商业主要是指医药批发、零售以及医药物流业务等经营活动。

具体而言，化学药品原药制造业指供进一步加工药品制剂所需的原料药生产；化学制剂制造业指直接用于人体疾病防治、诊断的化学药品制剂

---

① 引自百度百科。

的制造；生物制剂制造业指利用生物技术生产生物化学药品、基因工程药物的生产活动；医疗器械制造业指单独或者组合使用与人体的仪器、设备、器具、材料或者其他物品，包含所需要的软件的活动；卫生材料制造业指卫生材料、外科敷料、药用包装材料以及其他内、外科用医药制品的制造；中成药制造业指直接用于人体疾病防治的传统药的加工生产；中药饮片制造业指对采集的天然或人工种植、养殖的动物和植物中草药进行加工、处理的活动。①

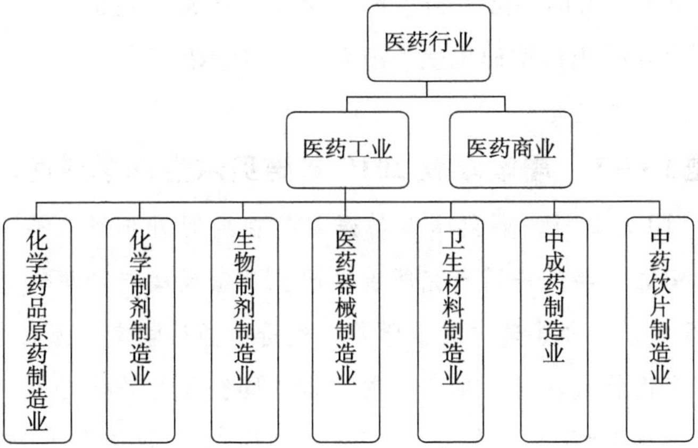

图 13－1　医药行业的分类

资料来源：笔者整理。

二、中国医药行业发展的基本情况

（一）运行情况

2015 年我国医药行业主营业务收入增速放缓，但利润总额表现不俗，增速总体保持平稳。2015 年全年，医药行业累计实现主营业务收入 26703. 2 亿元，利润总额 2749. 2 亿元，同比分别增长 9. 0% 和 12. 3%，整体销售利润率为 10. 3%。

---

① 引自中国医药统计年报。

从各个子行业发展情况来看，在主营业务收入中，中药饮片加工业增速最高，达 12.5%；卫生材料及医药用品制造业位列第二，增速为 10.7%；生物药品制造业和医疗仪器设备及器械制造业并列第三，增速为 10.3%。在利润总额中，中药饮片加工业以 18.8% 的增速位列第一；生物药品制造业以 15.7% 的增速位列第二；化学药品原料药制造业增速为 15.3%，位列第三。

在医药出口方面，2015 年医药行业累计实现出口交货值 1783.1 亿元，同比增长 3.6%，出口形势日益严峻，全年增速持续走低，而且，医药行业大部分子行业的出口增速也呈下滑趋势，且降幅较大。

专题 13-1　屠呦呦获 2015 年诺贝尔生理学或医学奖

2015 年 10 月 5 日，瑞典卡罗琳医学院在斯德哥尔摩宣布，中国女药学家、中国中医科学院中药研究所首席研究员屠呦呦与威廉·坎贝尔和大村智获 2015 年诺贝尔生理学或医学奖。这是中国科学家因为在中国本土进行的科学研究而首次获诺贝尔科学奖，是中国医学界迄今为止获得的最高奖项。理由为她发现了青蒿素，这种药品可以有效降低疟疾患者的死亡率。

屠呦呦是诺贝尔医学奖的第十二位女性得主。20 世纪六七十年代，在极为艰苦的科研条件下，屠呦呦团队与中国其他机构合作，经过艰苦卓绝的努力并从《肘后备急方》等中医药古典文献中获取灵感，先驱性地发现了青蒿素，开创了疟疾治疗新方法，全球数亿人因这种“中国神药”而受益。目前，以青蒿素为基础的复方药物已经成为疟疾的标准治疗药物，世界卫生组织将青蒿素和相关药剂列入其基本药品目录。

诺贝尔生理学或医学奖评委让·安德森在接受采访时说，得益于 3 位科学家的贡献，千百万人得到了对症治疗的药物，这一事件具有里程碑意义。他说：“屠呦呦是第一个证实青蒿素可以在动物体和人体内有效抵抗疟疾的科学家。她的研发对人类的生命健康贡献突出，为科研人员打开了一扇崭新的窗户。屠呦呦既有中医学知识，也了解药理学和化学，她将东西方医学相结合，达到了一加一大于二的效果，屠呦呦的发明是这种结合的完美体现。”

诺贝尔奖评选委员会说，由寄生虫引发的疾病困扰了人类几千年，构成重大的全球性健康问题。屠呦呦发现的青蒿素应用在治疗中，使疟疾患者的死亡率显著降低；坎贝尔和大村智发明了阿维菌素，从根本上降低了河盲症和淋巴丝虫病的发病率。今年的获奖者们均研究出了治疗“一些最具伤害性的寄生虫病的革命性疗法”，这两项获奖成果为每年数百万感染相关疾病的人们提供了“强有力的治疗新方式”，在改善人类健康和减少患者病痛方面的成果无法估量。

（二）存在问题

1. 医药企业多、小、散、乱的问题突出

全国医药工业企业 3613 家，其中大型企业 423 家，只占总数的 11.7%。多数企业专业化程度不高，缺乏自身的品牌和特色品种。大多数企业不仅规模小、生产条件差、工艺落后、装备陈旧、管理水平低，而且布局分散，企业的生产集中度远远低于先进国家的水平。2000 年，我国医药行业销售额最大的 60 家企业的生产集中度是 35.7%，而世界前 20 家制药企业的销售额占全世界药品市场份额的 60% 左右。由此可见，我国医药行业缺乏龙头企业来带动整个行业的发展。

2. 以企业为中心的技术创新体系尚未形成

新药创新基础薄弱，医药技术创新和科技成果迅速产业化的机制尚未完全形成，医药科技投入不足，缺少具有我国自主知识产权的新产品，产品更新慢，重复严重。化学原料药中 97% 的品种是“仿制”产品。老产品多、新产品少；低档次与低附加值产品多、高技术含量与高附加值产品少；重复生产品种多、独家品牌少。有些产品如庆大霉素、扑热息痛、维生素 B1、甲硝唑等制剂有几十家甚至上百家企业生产。即便是新产品，重复生产现象也很严重，如二类新药左旋氧氟沙星制剂就有 34 个企业生产、克拉霉素制剂有35个企业生产。应用高新技术改造传统产业的步伐较慢，多数老产品技术经济指标不高，工艺落后，成本高，缺乏国际竞争能力是我国医药行业长期存在的问题之一。

3. 医药流通体系尚不健全

在计划经济体制下形成的三级批发格局基本打破以后，新的有效的医药流通体系尚未完全形成，非法药品集贸市场屡禁不止。加上生产领域多年来的低水平重复建设，致使多数品种严重供大于求，流通秩序混乱，治理任务艰巨。但是，现在九州通、国药控股、华润等龙头医药流通企业在大规模地并购商业公司，力求改变现在的医药市场情况。

4. 医疗器械产品质量性能较差

我国自己能生产的医疗器械产品大多数是附加值较低的常规中低档产品，而临床上所需的高、精、尖医疗器械与新型实用医疗设备多数需进口。常规医疗器械产品的更新换代慢、科技含量低，产品质量不能满足医疗卫生高质量的要求，产品返修率与停机率高于国外同类产品，产品的可靠性不稳定。

5. 制剂品种与原料药品种不相匹配

我国已是国际上原料药生产大国，但对药物制剂技术开发研究不够，制剂水平低，大多数制剂产品质量不高，难以进入国际市场；我国平均一种原料药只能做成三种制剂，而国外一种原料药能做成十几种甚至几十种制剂；制剂技术落后，制剂产品质量稳定性不高。

6. 医药产品进出口结构不合理

我国仍然没有摆脱传统的出口附加值较低、污染较重的化学原料药及常规手术器械、卫生材料、中药材，而进口价格昂贵的制剂及大型、高档医疗设备的进出口模式，高新技术产品出口比重较低，国际市场开发力度不够，信息渠道不畅，对国际市场信息反应迟缓，特别是缺乏联合开拓国际市场的意识与机制。

三、江苏省医药行业发展的基本情况

（一）运行情况

江苏省位居我国东部沿海地带，经济发达，人口稠密，作为传统医药大省，江苏拥有"原料大省"、"制剂强省"的称号，近些年，江苏省医药行业保持着良好的发展势头，规模稳步增长、效益表现良好，是我国医药产业发展的重要地区。

1. 企业数量与分类

截至2015年12月，江苏省制药企业换发《药品生产许可证》的单位共455家，比2014年减少了61家，其地区分布具体情况如图13－2所示。从图中可以明显看出全省十三个市除南通和盐城外，各地区的医药企业数量都有不同程度的减少，其中淮安减少的比例最大，达35.7%。

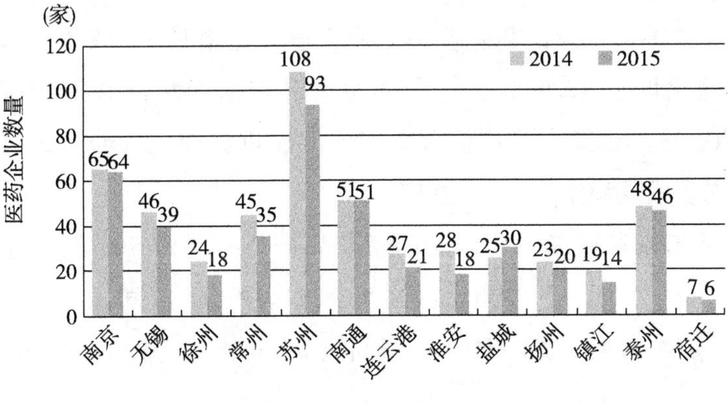

图13－2　2014—2015年江苏省各市医药生产企业数量

资料来源：江苏省医药行业协会。

按所有制分类，2015年江苏省制药企业主要包括有限责任公司、中外合资企业、外资企业、港澳台资企业及本土的国有企业和私有企业，其占比如图13－3所示。其中，有限责任公司占的比重最高，达到73.40%；而港澳台资企业虽然仅次有限责任公司，但其占比仅为11.00%，与有限责任公司相差甚远。此外，国有企业和私有企业的占比最小，分别是

0.88%和1.10%，几乎都可以忽略不计了。

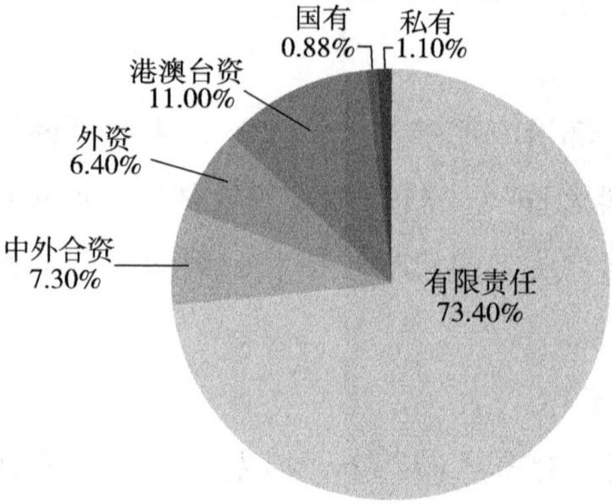

图 13－3　2015 年江苏省医药工业各生产类型企业占比

资料来源：江苏省医药行业协会。

2. 创新产品

2015 年江苏省重点医药企业的工业产值同比增长 11.58%，其中创新产品产值同比增长 12.07%，比全部主产品产值增幅高 0.49 个百分点，146 家重点企业的创新产品产值占总产值的比重逾四成（42.12%）。创新产品生产规模呈现稳中有升的趋势。

2015 年江苏省重点医药企业创新产品产值排名前 5 位的地区是连云港、泰州、南京、无锡、常州；在这 5 个地区中，产值同比增长率排名前 3 位的地区是连云港（25.13%）、泰州（14.32%）、常州（4.86%）。详见表 13－1。

表 13－1　2015 年江苏省重点医药企业总产品和创新产品产值的地区分布排行榜

地区	医药企业产值（亿元）		产值同比增长率（%）		产值占全省比（%）		产值排名	
	总产品	创新产品	总产品	创新产品	总产品	创新产品	总产品	创新产品
连云港	311.27	205.39	21.84	25.13	22.94	35.94	2	1
泰州	517.96	159.14	11.55	14.32	38.17	27.84	1	2

续表

地区	医药企业产值（亿元）		产值同比增长率（%）		产值占全省比（%）		产值排名	
	总产品	创新产品	总产品	创新产品	总产品	创新产品	总产品	创新产品
南京	135.12	68.56	6.95	2.35	9.96	12	3	3
无锡	106.78	35.66	2.43	-13.11	7.87	6.24	5	4
常州	62.34	29.61	0	4.86	4.59	5.18	6	5
徐州	46.25	29.58	21.85	27.79	3.41	5.18	7	6
苏州	106.84	22.69	10.47	-21.38	7.87	3.97	4	7
南通	20.75	7.25	15.61	21.82	1.53	1.27	8	8
盐城	10.2	7.02	12.18	15.41	0.75	1.23	11	9
镇江	6.1	3.18	5.22	-3.07	0.45	0.56	12	10
淮安	14.25	2.02	-11.01	7.37	1.05	0.35	10	11
扬州	18.62	1.44	-4.89	21.91	1.37	0.25	9	12
宿迁	0.39	0	119.23	0	0.03	0	13	13
合计	1356.88	571.54	11.58	12.07				

资料来源：江苏省医药行业协会。

2015 年江苏省重点医药企业主要产品利润同比增长 18.52%，其中创新产品利润同比增长 20.61%，比全部主产品利润增幅高 2.09 个百分点，创新产品利润占企业全部利润的比重为 53.24%。创新产品利润列前 5 位的地区是连云港、南京、泰州、常州和苏州；创新产品利润同比增幅排前 3 位的地区是连云港、南京和泰州。（详见表 13-2）

表 13-2　2015 年江苏省重点医药企业产品利润的地区分布排行榜

地区	医药企业利润（亿元）		利润同比增长率（%）		利润占全省比（%）		产值排名	
	总产品	创新产品	总产品	创新产品	总产品	创新产品	总产品	创新产品
连云港	58.42	42.86	26.12	27.81	37.09	51.10	1	1
南京	21.14	12.84	31.54	26.06	13.42	15.31	3	2

续表

地区	医药企业利润（亿元）		利润同比增长率（%）		利润占全省比（%）		产值排名	
	总产品	创新产品	总产品	创新产品	总产品	创新产品	总产品	创新产品
泰州	35.69	12.33	13.00	20.56	22.66	14.70	2	3
常州	7.53	5.40	-7.99	-1.95	4.78	6.44	6	4
苏州	13.19	3.59	31.44	-10.83	8.37	4.28	4	5
徐州	4.65	2.17	8.63	139.25	2.95	2.59	7	6
无锡	8.12	1.38	-9.39	-43.04	5.15	1.65	5	7
南通	3.09	1.15	21.79	18.26	1.96	1.37	8	8
镇江	1.32	1.06	35.04	29.59	0.84	1.27	11	9
盐城	0.87	0.69	18.80	14.94	0.55	0.82	12	10
淮安	2.17	0.30	10.79	16.01	1.38	0.36	9	11
扬州	1.39	0.09	22.34	32.29	0.88	0.11	10	12
宿迁	-0.06	0.00	-147.39	0.00	-0.04	0.00	13	13
合计	157.53	83.87	18.52	20.61				

资料来源：江苏省医药行业协会。

3. 重点企业

截至2015年底，江苏省共有19家上市医药企业（不包括外资上市公司），其中上市的医药工业企业有恒瑞、康缘、豪森、恩华、联环、金陵药业、苏州吴中、无锡四环药业、南通精华、常州千红生化制药、泰州济川药业、常州常茂（原料药）、苏州天马（原料药）、苏州雅本（原料药）、苏州东瑞（境外中国香港）等15家；上市的医药流通企业有南京医药和华东医药2家；上市的医疗器械企业有常州康辉（境外）和丹阳鱼跃2家。

2015年由国家食品药品监督管理局南方医药经济研究所和《医药经济报》推出的“2014年度中国化学制药工业百强”评选结果揭晓，其中，江苏省有13家企业入榜，与山东省并列第1，浙江省11家，位居第3，北京市 10 家，位居第 4。在 2015 年中国化学制药工业协会年度峰会上，江苏被评为全国医药十强的企业有 1 家，被评为综合实力百强的企业有 15 家，被评为成长型、创新型企业有 11 家，被评为优秀产品品牌的有 60 项，是上年的 1.58 倍，彰显了江苏省医药企业的实力和优秀品牌。

4. 产业经济指标

据江苏省医药行业协会公布的数据显示，2015 年江苏医药产业主营业务收入 3963.20 亿元，同比增长 13.94%；利润总额 411.96 亿元，同比增长 13.31%；利税 662.46 亿元，同比增长 13.79%；出口交货值 337.09 亿元，同比增长 2.88%（见表 13－3）。其中前两项指标值位居全国第 2 位（山东省位居第 1），后两项指标值位于全国第 1 位。

表 13－3　2014—2015 年江苏省医药产业经济规模指标完成情况

年份	主营业务收入（亿元）	同比增长率（%）	利润（亿元）	同比增长率（%）	出口交货值（亿元）	同比增长率（%）
2015	3963.2	13.94	411.96	13.31	377.09	2.88
2014	3495.44		363.94		323.64	

资料来源：江苏省医药行业协会。

5. 产业体系

医药产业是一个传统产业和现代产业相结合的产业。江苏省医药产业主要门类包括：制剂类、原料药类、器械类、中成药类、生物制品类、中药饮片类、卫生材料类和制药机械类等八大类。江苏省 2015 年医药产业各门类的各项经济指标完成情况如表 13－4 所示。

表 13－4　2015 年江苏省医药产业各门类经济指标完成情况

类别	指标（亿元）		
	主营业务收入	利税	利润
制剂类	1602.79	340.33	208.24
原料类	711.15	84.99	48.14
器械类	604.41	86.75	58.64

续表

类别	指标/亿元		
	主营业务收入	利税	利润
中成药类	267.12	40.46	24
生物制品类	396.49	56.64	39.78
中药饮片类	124.79	21.56	13.48
卫生材料类	233.17	27.98	17.58
制药机械类	23.28	3.75	2.1

资料来源：江苏省医药行业协会。

6. 产业发展

2015 年是全面实施国民经济“十二五”规划的最后一年，江苏医药从“十一五”期间占全省 GDP 2% 的新兴产业，转变成现在占全省 GDP 5% 的支柱产业，江苏医药产业发生了质的飞跃。“十二五”期间，江苏省医药产业快速发展，呈现总量规模大、品种结构优、技术水平高、发展前景好的特点，在面对全球金融危机的考验时，化挑战为机遇，促进了江苏医药的新发展，并在全国取得了一定的竞争优势地位。2015 年，江苏省医药工业呈稳定增长态势，医药制造出口交货值居全国首位。其中，医药主营业务收入 3963.2 亿元，同比增长 13.94%，位居全国第 2。见表 13－5。

表 13－5　2011—2015 年江苏省医药产业发展情况

	主营业务收入（亿元）	同比增长率（%）	利润（亿元）	同比增长率（%）	利税（亿元）	同比增长率（%）
2011 年	2008.65		200.86		319.34	
2012 年	2603.58	25.6	266.43	36.21	422.79	33.04
2013 年	3035.07	16.57	306.26	13.91	488.72	15.59
2014 年	3495.44	15.33	363.94	22.77	583.9	22.11
2015 年	3963.20	13.94	411.96	13.31	662.46	13.79
平均		17.86		21.55		21.13

资料来源：江苏省医药行业协会。

（二）发展优势

目前，江苏省医药产业的发展在全国处于领先地位，具有较强的竞争力。近年来江苏省医药产业发展呈现集聚发展态势，发挥了集聚效应，目前已形成泰州、苏州和无锡、连云港、南京浦口五大“医药板块”，并初步形成了各有特色的医药产业集群。

全省医药文化资源丰富，区位优势明显。江苏地处长江下游、中国东部沿海地带，气候温润，物产丰饶，经济发达，传统医药资源丰富。江苏的中医药始于秦代，盛于明清。明清以来形成的山阳医派、孟河医派、吴门医派、温病学派等在全国乃至世界都有很大的影响力。这些为医药事业的发展提供了深厚的物质和文化基础。

江苏沿海地区北连环渤海经济圈，南接长江三角洲，是国家确定的长三角区域发展总体布局中“一核六带”的重要组成部分，经济发展受上海的辐射，形成长三角经济圈。同时，江苏沿海地区资源较为丰富，特别是土地后备资源优势尤为突出，共有滩涂面积1143万亩，省医药产业以制剂和原材料产品生产为主。从规模来看，制剂行业资产收入占一半左右，盈利水平也最高，领先于全国水平。生物医药虽然目前市场份额占有较低，但发展潜力却非常巨大。在居民对生物医药需求程度的提高以及国家加快发展生物制药产业等因素的影响下，生物制药产业市场正在逐渐扩大。

（三）发展瓶颈

通过对2015年全国医药产业发展综合排名前5位省市（江苏、山东、河南、广东、浙江）的主营业务收入、利税、利润、出口交货值等比较发现，江苏省医药产业发展增速基本稳定，其中，利税与出口交货值指标均排名全国第1，说明江苏省医药产业产品附加值及产品投入产出效率较高。

另外，通过与2015年全国医药产业新产品销售收入排名前5位的山东、广东、浙江、湖北4省比较发现，在技术创新和产业潜能等方面，江苏省新产品销售收入、新产品开发投入等多项指标增速放缓，被山东超越且拉开差距。因此，江苏省医药行业在未来的发展中可能会存在以下几个问题。

1. 产业国际化进程有待加快步伐

2015 年，继恒瑞医药伊立替康注射剂和扬子江药业奥美拉唑肠溶胶囊进入欧美市场后，江苏省又有 13 个药品通过了欧美医学管理机构认证，占全国总数的 26%；另有 5 个药品正在国外申请注册，占全国总数的 24%。康缘药业的桂枝茯苓胶囊正在申请美国 FDA 认证，Ⅱ期临床已完成，该公司是我国中药行业国际化进程最快的企业之一。另外，值得关注的是恒瑞医药日前将 2012 年开始研发的具有自主知识产权的 PD－1 单克隆抗体有偿转让给美国 Incyte 公司，首次实现了中国出口创新技术的重大突破，且该项交易预计将会为恒瑞医药带来 7. 95 亿美元的收益。

可见，江苏省医药产业在逐步加快与国际接轨，但其国际化进程有待进一步提升。在市场环境及新政的影响下，医药产业面临新的挑战，需提升自身实力，将国际上的先进技术与管理理念融入实际的研发与生产中。同时，国际人才的交流与培养也尤为重要，部分企业高级管理人才的缺口亟待解决。

2. “新常态”提出新的结构升级挑战

2015 年，是“十二五”规划实施的收官之年，也是“十三五”规划制定的关键之年。在中央各项政策的刺激和引导下，各项产业正逐步迈进可持续的良性发展道路，在这样的大环境下，医药产业整体增速放缓，对我国医药产业水平的提高产生了一定的负面影响，同时也制约了社会医疗水平的提高。

医药产业是我国七大战略性新兴产业之一，未来将成为我国经济的重点发展领域。将有限的资源合理配置，转化为高效率的生产能力，实现医药产业的转型升级是“新常态”经济下对医药产业提出的挑战。大量产生高污染、产业附加值低的医药企业即将向环境友好型、集约型、高附加值的医药企业转化，实现医药产业的结构升级，因此要求企业提高自身的竞争力，促进快速转型发展。

3. 产、学、研有待进一步融合

医药产业的快速发展离不开新技术的开发与成果的转化，这要求医药企业能够有效地将产、学、研、政有效地结合起来。科研机构研究出技术后，依托与企业之间的交流合作将其转化为成果，实现科研成果的转化。同时，江苏省是教育大省，拥有着全国领先的教育资源，更是聚集了一批高水准的医药院校，汇集了大量的医药类人才，这也是江苏省的一个突出优势，但如何将这种优势资源运用在医药产业的研发与生产中还需进一步发掘。由于客观环境的原因，各科研场所以及各高校之间存在着地理位置上的差异，在一定程度上造成交流上的不便，因此应加大各个部门之间的沟通交流，将有效信息及时快速地分享。

在医药产业中，国家与政府的支持也是十分重要的一环，如今政府的支持也应该融入产、学、研的作用机制中。在未来的发展中，如何实现产、学、研、政的有效结合将是对江苏省医药产业提出的一个新的挑战与要求。

四、加快江苏省医药行业健康发展的对策与建议

为了加快江苏医药产业的发展，促进医药产业结构升级，不断解决江苏医药产业发展过程中遇到的问题，认为全省可以从以下几个方面做出改变。

（一）调整医药行业产业结构

2015 年 11 月以来，供给侧改革横空出世，习近平总书记在中央财经领导小组第十一次会议上提出“着力加强供给侧结构性改革”。同年 12 月，中央经济工作明确了“去产能、去库存、去杠杆、降成本、补短板”五大任务。这对于市场经济以及各产业都提出了新的发展方向与思路。

供给侧改革是指从供给侧方面出发，针对产业的结构进行调整与推进的改革。推进供给侧改革是医药产业顺应时代大背景的一个重要环节，供给侧改革的关键点在于医疗、医保、医药的联合，适应我国的人口结构与经济环境。2015 年是“十二五”规划的收官之年，供给侧改革要求从供给、生产端入手，通过解放生产力，提升自身的价值，实现有效快速的转

型升级。完善创新领域，创造新的价值点，而“医药产业创新”和“大力发展医疗服务”将是医药行业供给侧的长远发展方向。

（二）构建江苏特色的医药创新体系

医药创新一直是医药产业的一个重要环节，发挥江苏省制剂大省的优势，构建江苏特色医药创新体系是一个制胜的关键点。一是在加快创新研发新药的同时，必须十分注重抢仿、首仿，坚持创仿结合的原则。二是做大企业，通过兼并重组、合资合作、上市筹资等多种形式和渠道，扩大企业规模。三是努力培养大品种药，占领大市场。四是对于江苏省拥有的中药材要加强对已上市和传承的中医药经方、验方引进二次开发，拓展药品的疗效和适应范围，大力提升传统中医药的社会价值。五是充分发挥企业的主观能动性，促进企业与国际接轨，发挥资源优势，实现要素的集聚，增加对创新研发的投入。六是要构建具有江苏特色的医药创新体系，有必要将国际的创新要素吸收消化并进行符合本地化生产的再次创新，有效地发挥资源效用，推进企业与国际化接轨的进程的同时加速企业的创新能力的培育。

（三）积极采取改善产业发展的措施

注重医药企业的自动化，大力推进医药企业的“两化”融合，全面提升企业的现代化进程。改善企业生产的品种结构，企业要按照政府政策和市场需求选择生产品种，同时，要注意制剂生产和原料药供给相配套，保证原料药自给或市场供给。同时应当推进原料药生产的转型升级、加快发展新型医药制剂、加快培育和发展生物医药产业。依托江苏的重点龙头企业，开发各种新型药物，引进先进的设备及工艺，推动医药产业的发展。

（四）进一步改善政策环境

本省企业招标时，在同等条件下优先采用本省企业药品。药品招标后进入医院时取消药品“二次议价”。继续引进外资特别是国外大的跨国医药集团的资本和技术，包括研发项目和新产品，以加快江苏医药的发展。增加对江苏医药研发创新的投入，加强省经信委、科技厅对于创新药研发的资金扶持力度，提高江苏医药的核心竞争力。2015年江苏医药产品的销售费用率仍较高，且有上升趋势，因此在效益上仍有较大发展潜力和提升空间。尤其要着力压缩销售费用，降低销售费用率，大力提高产品利润率，促进江苏医药产业更好发展。

（五）大力实施品牌培育工作

首先加强质量品牌建设。推动落实企业质量主体责任，推广先进质量管理方法，推进品牌培育创建工作；壮大现有优势产品规模，创建江苏特色品牌，培育一批具有核心竞争力的大品种、大品牌；培育和发展一批单产品生产和销售在国内外居优势的品牌。

同时建立江苏省医药名优特新产品目录，对进入目录的产品，积极推荐政府优先采购，优先进入省医保、新农合、基本药物增补目录。巩固现有优势化学制剂在国内外市场的领先地位，提高江苏省优势产品和品牌的附加值和竞争力。

专题13－2　江苏扎实推进药品审评审批制度改革

2015年8月，全国药品审评审批制度改革工作会议全面部署了药品审评审批改革工作，一场围绕保障公众健康和促进产业转型升级大局，以提高药品质量为核心，以解决注册积压为重点，以鼓励创制新药为导向的药品审评审批改革“攻坚战”打响。按照国家食品药品监管总局的统一部署，江苏省食品药品监管局不断完善药品注册管理机制，加强药物研究监管和注册现场核查，着力推进仿制药质量和疗效一致性评价以及药品上市许可持有人制度试点工作，不断提高药品注册管理水平，努力从源头保障药品质量。

2016年3月，国家总局发布《化学药品注册分类改革工作方案》，调整化学药品分类原则，将化学药品分为5类。对新药的审评审批，在物质基础原创性和新颖性的基础上强调临床价值的要求，其中改良型新药要求比改良前具有明显的临床优势。对仿制药的审评审批，强调与原研药品质量和疗效一致。

截至 2016 年 11 月 30 日，江苏全省共受理药品注册申请 176 件，其中新药注册申请 137 件，仿制药注册申请 39 件，相比上年同期大幅度下降 75%，新药的注册申请数量远远超过仿制药，申报结构发生了巨大变化。

据了解，新的分类原则发布后，江苏省及时组织企业进行培训，对政策进行宣传贯彻培训，以提高注册申报质量，鼓励创新药申报，提前介入，快速处理，这些举措的实施进一步提升了药品注册管理水平。

五、本章小结

本章在分析国内医药行业发展现状的基础上，进一步介绍了江苏省医药行业发展的现状以及在发展过程中存在的一些问题，并结合问题给出了相关的对策建议。

医药产业是我国七大战略性新兴产业之一，未来将成为我国经济的重点发展领域。而江苏省作为传统医药大省，医药行业保持着良好的发展势头，规模稳步增长、效益表现良好，是我国医药产业发展的重要地区。但其发展过程也存在许多挑战，只有不断促进医药产业结构升级，不断解决江苏医药产业发展过程中遇到的问题，才能够做大做强医药产业。

参考文献

[1] 黄业明，郭文 . 2015 年我国医药工业经济运行分析 [J]. 中国医药工业杂志，2016，47（5）.

[2] 褚淑珍，杨家欣，王恩楠 . 2015 年江苏省医药产业发展报告 [J]. 药学进展，2016，40（5）：349 – 357.

[3] 王玉芬，申俊龙，熊宣文 . 基于集中度的江苏省医药产业竞争力分析 [J]. 经济纵横，2010（12）：66 – 67.

[4] 刘泉红，刘方 . 中国医药产业发展及产业政策现状、问题与政策建议 [J]. 经济研究参考，2014（32）.

［5］林建宁．国内外医药产业发展状况对比分析［J］．中国药房，2011（24）．

［6］席晓宇，朱艳梅，褚淑贞．我国医药产业政策回顾与分析［J］．药品评价，2013（04）．

［7］邱家学，缪丹，孟奇，吴晓明．我国医药制造业结构分析［J］．决策，2012（12）．

［8］曾铮．中国医药产业发展概况及其趋势研究［J］．经济研究参考，2014（32）．

［9］段珺，王帆，高振．江苏“十三五”生物技术与生物医药产业发展战略探讨［J］．中小企业管理与科技（上旬刊），2016（02）．

第十四章 石化行业

一、石化行业的概述

（一）行业定义

石化行业是石油化工行业的简称，石油化工是以石油和天然气为主要原料的化学工业和石油炼制工业的综合性产业。其中石油炼制工业主要是指将原油经过各种加工，制成大量的汽油、煤油、柴油、润滑油、石蜡、沥青、化工原料及石油溶剂等各种产品；而石油化学工业是以石油、天然气为主要原料，经过多次化学加工生产各种化学及合成材料的工业，其中乙烯生产为石油化学工业的核心。①

石化行业是基础性产业，为人民生产和生活提供能源，为国民经济的运行提供能源和基础原材料，也起着支持与促进农业发展的作用。同时也是国民经济的支柱产业，在国民经济中占有相当大的比重，而我国的石油化工行业占工业经济总量的20%，产品广泛用于国民经济、人民生活各个领域，对促进相关产业升级和拉动经济增长具有举足轻重的作用。

（二）行业特征

1. 与其他行业关联度高

石化工业最显著的特点之一是与所有的产业部门有着极强的技术经济联系。交通运输行业离开了炼油工业生产的汽、柴、煤油和润滑油就开动不起来。汽车制造中，汽车内外饰件、车身、发动机、油箱等逐步被塑料件所取代，生产汽车轮胎的合成橡胶和帘子布也出自石化。农业生产中所

① 引自百度百科。

用的化肥有相当一部分是由石油化工生产的，对农业增产发挥重大作用的农用地膜的原料也来自石化。随着石油化工的发展，纺织业所用的纤维中天然纤维的比例正逐渐减少，以优越的性能和低廉的成本取胜的合成纤维其市场份额越来越大。建筑业中以塑料为原料的门窗、隔断用材、排水管道、室内外装饰材料以及各种涂料迅速流行起来，成为未来建筑业的发展趋势。

2. 资金技术密集型产业

石化行业的另一特点是资金技术密集度高，是高新技术的吸收器和技术进步的强大推动杠杆。石化行业经常要求在高温、高压、易燃、易爆、强腐蚀的环境下进行，连续化生产对自动控制的要求十分高，因此，机械、电子、冶金、化学等高科技在石化行业得到了广泛应用。石化工业的发展又直接促进了这些产业的技术进步和相应前沿科学的发展，带动整个国家技术水平的提高。正由于石化行业的强高新技术吸收效应，也使石化行业的产品具有附加值高、效益好的特点。

石化行业是资金密集型产业，需要投入巨资才能使一套石化装置建成投产，石化行业的进入成本很高，而这些成本必须通过规模的扩大才能有效地降低。目前炼油业具有国际竞争力规模是1000万吨/年以上，而具有国际竞争力的乙烯生产规模在20世纪80年代是40万吨/年，90年代是60万吨/年甚至80万吨/年以上。

3. 具有垄断性

石化行业也许是最容易形成垄断的行业之一，这与其行业特征密切相关。首先因为石化行业对资金及技术要求极高，再加上油气资源的限制和较为集中，因而产业集中度在各产业中最高，具有明显的垄断特征。而在石油业，企业自身的规模与规模经济能否实现密切相关。理论上说，一家油企的产量越大，单位成本就越小，越能提供价廉物美的产品。

石油业上游勘探开发是典型的高投入、高风险产业，规模太小的企业不仅无力承担风险，采收率往往也偏低，容易造成资源浪费。加工水平高的大石油集团不仅有能力包揽一定区域内的全部炼油业务，甚至完全控制成品油供应渠道。从采集原油到炼油再到成品油销售，越大的企业越能实现上下游、产供销和内外贸的一体化，客观上越容易形成行业优势。

4. 存在周期性

石化工业是资本密集型产业，因而也具有很强的周期性。石化行业周期性特征极为明显，表现为石化产品价格波动大，导致企业产量、收入、利润、现金流量、投资等方面呈现极强的周期性，而其根本的原因是石化工业是资本密集型产业。石化每一投资项目耗资巨大，例如一套30万吨乙烯装置就耗资近150亿元人民币，而这些巨额资金的投入必须是分阶段的，因而工程建设的周期较长。石化工业生产能力的形成是间断的，石化产品的供给与需求的不平衡是一种常态，因而石化行业就容易出现周期性波动。石化工业有自身的景气周期，而这种周期与世界经济周期并不完全同步。例如，美国石化工业的利润每7~9年一个轮回，乙烯利润从1995年开始下跌以来到20世纪末降至谷底，2001年开始回升，2003年达到高峰，预计亚洲和欧洲石化工业利润也在2005年达到高峰。

二、中国石化行业发展的基本状况

（一）总体运行情况

2015年是我国“十二五”收官之年。全球经济继续深度调整，我国经济下行压力加大。面对复杂多变的国内外经济形势，石化化工行业按照党中央、国务院部署，坚定信心，沉着应对，克服重重困难，基本实现了行业经济的平稳运行，产品生产稳步增长，整体效益回升企稳，转型升级持续推进，结构调整逐步加快，能源效率继续提高，但是受国内经济增长放缓、国际油价断崖式下跌等因素影响，固定资产投资持续低迷，行业下行压力仍然较大。在全球经济不景气的时代背景下2016年我国石油和化工行业表现亮眼，实现主营业务收入13.35万亿元，同比增长2%，扭转了连续两年下降趋势；实现利润6600亿元，增长2.5%。其中，化学工业利润突破5000亿元大关，创历史新高。①

1. 产量总体增长

2015年，石化行业增加值同比增长7.2%，化工行业增加值同比增长9.3%，大部分行业生产实现了不同程度的增长。合成材料总产量1.23亿吨，增长8.2%；苯产量783.1万吨，增长6.6%；乙烯产量1714.5万吨，增长1.6%；硫酸产量8975.5万吨，同比增长4.0%；纯碱产量2591.7万吨，增长3.1%；甲醇产量4010.5万吨，增长8.3%；农药产量374.1万吨，增长2.3%；化肥总产量7627.3万吨，增长7.3%；轮胎行业受美国“双反”的影响，下降4.0%，产量为9.25亿条。

2. 效益整体下滑

2015年，全行业效益总体下滑。主营业务收入12.74万亿元，下降6.1%；利润总额6265.2亿元，下降18.3%；上缴税金1.03万亿元，增长3.7%。其中，石化行业实现主营收入3.9万亿元，同比下降20.53%；利润总额1615.6亿元，同比下降50.99%；上缴税金7107.6亿元，同比增长1.52%。化工行业实现主营收入8.84万亿元，同比增长1.9%；利润总额4603.4亿元，增幅6.3%；上缴税金2880.3亿元，增长5.1%。

3. 结构调整逐步加快

2015年，合成材料、专用化学品、精细化学品等附加值较高的行业引领增长。其中，合成材料制造业增加值增幅达11.6%，专用化学品制造增长11.1%，涂（颜）料制造业增长9.5%，增速明显高于其他行业。基础化学原料增速明显放缓，无机化学原料产量增幅只有1.9%。产品生产增长结构进一步优化。天津港“8·12”事故之后，在中央专项建设基金的引导下，城镇人口密集区高风险危险化学品生产企业搬迁改造加速，化工生产企业进入化工园区的比例进一步提升。

4. 能源效率继续提高

2015年，全行业重点产品能耗继续下降，行业能效明显提升。前三季

① 来源《经济日报》。

度，我国吨原油加工量综合能耗下降1.0%，吨乙烯产量综合能耗下降0.1%，吨烧碱产量综合能耗下降2.0%，电石和合成氨分别下降1.1%和1.0%。石油和化工行业总能耗增长1.6%，同比回落近5个百分点，为三年来同期最低增幅。化学工业万元收入耗标煤同比下降1.1%。[①]

（二）存在的主要问题

1. 结构性过剩严重

去产能化虽取得了一定成效，但氯碱、化肥、轮胎、基础化学原料制造等行业产能过剩问题依然十分严重。由于市场供需失衡，一些大宗化工产品价格长期低迷，价格一跌再跌。2015年，PVC通用树脂市场年均价格跌幅逾12%；尿素价格在连续两年大跌后，受成本支撑，均价仅比上年略有上升；烧碱价格降幅6%；电石价格降幅12%；甲醇价格降幅更是达到20%。相关数据和调查显示，氮肥、氯碱等出现行业性亏损；无机盐、甲醇、轮胎制造等行业利润连续两年或三年下降，企业经营普遍困难。

2. 行业要素成本上升

2015年以来，石化企业用工成本、融资成本、物流成本、环保成本、用电成本等呈上升趋势，虽然原材料等成本下降，但不足以抵消总成本上升。2015年，全行业100元主营收入成本为84.09元，其中，化学工业100元主营收入成本达87.0元，高出全国规模工业平均100元主营收入成本1.32元；全行业财务费用同比增长3.4%，而同期全国规模工业财务费用增幅仅为1.1%。石化行业的融资成本明显高于全国规模工业平均水平。

3. 行业税负过重

2015年，全行业税金总额同比增长5.0%，占全国规模工业税金总额的20.7%，与全行业收入下降6.1%、利润降幅18.2%形成明显反差。其中，化工行业税金总额同比增长约5.1%，收入增长却不足2%；而同期全国规模工业税金总额增长只有3.1%。化工行业高速增长的税负使行业的

---

① 数据来源工信部原材料工业司。

再生产能力和竞争力都受到很大影响，使相当一部分企业生产经营陷入困难。

4. 投资下滑

2015年石化行业投资下滑也是近多年来少见的。降幅最大的是石油天然气和炼油，分别降低1.49%和20%。化工虽然增1.1%，也是创历史最低。投资的多寡可以表明对行业未来的预期投资的下滑，说明行业的未来不被企业看好，如果没有大的举措这种趋势很难扭转，并且还会持续下去。因此，企业都在期盼严冬尽早过去春天早日来临。

5. 安全环保压力大

随着我国工业经济和城镇化快速发展，原有的安全和职业卫生防护距离不断缩小。同时，随着生活水平的提高，人民群众对环保的要求不断提高，石化行业安全环保压力随之增大，城镇化与企业发展之间矛盾逐渐凸显。

6. 企业效益差

上述几项原因叠加，致使行业效益大幅度下滑。目前很多企业处在“利润纸薄”的危机里，甚至有的企业多年来从来没有亏损过，在2014年也破天荒地出现亏损；有些传统的基础行业，全行业亏损；很多企业努力保持现金流，保证职工的基本工资，只求“留住青山”，以求“来日方长”。

专题14－1　石化行业“十三五”发展指南和产能预警报告发布

石化产业发展大会暨中国石油和化学工业联合会四届二次理事会会议于2016年4月12日在京召开，上海市化工行业协会出席了本次会议。会上，全国石油和化学工业联合会发布了《石油和化学工业“十三五”发展指南》（简称《发展指南》）、《2016年度石化行业产能预警报告》（简称《预警报告》）。报告分别提出了“十三五”期间我国石化行业的发展思路、发展动力、发展战略，并提出了化解产能过剩的措施及建议。

会议分析了“十三五”期间我国石化行业面临的形势，在此期间，我国经济形势的特点是：处于工业化中后期和人口红利拐点的新阶段，这将促使我国经济由工业主导向第三产业转变，重化工行业增速将进一步放缓。但是，国家实施“一带一路”战略和以自贸区为基础的区域贸易一体化进程的加速，又为我国石化产业发展提供了良好环境和机遇。据此，该《发展指南》提出了“十三五”期间石化行业发展的思路是：把稳增长、调结构作为两大主要任务；把提升传统产业、培育战略性新兴产业作为两大主攻方向；把创新驱动、深化改革作为两大发展动力；把坚持绿色可持续发展、扩大国际合作作为两大战略重点；把实现经济总量平稳增长作为发展目标。

该《发展指南》还提出如下发展目标：“十三五”期间全行业主营业务收入年均增长 7% 左右，到 2020 年达到 18.4 万亿元；结构调整取得重大进展，初步形成绿色发展方式；明显提高化工新材料等战略新兴产业的占比，新经济增长点带动成效显著；创新能力显著增强，技术创新体系初步形成，“产学研”协同创新效果显著；品牌质量稳步提升，企业竞争力明显提高。

会议发布的《预警报告》分析了 2016 年石化行业的形势，认为石化行业长期累积的矛盾和风险在 2016 年会进一步显现，经济增速换挡、结构调整阵痛、新旧动能转换相互交织，石化行业仍将承受巨大的经济下行压力。但供给侧改革的深化以及中央提出的“五大任务”为石化行业化解产能过剩指明了方向，石化市场利好、利空因素将互相交织，并最终达到新的供需平衡。

该《预警报告》还指出，化解产能过剩必须构建石化行业落后产能退出机制，建立健全淘汰落后产能的法律法规；继续实施宽松的出口政策，结合实施“一带一路”战略，积极拓展国际市场；建设适合石化行业的产能及利用率监测预警体系，完善产能调查和数据采集统计体系，构建石化行业产能预警平台；促进企业间联合，组建“产研用”联盟，实现降本增效。

（三）推进石化行业健康发展的建议与对策

1. 去产能

去产能，尤其是落后的过剩产能，小规模炼油，部分小型规模乙烯，气化技术氮肥，部分甲醇、醋酸、轮胎和农药中的落后产能。石油和化学工业规划院副院长白颐特别强调，并不是所有的过剩产能都必须砍掉，有些产能虽然在国内是过剩的，但是在国际上仍处于先进水平、拥有较大市场，这样的产能应当优先考虑进行市场转移。去产能主要针对的还是那些技术水平落后、产品质量不稳定的产能。

2. 降成本

企业需要完成产业增值分析和成本贡献分析，并依此优化原材料结构和能源利用方案，控制生产成本、财务成本、管理成本和销售成本；优化产业链设计，做到宜油则油、宜烯则烯、宜芳则芳、宜煤则煤、宜气则气、宜醇则醇；对产品的竞争力做未来周期的预期分析，以横向比较代替纵向比较等。

3. 补产品品种和技术短板

具体来说，炼油行业要加快油品质量升级，改进炼油工艺和装备，提高对劣质原油的适应性；提高炼油行业副产资源的综合利用水平；烯烃行业要强化炼化一体化，促进石油基烯烃直接原料轻质化，提高轻烃所占比例；稳步推进煤（甲醇）制烯烃和丙烷脱氢制丙烯的应用；芳烃产业要结合炼化一体化和环境保护等方面的要求，科学布局石化芳烃产业；促进煤制芳烃产业化，推进芳烃原料路线多元化和芳烃—聚酯一体化产业基础建设；有机原料方面，发展短缺品种如乙二醇、丙烯腈、苯乙烯、己二腈等；加快推广清洁生产工艺，替代重污染工艺。发展高端聚烯烃塑料（高碳α-烯烃、1-己烯、1-辛烯等共聚单体聚乙烯、双峰和茂金属催化工艺的聚乙烯和聚丙烯，连续本体法 ABS 以及 ABS 合金）高性能橡胶材料。

4. 促进安全绿色发展

强化安全生产责任制，探索高风险危险化学品全程追溯，实施危险化学品生产企业安全环保搬迁改造。针对很多企业将进入化工园区，规划要注重与城乡规划土地利用、环境保护、区域节能、安全消防等规划做好衔接，完善化工园区监控、消防、应急等系统平台，推进信息共享，夯实安全生产基础。实施能效领跑者制度，完善节能标准体系，体现“产业一体化、生产清洁化、产品高端化、服务社会化”的思路。

5. 推动企业兼并重组，加强国际合作

积极落实财税、金融、土地、职工安置等支持政策，破除跨地区、跨所有制兼并重组的体制机制障碍，为企业兼并重组营造公平的市场环境。充分发挥我国传统石化产业比较优势，结合“一带一路”战略，积极推动优势产业开展国际产能合作，建设海外石化产业园区，推动链条式转移、集约式发展，带动相关技术装备与工程服务“走出去”。

三、江苏省石化行业发展的基本情况

近几年江苏省石油和化学工业在日益增长的资源与环境约束、运行成本上升、融资困难、下游产业前景不明、国内宏观经济增长放缓、国内行业经济下行明显而全球经济恢复前景不明以及贸易摩擦增多等诸多压力之下，克服种种困难，继续稳生产、调结构、重创新、提水平，行业经济总体保持平稳运行，但下行压力犹著。

（一）全省运行状况

1. 主营业务运行承压下行

2015 年，江苏省石油和化工行业主营业务运行承受巨大压力，上半年在波动中努力企稳，下半年则持续下滑。全年全省 4535 家规模以上石油和化学工业企业共实现主营业务收入 20205.49 亿元，比上年（下同）增长 3.60%，增速下滑 4.53 个百分点，仍领先全国平均 9.70 个百分点。全省石油和化工行业主营业务收入占全国的比重达到 15.37%，同比提升 1.44 个百分点，占全省工业比重为 13.63%，同比下降 0.51 个百分点。近年来江苏省石化行业主营业务收入情况见图 14 – 1。

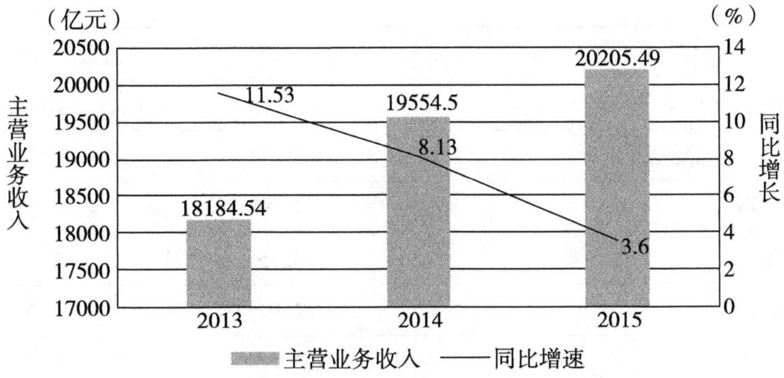

图 14－1　江苏省石化行业主营业务收入情况

资料来源：江苏省石化行业协会。

2015 年，全省化学工业 4069 家规模以上企业共实现主营业务收入 17602.17 亿元，同比增长 5.65%，增速虽较全国平均高 3.70 个百分点，但较上年同期回落 4.38 个百分点。全省化学工业主营业务收入占全国的比重为 19.91%，同比提升 0.70 个百分点。

从主要行业来看，2015 年全省 9 个主要大类行业主营业务运营除精炼石油产品制造业同比下滑 10.80% 之外，均实现不同程度的增长，但同比增速较上年有所下滑，仅有化学农药制造业实现了 10% 以上的增速（10.26%），而涂料油墨颜料及类似产品、专用化学品制造业则分别以 9.57%、9.33% 的增速与其共同领跑各行业。另一方面，增速低于全行业平均的除精炼石油产品制造业，还有合成材料（2.96%）、基础化学原料（3.25%）、橡胶制品（3.30%）和肥料（3.48%）等 4 个行业。

表 14－1　2015 年江苏省石化主要行业主营业务收入情况

行业	金额（亿元）	同比（%）
基础化学原料制造业	6429.49	3.25
有机化学原料制造业	5871.98	3.44
专用化学产品制造业	4233.48	9.33
合成材料制造业	3017.4	2.96

续表

行业	金额（亿元）	同比（%）
精炼石油产品制造业	1874.13	-10.8
涂颜料及类似产品制造业	1523.53	9.57
化学农药制造业	1178.82	10.26
橡胶制品业	870.75	3.3
专用设备制造业	672.91	6.07
肥料制造业	323.62	3.48

资料来源：江苏省石化行业协会。

与全国平均水平相比，除肥料制造业、橡胶制品业分别落后全国 0.26、0.14 个百分点外，其余大类行业同比增速优于全国平均，其中，专用设备制造业增速领先全国 9.40 个百分点，精炼石油产品制造业优于全国平均 5.80 个百分点，专用化学品和化学农药制造业也分别领先全国 5.16 个和 5.14 个百分点。

2015 年，全省石油和化工行业转型升级进一步推进，结构进一步优化。全行业精细化率同比提高 1.86 个百分点，升至 34.33%。其中，专用化学品占全行业的比重同比扩大 1.10 个百分点，而两大传统精细化工行业化学农药和涂料油墨颜料及类似产品制造业同比也分别提高了 0.35 个和 0.41 个百分点。但以功能材料之主体的合成材料制造业比重同比则下滑 0.09 个百分点。2015 年江苏省石化行业产业结构情况（按主营业务收入划分）见图 14－2。

综上所述，2015 年江苏省石油和化学工业基本保持平稳，各月经济运行规模稳定在历史高位。但与此同时，行业发展在内忧（产能过剩、成本上升、技术落后等）、外患（宏观经济增速持续走低导致市场需求不足、产业政策限制、资源与环境约束进一步收紧等）的双重压力之下，行业经济求进之路崎岖，下行压力巨大，全行业及多数行业同比增速全年多呈波动下滑的态势。企业需要尽快调整适应此种不确定性增多、不调则退、压力下生存的新常态。

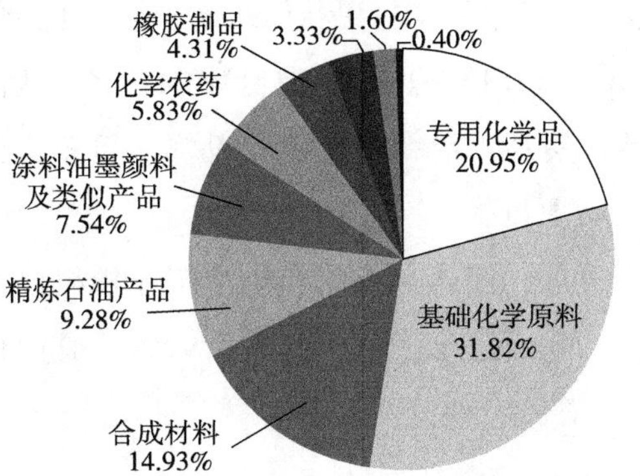

图 14-2　2015 年江苏省石化行业产业结构情况

资料来源：江苏省石化行业协会。

2. 主要产品生产复苏之路波折不平

从主要产品产量来看，由于上年基数较低，增速较上年同期均有所回升，但复苏之路仍波折不平。重点监测的 21 种（类）主要化工产品总产量为6495.30 万吨，同比增长5.32%，增速较上年加快3.26 个百分点。总体而看，产量增速前升后降，特别是自 2015 年 9 月起，月度产量同比增速多在 3% 以下。全年产量同比实现正增长有 12 种，占 57.14%，其中合成纤维聚合物与单体产量同比分别增长 17.25%、13.63%，合成树脂及共聚物增长 16.41%；同比下降有 9 种，占 42.86%，其中降幅较大（超过10%）的有烧碱、纯碱等 2 种（类）。

3. 固定资产投资建设低迷

进入 2015 年，全省石油和化学工业固定资产投资低迷，下半年虽有所回升但基础尚不稳固，总体呈现前抑后扬之势。

全年，全省石油和化学工业实际完成固定资产投资 2274.59 亿元，同比增长 4.36%，较上半年的负增长状态有所复苏。全行业计划投资额为3450.19 亿元，同比下降 2.28%，连续 17 个月处于负增长状态，但降幅至6 月底探底之后有所收窄。总体而言，固定资产投资下半年的回升基础尚不稳固，在一定程度是由于上年同期基数较低所致。

项目建设实施方面，新开工项目累计 2136 个，同比增长 15.84%；施工项目数 2492 个，增长 11.15%；竣工项目数 2113 个，增长 14.77%。从项目平均投资额来看，有所下滑，主要由于投资项目多为投资额较小的技术改造类或精细化工类项目。

经过多年建设与发展，江苏省石油和化学工业规模以上企业总资产截至 2105 年底已增至 1.30 万亿元，同比增长 3.92%，其中化学工业总资产为 1.15 万亿元，同比增长 4.04%。

4. 进出口双双下滑，承压增大

2015 年，江苏省石油和化工行业出口面临较大压力，进、出口双双下滑。出口交货值方面：2015 年江苏省石油和化工行业出口交货值遭遇自 2013 年以来首度陷入同比负增长状态。行业全年共完成出口交货值 1402.37 亿元，同比下降 4.78%，但降幅正缓慢收窄，全年降幅较前三季度、上半年分别收窄 1.72 个和 3.17 个百分点，且 12 月单月出口已恢复至同比增长 3.68%。江苏省行业出口交货值占全国的比重为 23.34%，同比提升 0.70 个百分点。其中，化学工业完成出口交货值 1244.65 亿元，下降 4.89%。

出口贸易方面：2015 年，全省石油和化工行业共实现出口贸易额 279.57 亿美元，同比下降 8.12%，降幅大于全国 0.65 个百分点。从各月情况来看，基本呈 W 形的大幅波动状态。其中，化工行业出口 252.61 亿美元，下降 7.81%，降幅大于全国 1.59 个百分点。从出口产品结构来看，有机化学品为最大出口产品类，全年共出口 104.04 亿美元，占行业总出口的 37.21%；其次为橡胶制品，出口 35.46 亿美元，占全行业总出口的 12.68%，专用化学品以 29.33 亿美元的出口额、10.49% 的全行业出口占比紧随其后。

进口贸易方面：2015 年，全省石油和化工行业共进口 499.86 亿美元，同比下降 24.48%，降幅较一季度、上半年、前三季度分别收窄 5.30 个、2.14 个及 0.47 个百分点。其中，化工行业进口 362.47 亿美元，下降

18.40%。从进口产品结构来看，有机化学品、石油和天然气分列前两大进口产品类别，全年分别进出口146.48亿美元、99.33亿美元，占全行业进口的比重分别为29.30%、19.87%；其次为合成树脂和合成纤维单体，分别以50.15亿美元、49.23亿美元的进口额占全行业总进口的10.03%和9.85%。

综合进出口，2015年，全省石油和化工行业共实现进出口总额779.43亿美元，同比下降19.33%；贸易逆差为220.30亿美元，同比缩小137.33亿美元。其中化学工业实现进出口总额615.07亿美元，下降14.36%；贸易逆差109.86亿美元，缩小60.35亿美元。

5. 行业经济效益保持平稳，增速先升后降

进入2015年，行业主营业务发展虽承压放缓，但行业经济效益仍保持稳步增长，不过同比增速先升后降。

全年，全省石油和化工行业共实现利润总额1221.33亿元，同比增长13.72%。利润总额占全国石油和化工行业比重为18.83%，同比提升5.29个百分点；占全省工业比重为12.70%，同比提升0.52个百分点。全行业实现利税总额2353.11亿元，增长15.14%，增速快于行业利润总额及主营业务收入同比增速；占全国同行业的比重为14.11%，同比提升2.61个百分点。行业工业增加值同比增长8.26%。

虽然行业整体效益回升较好，但仍存在两极分化情况。全行业亏损面同比扩大1.01个百分点，达到12.19%。不过亏损企业努力减亏，初见成效。一方面，行业亏损面较6月底收窄2.65个百分点，另一方面，亏损企业平均亏损额也有所缩小，同比减少16.44%，行业亏损企业亏损额合计125.30亿元，同比下降8.13%。此外，行业效益增长情况也存在较大隐忧。上半年，行业利润总额同比增速逐月上升，至6月达到21.20%的高点，之后自7月起逐月下滑，至年底累计下滑7个多百分点。前升后降的倒V字形走势显示行业盈利压力较大。

具体到化学工业，全年全省实现利润总额1125.42亿元，同比增长

15.78%，增速较上半年回落近 10 个百分点；实现利税总额 1871.19 亿元，增长 18.28%，增速快于行业主营业务、利润总额增速。化学工业利润总额、利税总额占全国同行业的比重分别为 24.45%、24.82%，同比分别提升 2.01 个和 2.32 个百分点。全年化学工业主营业务收入利润率同比提高 0.56 个百分点，升至 6.39%。年化资产利润率 9.76%，同比提升 0.99 个百分点。行业亏损面同比扩大 0.87 个百分点，达到 11.89%，但亏损企业平均亏损额同比缩减 30.56%，行业亏损企业亏损额同比也因此缩减 25.14%，为 94.03 亿元。

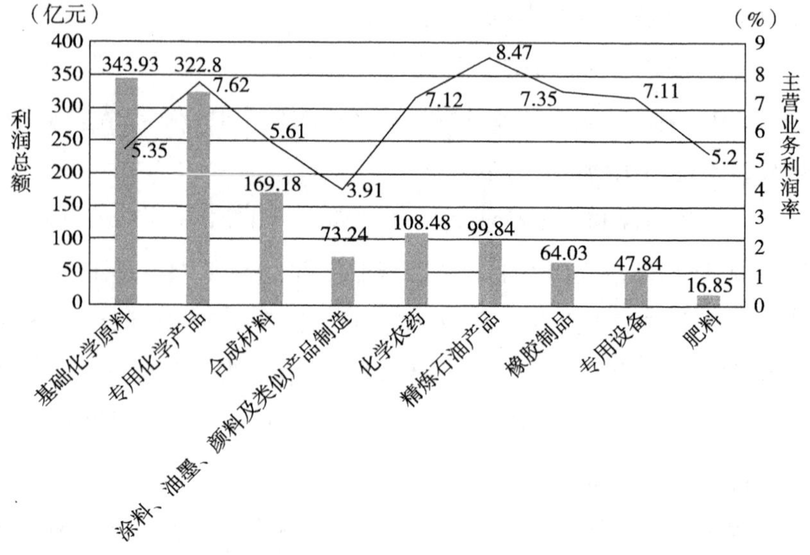

图 14－3　2015 年江苏省石油和化学工业主要行业盈利情况

资料来源：江苏省石化行业协会。

从分行业利润总额增长情况来看，各主要行业喜大于忧。一方面，有 8 个大类行业实现不同程度的同比增长，其中，精炼石油产品制造业由于上年基数较低得以 37.56% 的同比增速领跑各行业；合成材料制造业以 29.76% 的增速次之；基础化学原料、专用化学品、涂料油墨颜料及类似产品制造业同比增速也均超过了 10%。而橡胶制品业由于轮胎市场的低迷，利润总额同比下降 3.04%，成为唯一一个利润规模下滑的行业。2015 年江苏省石油和化学工业主要行业盈利情况见图 14 - 3。

（二）存在的主要问题

目前，江苏省石油和化学工业面临着一系列的困难和矛盾，突出的问题主要有：

一是项目投资建设较为疲弱。近年来，江苏省石油和化工行业实际完成固定资产投资增速在多数时间一直落后于全国平均水平。2015 年增速进一步下滑，全年累计完成固定资产投资增速降至 4.36%，同比下滑近 7 个百分点。同时行业投资信心与意愿依然不足。自 2014 年 8 月起，全行业计划投资额同比增速一直处于负增长状态，显示企业对未来信心不足。固定资产投资之所以下滑，不仅仅由于宏观经济下行压力、需求不足，也由于江苏省化工项目投资，包括技术改造项目，政策受限较多。石化行业的转型升级，无论是存量优化还是增量提升，均需通过项目固定资产投资得以实现。因此，投资的持续疲弱，将影响到行业长期发展。

二是企业运营成本压力较大。由于江苏省资源、能源双紧缺，一定程度上推高了行业成本较高；由于化工园区工业用地存量接近耗尽，用地成本也水涨船高；由于人口红利的逐步耗尽，用工成本曰益增高；较其他地区更为严格的安全环保要求，更进一步提高了企业的相关运营成本，从而造成石油和化工行业主营业务成本比率居高不下。2015 年，行业主营业务成本比率高达 85.94%，其中肥料、合成材料制造业达到了 88.72%、88.27%。此外，税赋负担过重也助推了行业运营成本的上升。2015 年，行业利税总额同比增长 15.14%，高于行业利润增幅，远高于同期主营业务收入增幅。其中，产品销售税金及附加同比增幅高达 38.38%。

三是政策资源环境约束日紧。尽管江苏省地处沿海，环境容量相对较大，但多年工业发展累积的环境污染存量给生态文明建设带来了许多挑战。随着人民生活水平的提高、环境意识的强化，化工行业面临的挑战日益增强。行业生产工艺的本质安全化、环境友好化、产品绿色化改造将是一项艰巨任务。同时，部分地区出台的负面清单管理政策不够科学，禁止类产品目录有进一步过多化、宽泛化倾向。

四是技术创新驱动支撑不足。目前，江苏省石油和化工行业，特别是一些传统行业（基础原料、化肥等），老装置、老企业较多，但因本身盈利能力效弱，企业无心、无力做出更多技术创新投入。目前行业内企业实际研发投入占销售收入的比重平均仅1%左右，与发达国家相距甚远。同时，政府部门专项资金等科研投入在选择资助目标行业时往往倾向于石油和化工行业之外的电子信息、生物医药、社会发展等行业。总体而言，由政府、企业、社会共同投资并以企业为主的合理格局尚未形成；不仅投入强度较小，而且投入结构也不尽合理，往往重基础研究和技术研发、轻工程转化，造成科研成果转化率偏低。上述情况，造成石油和化工行业的技术创新驱动支撑不足。

四、加快江苏省石化行业健康发展的对策与建议

（一）调整优化产业结构

1. 着力发展高端产能

重点发展大型一体化石油化工、化工新材料、高端专用化学品、化工节能环保等四大产业。对接战略性新兴产业，全面推进工程塑料、高性能纤维、功能性膜材料、氟硅材料、3D打印材料等专用、高端化工新材料及其配套化学品的开发与产业化。培育和推广化学工业节能环保技术、节能环保材料、节能环保产品和装备，鼓励建设化工节能环保产业公共技术平台和服务站，打造一批技术先进、配套完整、发展规范的节能环保产业示范基地与服务产业链。鼓励企业转型升级和信息化改造，引进高端先进制造工艺，推进化工智能制造应用，建设智慧化工。强化创新、创业支撑，加快构建园区创新体系。发挥科教资源丰富的优势，在重点化工领域树立一批典型的技术创新示范企业，建设一批高质量的企业技术中心、行业关键技术创新平台，组建一批高水平的产业技术创新战略联盟，构建长期稳定的产学研合作机制。注重基础科学和前沿技术研究，着力加强原始创

新、集成创新和引进消化吸收再创新，抢占未来产业制高点。

2. 严格限制过剩产能

尿素、磷铵、电石、烧碱、聚氯乙烯、纯碱等过剩行业不得新增产能，相关部门和机构不得办理土地（海域）供应、能评、环评、取水和新增授信等业务，对符合政策要求的先进工艺改造提升项目应实行等量或减量置换。未纳入石化产业规划布局方案的新建炼化项目一律不得开工建设，不得在长江、淮河、太湖流域新建石油化工、煤化工等化工项目，从严控制异地搬迁或配套原料项目。处于人口密集区和安全环保敏感区域，不符合区域主体功能定位、安全环保不达标的化工企业必须转型、转移、改造或关闭。充分利用产业政策、安全、环保、节能、价格等措施，引导过剩产能转移和低端产能退出。

3. 坚决淘汰落后产能

贯彻落实国家发展改革委《产业结构调整指导目录（2013 年修订）》、《江苏省工业和信息产业结构调整限制、淘汰目录和能耗限额》（2015 年）等产业政策，列入淘汰目录内的工艺技术落后、安全隐患大、环境污染严重的落后产能，应立即淘汰。严格执行相关法律法规和强制性标准，对安全生产、环保、能耗达不到标准，生产不合格产品，违规保留淘汰类产能，依法依规有序退出。染料（包括颜料）、农药、医药及中间体，涂料、印染助剂等精细化工生产装置加快推进清洁工艺改造，2018 年底前淘汰间歇法、“三废”产生量大且无法安全处置或合理利用的生产工艺与装置。禁止新建或改扩建高毒、高残留以及对环境影响大的农药原药，并逐步压缩现有产能、企业和布点，原则上不得新增农药原药（化学合成类）生产企业。企业生产装置长期停车、产品市场低迷、技术工艺落后、装置重启存在不可控安全环保问题的，以及经整改仍不达标的危化品码头，一律实施关停并转。

（二）严格执行产业政策

1. 提高行业准入门槛

一律不批新的化工园区，一律不批化工园区外化工企业（除化工重点监测点和提升安全、环保、节能水平及油品质量升级、结构调整以外的改扩建项目），一律不批化工园区内环境基础设施不完善或长期不能稳定运行企业的新改扩建化工项目。新建（含搬迁）化工项目必须进入已经依法完成规划环评审查的化工园区。化工园区外的，制定出台以生产工艺技术与装置能力、安全环保指标、能源资源利用效率、产品质量等级等为主要内容的化工产品（特别是精细化学品）综合性规范条件或地方标准。制定出台高于国家现行内河散装化学品船标准的地方标准，提升内河散装化学品船本质安全水平。

2. 严格化工项目审批

新建化工企业要确保符合城乡规划要求，与周边场所的距离满足国家法律法规及相关标准规定。针对化工企业灾害事故防范及处置实际需要，适时制定出台高于国家现行化工企业防火设计技术标准规范的地方标准，并在全省执行。

健全化工建设项目发展改革、经济和信息化、安监、环保等部门联合会商制度，以复配或其他物理方式生产的、环境污染影响小的、安全风险低的、编制环境影响报告表的化工建设项目可由县（市、区）投资主管部门审批、核准和备案，其他化工项目一律由设区市的投资主管部门审批、核准或备案。

新建合成氨、对二甲苯、二硫化碳、氟化氢、轮胎等项目必须符合行业准入条件，现有企业统一纳入准入管理。

对生产高毒高残留的农药企业一律不再办理资质延期、产品换证。限制新建剧毒化学品、有毒气体类项目，不再批准新的光气生产装置和生产点建设项目，从严审批涉及重点监管危险化学品和涉及高危工艺的化工项目。

禁止建设排放致癌、致畸、致突变物质及列入名录的恶臭污染物等严重影响人身健康和环境质量的化工项目。

（三）强化环境保护监管

1. 坚持绿色发展

以绿色发展为导向，以持续改善生态环境质量、保护公众健康为核心，以污染防治为重点，系统管控污染源头，提升治理修复手段，防范环境风险，推进环境管理系统化、科学化、法治化、精细化和信息化。推进清洁低碳安全生产，加大有毒有害原料（产品）替代和绿色工艺推广，推进资源能源利用效率，提升副产、废弃物资源化再利用率及环境安全性。到2020年底，与2015年相比主要污染物二氧化硫、氮氧化物、挥发性有机物均减排20%，化学需氧量、氨氮分别减排13.5%、13.4%。

2. 严格废水处理与排放

推进化工企业生产废水分类收集、分质处理。影响污水处理效果的重金属、高氨氮、高磷、高盐分、高毒害（包括氟化物、氰化物）、高热、高浓度难降解废水应单独配套预处理措施和设施，农药、染料等高盐分母液需采取先进技术进行处理。严禁化工生产企业工业废水接入城市生活污水处理厂，已接入生活污水处理厂的工业废水必须在2017年底前接入工业污水处理设施，2018年底前所有化工企业必须完成雨污分流、清污分流改造，企业清下水排口必须安装在线监测系统和由监管部门控制的自动排放阀，清下水必须经监测达标后方可排放。

3. 工艺等治理档案和排放清单

全面推进LDAR修复技术，努力突破挥发性有机物综合防治难题。切实加强企业废气尤其是无组织废气的收集和治理，有效控制生产过程中污染物的排放。生产过程中涉及有毒有害、刺激性、恶臭等挥发性有机物的，应在生产车间、处置装置及厂界安装气体在线监测装置，并与环保部门联网。

4. 规范危险废物处理处置

按照“减量化、资源化、无害化”原则对危险废物按其性质和特点分类收集、包装、贮存、转移、处置，强化危险废物安全处理和资源化综合利用，避免二次污染。健全和完善港口危险废物的接收、运输和处置工作机制。鼓励企业自建危废处理设施，厂内应设置符合要求的危险废物贮存设施，危险废物的转移和处置必须符合国家相关规定。对危险废物产生量大、超期贮存严重且无安全处置途径的企业，实施限产、停产、关停。

专题 14－2　南京化学工业园区

南京化工园区于2001年经南京市政府批准成立，是继上海之后的中国第二家重点石油化工基地，园区位于南京市北部六合区，长江北岸，距南京市中心30公里，面积135平方公里，其中化工产业核心区规划面积45平方公里。同时托管大厂、长芦两个街道，常住人口约30万人。

主导产业

园区目前已形成以石化、碳两大产业链为主要支撑，新材料、生命科学与高端精细化工为重要内容的现代化工产业体系。园区基础原料及大宗化学品原料品类多，产能大。已成为全国最大的乙烯生产基地之一、全球最大的环氧产业基地之一、全球最大的醋酸及衍生物基地之一、全国最大的芳烃基地之一、全国最大的高分子材料生产基地之一以及华东最大的甲醇集散中心等。

入驻企业

至2014年底累计开发产业区用地25.42平方公里，累计入园企业320家，其中外资企业109家，包括30多家世界500强、全球化工50强以及细分市场领先企业。建成投产各类企业148家，累计完成全社会固定资产投资1659亿元，2014年实现产值1968亿元，销售收入1962亿元，利税157亿元。园区主要企业有扬子石化、扬子巴斯夫、扬子BP、扬子伊士曼、惠生清洁能源、塞拉尼斯、亚什兰、瓦克、沙索、蓝星安迪苏、金陵DSM、金陵亨斯迈、空气化工、林德气体、普莱克斯等。

五、本章小结

石化产业是国民经济重要基础产业，多年来，江苏省石化工业取得了长足发展，经济总量位居全国前列，已成为江苏省支柱产业之一。但整体上仍存在部分产品同质化低端化、产业布局不合理、安全环保问题突出、自主创新体系不完善等问题。

2016 年是“十三五”规划开局之年，江苏省石油和化学工业 2016 年在稳生产、促创新、调结构、提水平中稳步求进，着重推进供给侧改革，实施创新驱动、绿色发展战略。综合当前宏观经济运行情况，行业生产、价格走势，以及产业区域布局及产品结构调整变化等综合因素初步分析判断，虽然当前处于国际经济疲软的大背景之下，但是只要我们坚定信心，沉着应对，转型升级持续推进，结构调整逐步加快，能源效率继续提高，就能够实现行业经济的平稳运行，产品生产稳步增长，整体效益回升企稳。

参考文献

[1] 孙武．探究我国石油化工产业的发展 [J]. 化学工程与装备，2011，(2).

[2] 顾宗勤．我国石化/化工行业当前形势分析 [J]. 化工管理，2016-05-01：10-12.

[3] 潘爱华．贯彻落实《中国制造 2025》推动石化化工行业由大变强 [A]．产业经济评论，2015-09-25：5-11.

[4] 马建平．2015 年江苏省石化行业经济运行特点及趋势分析 [J]. 中国石油和化工经济分析，2016 (5).

[5] 经济运行稳中向好下行压力依然突出全国石化行业经济运行走势分析及预测 [J]. 上海化工，2015 (9).

[6] 石化行业“十三五”发展指南和产能预警报告发布 [J]. 上海化工，2016 (5).

[7] 谢在库，刘志成，王仰东．面向资源和环境的石油化工技术创新与展望 [J]. 中国科学：化学，2014 (44).

[8] 邹学将．中国石油化工行业效率研究 [J]. 产经评论，2012 (1).

第十五章 冶金行业

一、冶金行业的概述

（一）行业定义

冶金行业是指对金属矿物的勘探、开采、精选、冶炼以及轧制成材的工业部门。包括黑色冶金工业（即钢铁工业）和有色冶金工业两大类。

黑色金属是工业中应用最广泛的金属材料，在国民经济中占有极其重要的地位。铁矿是钢铁工业的基础原料，可制成生铁、铁合金、熟铁和各种钢材。锰能增加钢铁的硬度、延展性、韧性、抗磨能力。铬与其他金属制成贵重合金，应用于船舰、飞机、装甲车、汽车、桥梁和机械制造。钛具有轻、坚硬、耐高温、耐超低温、耐腐蚀等性能。钒能增加钢的强度和韧性，它们是国防工业、航天工业的重要原料。我国在钢铁工业方面，在沿海地区，建了鞍安（山）本（溪）、京津唐、上海钢铁基地，还在内地新建和扩建了包头、太原、武汉、重庆、攀枝花等大型钢铁基地，至于中小型钢铁厂，现在除了西藏以外，各省（区）都有一至几个基点。

有色冶金工业指通过熔炼、精炼、电解或其他方法从有色金属矿、废杂金属料等有色金属原料中提炼常用金属的生产活动。其中包括铝、铜、镍、铅、锌、稀土、金、银等金属的冶炼。由于有色金属各个具有独特性能，在现代化工业生产中已广泛使用，是工业生产中很重要的 个部门。我国有色金属分布很不均衡，四川攀枝花铁矿中，含有 10 种有色金属钒、钛、镍等，甘肃金昌市的金川镍矿，内蒙古的白云鄂博稀土矿，湖北大冶、江西德兴、安徽铜陵的铜矿，江西大余的钨矿，湖南锡矿山的锑矿，云南个旧的锡矿，湖南水口山的铅锌矿。为了扬长避短，充分发挥某一地区的资源优势，建设了区域矿产基地。如在湖南、江西、广东、广西建立有色金属基地，在内蒙古建立稀土工业基地等。①

冶金行业是重要的基础性产业，具有资金密集、技术密集、市场化程度高、产业链条长等特点，对于满足人民生活需要，促进城乡建设和经济发展具有十分重要的作用。

（二）行业分类

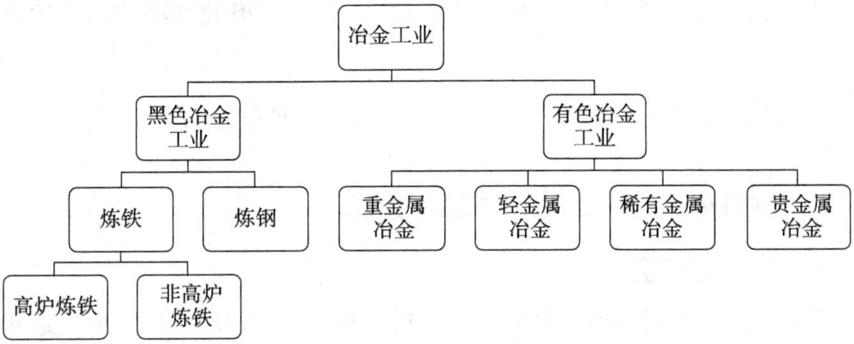

图 15－1　冶金工业的分类

资料来源：笔者整理。

冶金工业可以分黑色冶金工业（即钢铁工业）和有色冶金工业。钢铁冶金又分为炼铁和炼钢，其中炼铁又可分为高炉炼铁和非高炉炼铁；炼钢主要有转炉、电炉、感应炉、电渣炉、AOD 炉、电渣炉、精炼炉。有色冶金分为重、轻、稀、贵金属冶金，另外还有一些辅助部门，例如一些动力部门（制氧、氩、氮、水等）、煤气厂、物流运输等。

除此之外，还有一种分类方法，即冶金可以分为稀有金属冶金工业和粉末冶金工业。

（三）基本特征

①冶金行业基本上是重工业，是国家支柱产业之一，创税收重点大

① 引自百度百科。

户；但是同时存在能耗高、污染严重等问题。

②冶金行业产业集中度高，横向的兼并重组正成为发展方向。

③整合产业链上下游资源，纵向一体化逐渐深入。

④生产能力迅速扩张，产能矛盾日益突出，买方市场逐渐形成。

⑤外资进入中国，中国企业拓展海外市场，行业国际化程度不断提高。

⑥工艺装备水平和管理水平不断提升，企业由粗放型经营向集约化经营转变。

⑦民营冶金企业发展壮大，成为冶金行业发展的重要力量。

二、中国冶金行业发展的基本情况

（一）运行情况

2015 年，全球粗钢产量为 16.0 亿吨，同比下降 2.9%，结束了近年来世界粗钢产量一直增长的历史。同时，世界粗钢产能利用率平均为 69.7%，同比下降 3.6 个百分点，呈现加速下降趋势，导致钢铁行业效益下滑，全球钢铁行业面临产能过剩的压力，但产能仍在扩张。

2015 年，我国粗钢产量为 80382 万吨，同比下降 2.3%，出现自 1982 年以来的首次下降。粗钢表观消费量为 70074 万吨，同比下降 5.5%。

在全球性的该行业疲软的背景之下，2016 年我国钢铁行业运行主要有以下四个特点：

①市场需求缓慢回升，粗钢表观消费量恢复增长。2016 年，钢铁市场需求呈现缓慢回升态势。前 11 个月全国粗钢表观消费量 6.5 亿吨，同比增长 1.5%。预计全年粗钢表观消费量将比上年略有增长，这也是连续两年下降后的首次回升。

②粗钢产量前低后高，生产总量小幅增长。前 11 个月全国生铁、粗钢和钢材（含重复材）产量分别为 6.4 亿吨、7.4 亿吨和 10.4 亿吨，同比分别增长 0.4%、1.1% 和 2.4%；前 11 个月平均粗钢日产量为 220.6

万吨，比上年同期增长0.8%。粗钢产量呈现前低后高，1—2月粗钢产量大幅下降5.7%，3月后当月产量一直保持增长态势，至9月累计产量转为增长。

③钢材出口前高后低，预计全年略有下降。前11个月全国出口钢材1亿吨，同比下降1%；进口钢材1202万吨，同比增长3.6%；净出口钢材折合粗钢9196万吨，同比下降1.7%。钢材出口前高后低主要是受国内钢材价格回升和国际贸易保护主义的影响。

④受多重因素影响，钢材价格波动回升。2016年以来，受市场需求有所好转、钢材库存处于历史低位等多重因素影响，国内市场钢材价格波动回升。钢材综合价格指数从上年12月历史最低点54.48点开始回升，4月末最高涨至84.66点；到11月末涨至90.38点，同比上升60.85%；12月中旬达到103.4点，同比涨幅超过80%。前11个月中国钢材价格指数平均值为72.16点，同比上升3.94点，升幅为5.78%。①

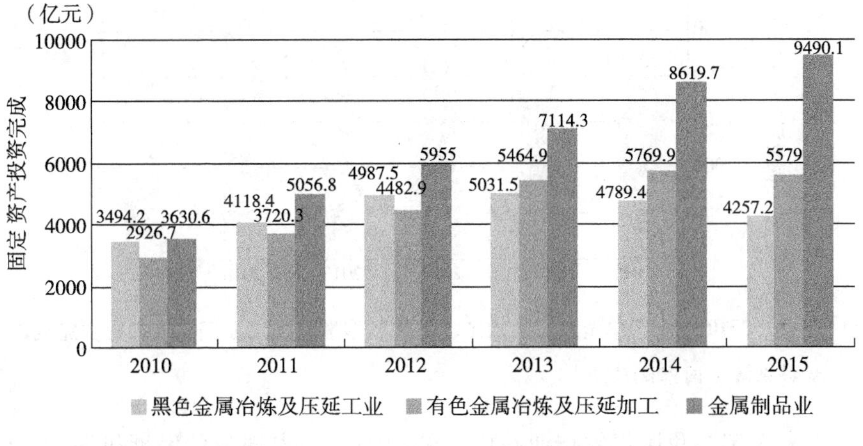

图15－2　2010—2015年全国冶金行业固定资产投资完成额

资料来源：国家统计局。

我国还处在工业化进程的中前期，重工业在国民经济中的地位还较

① 数据来自冶金信息网。

高，冶金行业仍保持较快的发展水平，近年来我国冶金行业工业总产值在原有绝对值较大的基础上大体保持增长水平。在湿法冶金中，膜法回收重金属、酸碱回收与净化等，对节能减排、提高金属收率十分有效，根据目前应用现状纳滤膜、反渗透膜的市场规模非常可观。2010—2015 年全国冶金行业固定资产投资完成额情况如图 15 –2 所示。

此外，近年来我国石油化工行业快速增长，根据国家统计局数据，2008—2012 年石油和化工行业固定资产投资一直保持较快增长。膜技术作为现阶段较为重要的工业分离技术，在石油化工产品纯化、石化废水处理回用等领域已进入大规模应用阶段，提高分离效率的同时，也大大降低了能耗，未来必将获得一定的市场份额。2010—2015 年全国石油加工、炼焦及核燃料加工业固定资产投资完成额情况如图 15 –3 所示。

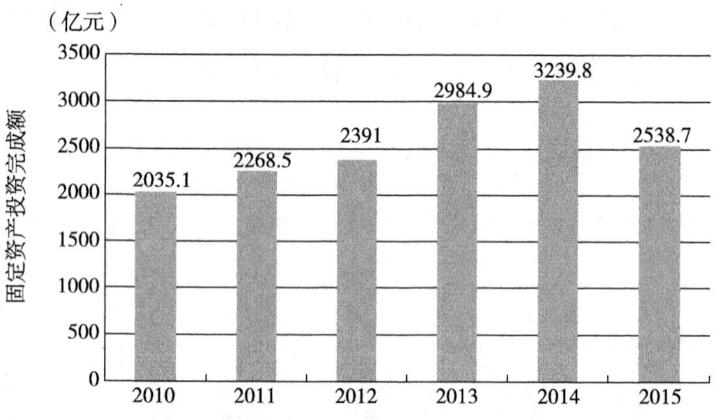

图 15 –3　2010—2015 年全国石油加工、炼焦及核燃料加工业固定资产投资完成额

资料来源：国家统计局。

未来 3 年，我国钢铁行业在内需的拉动下将出现最佳发展机遇期，钢材实际需求增长将保持年均 7.57% 的增速，预计中南地区将成为未来中国钢铁产品需求最具潜力的区域。未来 5 年，我国建筑行业和资源能源行业的需求所占比例将有所下降，而机械、轻工和汽车等行业需求所占比例将有所上升，与此同时，我国冶金工业水平将不断增强。

据最新2016—2021年中国冶金矿产行业专项调研及投资价值预测报告显示，近年来，我国冶金行业保持着高速发展，冶金企业生产经营规模急剧扩张，企业间兼并重组成为潮流，行业集中度不断提升，冶金企业出现了集团化的发展趋势，资源整合成为冶金企业生产经营的重要课题。同时，冶金矿山企业的竞争，也从传统的产品、技术、成本的竞争向资本、资源、服务的竞争转化，行业竞争日趋激烈，冶金行业将全面进入行业洗牌阶段。

（二）存在问题

中国冶金行业一直保持高速发展状态，黑色冶金和有色冶金行业共同发展，在全国形成了多个钢铁和有色金属产业基地。同时，冶金企业的生产规模急剧扩张、企业兼并重组成为业界常态、行业集中度不断提升。但是，中国冶金行业发展整体仍面临着诸多问题：钢铁行业低端产能严重过剩、供需矛盾不断扩大、产品同质化竞争激烈、钢材价格较低、整体盈利水平较低、下游应用行业发展受阻；而有色金属行业也同样面临着冶炼行业产能过剩、高端产品开发能力弱、生产经营成本过高、企业经营困难、抗风险能力较差等问题。

1. 从供给端看，钢铁行业去产能任重道远

在推进工业化与城市化的进程中，我国钢铁产能迅速扩张，但是钢铁行业集中度低的情况在我国也存在。截至2015年底，我国炼钢产能已达12亿吨。随着产能扩张，我国粗钢产量稳步增长，2015年底我国粗钢产量达到8.03亿吨，占全球的比例为50.26%，但产能利用率持续降低，2015年全年炼钢产能利用率仅为66.99%，2015年比2010年下滑15.01个百分点。根据国际标准，产能利用率79%时为产能过剩，75%为严重过剩，我国钢铁行业产能已严重过剩。根据新供给理论，产能过剩的部分属于供给失效部分，需要通过供给侧改革形成新的有效供给。因此，根据中央提出供给侧改革的五大任务，去产能则成为钢铁行业供给侧改革的必然选择。

此外，在供给结构方面，我国还存在粗钢产能过剩的同时，高端特殊

钢供给严重不足的问题。目前国内特钢行业生产中低端优特钢的企业居多，低端输送过快，导致高端停滞不前，高铁和汽车行业用钢缺乏，中高端特钢相对供给不足，众多高端产品仍然依赖进口满足国内需求。

2. 从需求端看，钢材消费强度明显下降

根据招商证券公司《钢铁行业 2016 年年度策略：行业景气度持续下行，重点关注国企改革与转型、特钢、钢管、金刚石和电商五条线》的研究数据显示，整体上普钢和特钢的主要需求终端是第二产业，其中普钢广泛用于建筑、机械等行业，其钢材消耗占比高达 74%，特钢主要用于汽车零部件和工业制造，两者合计占比达 60%。从我国目前已有的数据分析可得出结论：我国经济深化转型逐渐落地，我国或已于 2013 年钢材需求达到峰值，预期在新常态下，随着我国经济结构调整深化，钢材总需求及单位 GDP 钢材消费强度将明显下降。在经济发展引擎由传统转为新兴经济增长、动能。由固定资产投资拉动转为扩大内需拉动、产业结构由第二产业向第三产业转化阶段，钢需或已达到阶段性顶部，后续随着经济结构调整进程的逐步深化，钢需将持续下降，单位 GDP 钢材消费量将持续走低。此外，随着欧美国家对我国钢铁出口反倾销力度的增加，钢铁的外需增速也随之减少。有数据显示，2015 年我国钢材实际消费量达到 6.68 亿吨，比上年同比下降 4.8%，为 1996 年来首次下降。

3. 基于供需格局，钢铁行业持续盈利压力较大

综合考虑供需格局及未来预期，中长期钢铁行业的盈利下行压力仍存，钢铁行业债台高筑、违约风险增加将会使钢铁企业现金流和流动性日趋紧张，钢铁行业债务的期限结构偏向短期，因此短期偿债压力较大。有数据显示，2015 年钢铁行业负债攀升至历史最高。随着钢铁行业销售利润率下跌，2015 年末行业负债增至 10184 亿元，同比增长 3.28%。但负债增速呈放缓趋势，2015 年行业负债同比增速跌至上一轮产能扩张周期（2001—2015 年）以来最低。除此之外，钢铁行业资产负债率进一步提升，2015 年行业资产负债率达到 67.43%，同比 2014 年上升 1.44 个百分点，

达到历史新高。资产负债率的上升意味着融资空间将进一步被压缩，这与行业供给侧改革以及行业盈利能力薄弱的现状是相符的。

4. 冶金环境污染问题日趋引人关注

从我国冶金行业发展现状来看，冶金工业是一个高耗能、高污染的产业，也是节能减排潜力较大的行业之一。目前，我国经济发展的支柱之一即是钢铁冶金行业，我国经济发展与社会进步保持同步发展的同时，冶金行业也严重破坏了环境。进入21世纪后，我国的冶金工业快速发展并取得了不错的成绩，也深深控制着我国社会与经济的发展方向。冶金行业将会一直主导我国工业的发展与进步，深深影响着我国的环境。在以环保为主题的今天环境保护问题尤为重要，钢铁冶金的污染处理和环保措施也引起了社会各界的广泛关注。

目前，我国的钢铁冶炼技术既先进又落后，如宝钢，拥有世界先进的生产工艺流程，对环境的污染较少；但也存在生产工艺相对落后、环境污染十分严重的小型不规范企业。废水、固体废弃物和废气等造成了严重的环境污染。与发达国家相比，我国的治理环境方面仍存在许多不足，严重影响我国钢铁行业的进一步发展，因此，我们必须采取积极有效的措施，在防止钢铁工业环境被进一步污染的同时，不断改进生产技术，改善生产的环境，实现经济与环境的协调发展。

（三）发展建议与展望

1. 提质增效以化解过剩产能

根据新供给理论，过剩产能的退出与结构性改革，以提升钢铁行业发展的整体绩效，形成钢铁行业新的有效供给，是钢铁供给侧改革的核心所在，也是践行中央提出的供给侧改革五大任务中去产能、补短板的需要。根据国务院《关于深入推进供给侧结构性改革的实施意见》，钢铁行业过剩产能退出与结构改革可以采取以下措施：①强制退出产能。在去产能方面，针对存量，化解过剩产能，通过环保、能耗、质量、安全、技术全面出击方式依法依规退出，彻底拆除钢铁生产高炉，防止退出产能死灰复燃；针对增量，严禁新增产能，不得以任何形式新增产能，退出产能不能置换。②引导退出过剩产能。采用行业并购重组等方式增强行业集中度，提升企业的运营能力。通过兼并重组、转型转产、搬迁改造、国际产能合作等方式来引导主动退出。如最新的宝钢与武钢的合并，便是通过兼并重组主动退出产能的典型事件。③扩大高端特殊钢供给补短板。优化钢铁行业供给结构，提升钢铁行业发展质量。解决钢铁行业总量过剩的同时，需要加快推动行业转型升级，出台相应政策，对钢铁行业在高端特殊钢的研发予以鼓励，通过“补短板、优结构”推动钢铁行业转型升级以提供有效供给，增强当前供给不足的高端特殊钢的供给能力。

2. 建立债务共同分担机制

国家统计局数据显示，2015 年 11 月底钢铁行业负债总计 4.41 万亿元，中国钢铁工业协会 101 家重点钢厂 2015 年 10 月底资产负债率达 69.42%，负债规模为 3.37 万亿元，其中银行短期借款和长期借款分别达到 9820.76 亿元和 3602.10 亿元。在钢铁行业主营业务持续亏损的情况下，经营性活动净现金流入相较巨额短期借款缺口较大，整个行业均存在较大短期债务偿付风险。在钢铁行业去产能的过程中，假如钢企无稳定的现金流来偿还到期债务和利息，银行将面临出现大额坏账风险。此前新疆等地政府已表态不再向落后产能输血，在通过行政手段去产能的同时充分发挥市场的调节和矫正作用，市场竞争规则将促进过剩落后产能的出清及钢铁行业的转型和升级。

现阶段政府已积极出台配套政策清除障碍，设立专项财政基金以帮助企业度过行业去产能阵痛期，在供给侧改革配套措施逐步落地的情况下，我国钢铁行业过剩产能出清有望加速推进。

钢铁是重要基础性行业，要以壮士断腕的勇气化解过剩产能，形成新的有效供给。在市场环境下，长期亏损、扭亏无望的僵尸企业“首当其冲”，将会率先成为去产能的领头军。往往这些被淘汰企业的银行借款无力偿还，在去产能的过程中将产生大额的银行坏账。只有通过建立良好的债务分担机制，有效解决过剩产能的钢铁企业的债务，才能更有效地建立钢铁产能过剩企业退出通道，减少产能退出的阻力。假如被淘汰的落后产能企业均无力偿还银行借款，产能如若在此基础上分别减少 10%，则可能产生的银行坏账为 1342.29 亿元，这样大的债务量很需要中央、地方、企业和银行四方共同分担。

3. 专项资金落地为人员安置提供资金保障

截至 2015 年 10 月底，我国黑色金属冶炼及压延加工业全部从业人员平均人数为 360.80 万人。根据国家统计局数据显示，2014 年我国粗钢产能为 11.6 亿吨，粗略估计 1 万吨钢铁的产能将解决 31 个人的就业；2015 年前 10 个月我国粗钢产量达 67510.34 万吨，粗略估计 1 万吨钢铁产量将解决 53 个人的就业。根据我国《劳动合同法》规定，用人单位合法裁员的，则用人单位应该按职工在本单位的工作年限支付经济补偿金，补偿标准为：每满 1 年支付 1 个月工资；6 个月以上不满 1 年的，按 1 年计算；不满 6 个月的，向劳动者支付半个月工资的经济补偿。按照国家统计局的数据，我国制造业生产、运输设备操作人员及有关人员 2014 年的平均工资水平为 41245 元/年，假定工作人员工作年限为 15 年，以此为基础进行测算，假设我国粗钢产能若在此基础上分别减少 10%、20%、30%，则需要的配套资金金额分别为 186.01 亿元、372.03 亿元、558.04 亿元用于钢铁行业去产能。

人员的有效安置是钢铁过剩产能退出需要考虑的又一重要问题，要有效实施钢铁行业的供给侧改革，除需要通过多方努力解决好钢铁企业的债务问题外，因减少过剩产能而形成的富余人员，则需要通过资金支持进行有效的安置。国务院已决定为钢铁和煤炭行业的供给侧改革的人员安置提供 1000 亿元的配套资金，用以鼓励钢铁行业加速去产能。随着配套资金的落地，我国钢铁行业产能出清有望加速进行。

4. 冶金环境问题的治理措施

（1）大力推广信息化技术

先进的技术会推动钢铁冶金的快速发展，采取最先进的信息化技术可以保障钢铁企业的发展顺应着市场的发展变化，不断控制好各个类型的工艺参数，生产出市场需要的优质产品，达到高效益的目标。对于严重破坏环境的中小型企业，有关部门可以要求其在规定的期限内进行整改，采取强制性措施，站在长远发展的角度上，责令企业引进先进的技术，从而降低污染，提高其市场竞争力。

（2）提高企业的环保意识

加大宣传环境保护力度，提高人们保护环境的意识，真正意识到人与环境的相互依存、不可分割的关系，认识到遏制污染和保护环境的重要性，从而可以积极主动采取有效措施，实现人类与自然环境的和谐发展。对于我国的钢铁冶金行业的高能耗问题，为了实现可持续发展，必须要改进生产技术，采用先进的节能设备，不断向环保先进企业发展方向发展，提高资源的利用率，杜绝浪费，减少污染的排放量，从而降低和减轻污染环境和造成的环境负担。

（3）发展再利用技术

与发达国家相比，我国的冶金行业在再利用废水和固体废弃物回收再利用方面较薄弱，虽然再利用技术取得了一些显著成就，但是不够充分利用，技艺较简单。企业可以学习发达国家的先进技术，投入大量时间进行研究，加大研究力度，从而减轻污染对环境造成的压力，也可以循环利用废水和废弃物，从而达到节约资源的目的。

三、江苏省冶金行业发展的基本情况

（一）发展现状

“十二五”期间，江苏冶金工业全面加大各项工作力度，取得了总量规模、发展水平的双提升，为满足江苏省工业化、城镇化发展对钢铁和有色金属材料的需求，推进全省“两个率先”做出重要贡献。但是，发展过程中积累的矛盾集中显现，增速前高后低，低速、低效成为行业发展的新常态。

1. 产销总体保持较快增长，总量规模居全国前列

2015 年，江苏冶金行业共有规模以上企业 3258 家，全部资产合计 9836 亿元。规模以上工业企业完成现价产值 15940.5 亿元，主营业务收入 15869.8 亿元；实现利税总额 1045.7 亿元、利润总额 584.5 亿元。其中，黑色金属冶炼及压延加工业实现销售收入 9971.2 亿元、利润总额 337.6 亿元；有色金属冶炼及压延加工业实现销售收入 3830.6 亿元、利润总额 146.7 亿元。与 2010 年相比，冶金工业现价产值、主营业务收入、利税总额、利润总额年均分别增长 7.2%、7.2%、6.2% 和 2.5%。2015 年，产粗钢 10995.17 万吨，占全国总量的 13.7%，较 2010 年增长 76.1%；钢材 13560.81 万吨，占全国总量的 12.07%，较 2010 年增长 48.65%；生铁 7044.82 万吨，占全国总量的 10.2%，较 2010 年增长 35.2%；十种有色金属 39.76 万吨，铜材 306.5 万吨，铝材 374.5 万吨。粗钢、生铁、钢材产量均排在河北之后列全国第二位，铜材产量列全国第三（列江西、浙江之后），铝材产量列全国第四位（列山东、河南、广东之后）。

2. 化解过剩产能任务超额完成，工艺装备水平先进

“十二五”期间，江苏省严格执行国家产业政策和相关规定，淘汰了 10 万吨电解铝、1.2 万吨稀土冶炼分离能力、157.6 万吨焦炭。从 2013 年起启动过剩产能化解“五年计划”，到 2015 年，化解炼铁产能 370 万吨、炼钢产能 477 万吨，超额完成国家下达的 700 万吨钢铁过剩产能化解任务。在化解过剩产能的同时，加强改造投入，装备大型化、控制自动化、产线集成化取得显著进展。沙钢集团 5800m^3 高炉是目前国内最大、世界第二大高炉，兴澄特钢为世界上最大的单体特钢生产企业，云海金属是亚洲最大的镁合金生产企业，天工国际为亚洲最大的工具钢生产企业，大力神铝业是世界上先进的铝合金板带箔生产企业，5m 宽厚板、1450mm 热轧卷板、1420mm 冷轧、薄板坯连铸连轧生产线、4500 吨快锻项目等冶金装备水平达到国内领先、国际先进水平。

3. 固定资产投资结构优化，出口保持较快增长

2015 年，冶金行业由于钢铁、有色等市场行情不佳影响投资增长较为

缓慢，共完成投资2101.9亿元，增长3%，增幅比上年同期下降5.7个百分点，其中黑色金属冶炼和压延加工投资下降10.9%，有色金属冶炼和压延加工业投资下降1.7%。在钢铁投资总额中，节能环保投资和技术改造投资占绝对比重，投资结构进一步优化。出口保持较快增长，成为市场不景气条件下稳定行业增长的重要力量。2015年，全省冶金行业完成出口交货值775.4亿元，比上年下降1.7%，与2010年相比，年均增长7%。2015年，全省海关出口钢材1964万吨、铝材56万吨、铜材7.2万吨，分别比上年增长23.6%、19.1%和下降5%。与2010年相比，钢材、铝材出口量年均增速分别为20.8%和18.5%，保持较快增长。

4. 技术创新力度加大，产品结构进一步优化

“十二五”期间，重点企业加大研发投入，加强技术创新和产品开发，取得了良好成效。高效低成本冶炼技术、新一代控轧控冷技术、洁净钢生产技术、工业固废（危废）综合治理技术等一批先进技术得到开发和应用，企业技术中心、工程技术中心发展迅速，发明专利数迅猛增加，企业整体技术水平与世界先进国家的差距逐步缩小。到2015年底，全省冶金行业拥有1个国家金属线材制品工程技术研究中心、4个国家级技术中心、75个省级技术中心及45个省级工程技术研究中心。获得中国冶金科学技术奖14项、其中一等奖4项、二等奖5项；获得省科技进步奖31项，其中一等奖1项、二等奖10项；获得352项江苏省高新技术产品称号。承担的高品质特殊钢新型短流程生产线技术开发与应用示范、钢铁联合企业综合废水深度处理及循环回用技术及应用、基于物联网的钢铁企业物资流监控与循环利用技术、30万吨/年钢铁冶炼粉尘转底炉锌铁回收与金属循环利用技术及示范等4项国家科技支撑计划项目完成了计划进度。全行业优钢比达到60%以上，高合金钢增幅高于合金钢和非合金钢，高附加值产品比重明显增加，产品结构不断优化。2015年，法尔胜泓晟集团荣获国家科技创新示范企业称号。同年，江苏有28个产品获中国钢铁工业协会发布的冶金产品实物质量金杯奖。南钢集团的LNG船用9Ni钢板、NM550Q1100

耐磨与高强板，超高强钢 SC960、T91 等超临界、超超临界锅炉合金管坯钢；兴澄特钢的高标准轴承钢、汽车用钢、高标准齿轮钢、高档弹簧钢、超纯净钢 ETN－22UC、230mm 大规格系泊链钢、610mm 特厚钢板；沙钢集团的 E690F690 船板钢、ASTMA517GrQ、X90/100 用埋弧焊丝钢 NGX90/100H；法尔胜泓昇集团的大桥缆索用 S 型钢丝、形状记忆与超弹性 NiTi 合金；天工国际的高速工具钢；南京中锗公司的 P 型零位错锗单晶；苏州雅泛迪铝业的高强度铝轮毂；大力神铝业的航空用铝板；常铝铝业的空调散热片用铝箔；宝钛股份的爆炸复合金属材料；佑天金属的结晶锆、结晶铪、高性能镀膜用镍铬溅射靶材等一批产品达到国内外先进水平。

5. 主要污染物排放水平逐年下降，节能减排成效显著

江苏省冶金工业在总量规模扩大的同时，持续加大节能减排投入，取得了显著的成效。重点推广应用了高炉煤气干法除尘、干熄焦、转炉煤气干法除尘、余热余压发电、煤气回收、中水回用、钢渣及含铁尘泥综合利用、烧结脱硫等技术，企业工序能耗、“三废”排放处于全国先进水平，清洁生产水平、环境友好水平显著提高。2015 年粗钢产量达 1.10 亿吨，比 2010 年增加 76%，而总能耗的增长却低于 60%，能耗增长幅度低于钢产量的增长幅度。2015 年全省吨钢综合能耗比 2010 年降低了 6.7%；吨钢可比能耗比 2010 年降低了 12.26%，吨钢耗电降低了 3.53%；炼铁工序能耗比 2010 年降低了 7.26%；高炉煤气放散率比 2010 年下降了 45.14%；钢铁企业外排废气中吨钢二氧化硫排放比 2010 年减少 37.99%，外排废气中吨钢烟粉尘排放减少 36.14%；高炉煤气回收率达 96.56%，转炉煤气回收率达 96.66%，焦炉煤气回收率达 98.87%，分别比 2010 年提高了 3.02%、3.09% 和 0.71%；吨钢耗新水比 2010 年下降了 16.01%，水重复利用率增长了 1.45%。据对 32 家钢铁企业的统计，已建成的烧结脱硫设施分别占烧结机总台数、总面积的 93.8% 和 92.6%，正常运行后，每年可减少二氧化硫排放量约 2.89 万吨。

6. 两化融合加快推进，多元化发展取得新的进展

“十二五”期间，全省冶金企业加大投入，加强规划，积极拓展应用

领域，推进集成融合，信息化管理水平和制造流程现代化水平不断提高。截至2015年初，江苏省近95%的重点钢铁企业制定了信息化发展战略，并作为企业战略的重要组成部分。92%的企业主干网覆盖到核心办公区域，68%的企业主干网覆盖到内部核心生产区域。软件著作权和自有知识产权数显著提高，个性化半定制式MES系统建设与应用在大多数企业广泛开展，计量、能源系统集成远程控制得到普遍应用，集中、扁平、无人值守管控体系在不同专业过程应用，并呈现迅速扩大之势。协同办公、集中管控、MES系统、EAM、集成数据采集等系统软件开发与应用，使得信息化在精益生产、精准控制和精细管理等方面成为企业提升竞争力的重要手段。沙钢在集团范围内实施以投资、购销、人力、财务、技术等为要素的“三整合、五统一”，开展以建章立制和信息化建设为重点的管理提升活动，促进各项管理工作规范化、程序化、标准化，进一步提高了管理现代化和作业标准化水平，企业荣获袁宝华管理金奖；南钢通过信息化与工业化的深度融合，在生产、销售、质量、采购、财务等领域实现了全面信息化，建成了以ERP整体产销系统为核心的“集成融合型”信息管理系统，不断提升自身制造流程的现代化水平，初步完成了打造垂直集成和网络化的制造平台。

在积极发展主业的同时，江苏省冶金企业利用自身优势，积极延伸产业链，发展相关多元产业，取得了积极的进展。沙钢在资源能源、产业链延伸、贸易物流、金融证券期货、风险投资等领域积极探索，形成了一业为主、多元发展的产业格局，成为融生产、贸易、金融、物流等于一体，跨行业、跨地区、跨国界的综合性企业集团。苏钢大力发展“低碳金属材料智造园”、“现代物流智慧园”，加快以废钢加工配送为主的“循环经济产业园”和以创业、立志为主的“北大青年城创业园”的建设，形成“两主、两辅”产业协调发展的格局。

7. 增幅前高后低，低速、低价、低效成为行业发展的新常态

“十二五”期间，从主营业务收入增幅看，2011—2013年为8%～10%，

2014 年降为 2.2%，2015 年为下降 2.4%；从利润总额增幅看，2011 年、2013 年分别为 39.4% 和 22.5%，2014 年下滑至 12.7%，2015 年下降为 7.7%。从钢材价格看，2011 年 2 月钢材综合价格指数为 178.7，2015 年 12 月降至 69.8，下降了 60.9%。2015 年，全省冶金行业主营业务收入利润率为 3.7%，亏损企业亏损额增长 189.8%，亏损面为 18.4%。冶金行业增速总体呈现前高后低的发展态势，低速、低价、低效成为行业发展的新常态。①

（二）重点任务

1. 大力化解过剩产能，着力促进结构优化

认真贯彻国家和省政府有关政策和部署，严控增量，调整优化存量，防范风险，确保稳定，促进结构优化和行业发展的平稳过渡。严把项目审查关，严禁沿城市周边和内河钢铁企业新增钢铁冶炼产能，沿江地区钢铁企业实行减量调整，沿海地区钢铁企业实施减量置换。加大综合执法检查力度，对达不到环保、能耗、质量、安全要求的钢铁企业，限期整改，限期后仍无法达到要求的，实行差别电价，依法进行停产或关闭。对资产负债率超过 85%、连续亏损三年及以上；因生产经营困难停产半年或半停产一年以上；主要依靠政府补贴和银行续贷等方式维持生产经营；长期欠薪、欠税、欠息、欠费的钢铁企业引导其主动压减产能或退出。鼓励区域企业联合重组，引导优势企业开展兼并重组，提高行业集中度。发挥传统比较优势，以龙头骨干企业为牵引，整合相关资源，打造高性能特钢、高速工具钢、金属制品、高性能铝合金、稀贵金属新材料五大生产基地，优化产业布局。落实国家有关政策，推广应用钢结构建筑、钢结构桥梁，拓宽钢材应用领域。鼓励企业扩大出口，努力扩大有效需求消化一批过剩产能。继续做好淘汰落后和打击地条钢工作，淘汰低端产能。积极引导企业主动压产社会库存过高、经营亏损的品种，发展技术含量、附加值高的产

① 数据来自江苏省钢铁协会。

品，优化产品结构。做好困难企业职工安置工作，化解矛盾，维护社会稳定。

2. 推进全面创新，提高竞争能力

发挥科技创新在全面创新中的引领作用，加大研发投入，加强科技资源的整合，努力建设产业技术中心和产业创新联盟。强化原始创新、集成创新和引进消化吸收再创新，加快科技成果转化，研发一批关键技术，培育一批优势产品，提高核心竞争力。深化体制机制创新，着力改善家族式企业管理模式，推广普及职业经理人制度，健全股权激励、制衡和约束机制。创新经营模式，加强与用户的合作，通过产品设计与前期介入，为用户提供专家式的服务和一体化的价值解决方案，加快由制造商向服务商的转型。推进管理创新，积极借鉴国内外先进企业的管理经验，加强内部体系、流程的整合，推进精益管理，深入开展对标找差距活动，努力降低成本，提高管理效率。

3. 推进智能制造，促进两化深度融合

积极落实《中国制造 2025 江苏行动纲要》战略部署，开展两化融合水平测评和等级评定，推进两化融合管理体系标准认证；支持引导企业运用新一代信息技术、工业应用软件和信息化管理系统对现有装备进行智能化改造升级，推进关键管控软件一体化规划设计及全覆盖应用，加快设备互联互通和系统集成，提高企业基础自动化和先进过程控制自动化应用水平；鼓励优势领先企业进一步优化完善管理综合信息系统，推进制造、管理、经营和流通模式的再造。实施智能化改造项目，打造智能化示范车间和工厂；打造以电子商务平台为核心的全产业链在线服务生态系统，建设行业大数据综合信息平台，培育流程型智能制造、网络协同制造、大规模个性定制、远程运维等智能制造新模式的试点试范，提升企业综合竞争能力。鼓励企业应用自动测温取样机器人、板坯自动清理机器人，原料分拣机器人、切割机器人，表面缺陷判定、产品自动标识、图像自动识别机器人等，不断提高智能化制造水平。

4. 加大节能环保投入，促进绿色化生产

遵循减量化、再循环、资源化，装备节能、技术节能、管理节能三管齐下的原则，对照国家节能环保标准，进一步加大节能环保投入，加大对现有设施的改造，淘汰高炉煤气湿法除尘、转炉一次烟气传统湿法除尘等高耗水及能效低、污染物排放大的落后装备及工艺，全面建成企业厂区主要污染物排放的环保在线监控体系。积极研发推广应用先进节能环保技术，开展焦炉和烧结烟气脱硫脱硝、综合污水回用深度脱盐等节能环保难点技术示范专项活动。在环境影响敏感区、环境承载力薄弱的钢铁产能集中区，加快实施封闭式环保原料场、烧结烟气深度净化等清洁生产改造。加强能源管控中心的建设，提高能源利用效率，降低工序能耗，实现达标排放。发挥钢铁制造“产品生产、能源转换、废弃物消纳”三大功能作用，建立钢铁生产与石化、建材、能源等相关行业以及社会生活共享资源、互为排放物治理、互为二次资源循环利用的区域生态工业园，实现区域内物质循环。加强审核和监管，实施清洁生产审核，开展ISO14000环境管理体系、环境标志产品和其他绿色认证，严格实施项目能评和环评制度，严格新建项目排污总量前置审批，加强节能环保监察执法，对超标准、违规使用落后用能设备企业执行惩罚性电价和差别电价，依法加大对违法排污企业处罚力度。

5. 发展相关多元产业，培育新的增长点

积极引导企业根据自身实际和区域需求情况，在做强主业的同时，适度发展多元产业。要充分依托主业在冶金技术、设备、资源、人才等方面的优势，着力开发钢材深加工、国际贸易、矿产资源开发、综合利用、物流服务等相关产业。鼓励有条件的企业集团横向发展新材料、金融投资等多元产业，以分散企业经营风险，形成与钢铁主业形成良性互动的新增长点，增强企业的抗风险能力和综合竞争能力。

6. 加快走出去，提升国际化经营水平

适应经济发展和竞争环境的变化，充分利用两个市场、两种资源，抢抓“一带一路”建设带来的历史机遇，积极开展国际产能合作、市场合作和技术合作。积极采用国际技术和产品标准，有条件的企业制订自身的国际标准，实现标准的国际化；要面向国际市场引进人才，实现人才的国际化；引导有条件的企业以市场潜力大，双方互补性强、契合度高，发展基础条件好的发展中国家为重点国别，采用成套设备出口、投资、收购、承包工程等方式推进国际产能合作；创新海外营销模式，加强与国际钢铁贸易公司联姻合作，利用国外成熟先进的营销网络，拓展海外营销网络，扩大出口市场，有效避免贸易摩擦；鼓励有条件的企业抓住机遇，采取参股、合资等方式，投资或合资开发国外矿业、有色金属资源，或与国内上游铁矿、煤矿等原燃材料生产企业合作，参与其开发和建设，建立稳定的原料供应基地。

（三）保障措施

1. 加强组织领导和规划引导

按照国家和省政府的统一部署，建立部门联合的钢铁行业脱困发展领导机构，明确职责分工，加强工作协同，研究重大问题，制订扶持政策，形成工作合力。建立有关部门联合的产能跟踪监测工作机制，落实必要的工作经费，全面开展统计监测，及时掌握总量规模、产能结构等信息，为供给侧结构改革奠定坚实的基础。完善奖惩办法、标准，加强联合执法，依法化解过剩产能。加强规划的细化、深化工作，增强规划的科学性、指导性和可操作性。要从实际出发，协调解决重大事项，推进落实重大项目，组织开展督查考核，确保关键措施落实和目标任务完成。加强对规划实施的跟踪评估，及时发现规划实施过程中出现的问题，及时加以修订和解决，确保规划目标落到实处。

2. 加强政策扶持

认真落实国家和省促进产业升级的各项优惠政策。加大增值税转型、引进进口设备减免关税、企业研究开发费用加计扣除、节能减排和高新技术企业税收优惠等政策的落实力度。统筹安排使用省级相关专项引导资金，加大对传统产业技术创新、技术改造、品牌创建、“两化融合”、节能减排、智能制造等重点项目的支持力度。对符合规划要求的重点项目，优先安排各种政策性资金。制订和实施促进冶金行业兼并重组的政策，着力解决企业兼并重组中的突出矛盾，推进冶金行业特别是钢铁行业兼并重组工作的有序开展。建立落后产能的退出机制，对不按规定淘汰落后产能的企业实行差别电价、水价等处罚性措施；对主动淘汰和按期淘汰的企业给予财政专项资金奖补；允许淘汰落后炼铁、炼钢产能的企业，在轧钢装备先进、产品有市场特色优势的条件下，保留轧钢装备；支持淘汰落后产能企业转产形成新的经济增长点，对转产企业给予优先办理各种审批手续、减免税收的优惠政策；落实省政府关于支持企业内部职工分流、促进再就业和自主创业的优惠政策，妥善做好下岗职工安置；进一步完善金融政策，加大信贷投入力度，支持冶金企业化解过剩产能、兼并重组和转型发展；进一步完善土地政策，支持企业化解过剩产能。

3. 实施人才战略

确立人才优先理念，制订切实可行的政策措施，着力建设适应冶金行业发展需要的人才队伍，以各级各类高素质人才引领、支撑行业转型升级。面向国内外两种资源，重点引进一批掌握行业核心技术、具有世界前沿水平的科技型领军人物和高层次经营管理人才；利用现有产业基础与研发平台，培养集聚一批科技骨干力量；完善职业教育体系和在岗技能培训制度，造就一批重点工种、重点工艺的高技能一线员工，提高人才队伍水平。

4. 优化服务

引导行业协会加强自身建设，加强行业基础统计工作，积极构建行业服务平台，做好监测分析、专家咨询、人员培训、产学研合作、银企对接等项工作，提升服务的针对性和有效性。充分发挥江苏省专业人才集中的资源优势和行业协会作用，建立行业专家库，整合、调动方方面面智力为传统产业升级服务。进一步规范涉企收费和行政执法行为，切实减轻企业负担。加强煤电油运科学调度，为传统产业升级创造良好条件。

专题 15－1　中国政府调整钢铁煤炭行业去产能目标

在供给侧改革实施约一年后，中国政府调整了钢铁和煤炭行业的去产能目标。计划在 3～5 年内钢铁、煤炭产能分别压减 1.4 亿吨和 8 亿吨。1 月末，国务院总理李克强在《彭博商业周刊》发表了题为“开放经济造福世界”的署名文章。在这篇刊载于外媒的署名文章中，李克强明确了中国的去产能路线图，以“使相关行业恢复更加健康的基本面”。李克强署名文章表明，中国政府已将钢铁去产能目标由原先的 1 亿～1.5 亿吨修正至 1.4 亿吨。而在煤炭行业，去产能总量则从一年前规划的 10 亿吨缩减为 8 亿吨。

西本新干线高级研究员邱跃成认为，此次“调高”钢铁去产能目标，下调煤炭去产能计划，或与 2016 年两个行业的表现有关。2016 年，国内粗钢产量同比增长 1.2%，原煤产量则同比下降 9.4%。相对而言，煤炭价格涨幅大于钢价。在提及供给侧改革时，李克强指出，2016 年中国分别压减了 6500 万吨和 2.9 亿吨以上的落后过剩钢铁和煤炭产能，为此将有 70 万名钢铁和煤炭从业者转岗。

这是中国政府首次公布去产能成绩单。该数字超过了早先制定的 4500 万吨钢铁和 2.5 亿吨煤炭的 2016 年去产能目标。2015 年初，国务院印发的钢铁和煤炭行业化解过剩产能文件中提出，计划从 2016 年开始，用五年时间（到 2020 年为止）压减粗钢产能 1 亿～1.5 亿吨；并用 3～5 年时间（即 2018 年底—2020 年底），退出煤炭产能 5 亿吨左右、减量重组 5 亿吨左右。此番调整钢铁去产能目标时，官方选择了原目标区间 1 亿～1.5 亿吨的较高值——1.4 亿吨。

邱跃成认为，这或与 2016 年底掀起的清缴“地条钢”行动有关。“地条钢”取材于废旧钢材，通常用中频炉和铸铁模具加工制成，材质低劣，而这部分产能的具体规模并未完全登记在册。

在 2016 年 11 月的国务院常务会议上，李克强曾点名批评江苏新沂小钢厂违规生产并销售“地条钢”的行为。此前界面新闻记者从工信部一位工作人员处了解到，中国政府削减“地条钢”产能的意图。“国内钢铁产能情况比我们想象的要复杂，还存在一批地条钢产能，它们质量差、环境污染严重且安全隐患多。”

2017 年 1 月，中国钢铁工业协会披露，将在 2017 年彻底出清国内的“地条钢”产能。而这一年也被认为是钢铁去产能的攻坚之年。上述工信部官员曾评价称，虽然 2016 年中国超额完成了钢铁去产能任务，但国内钢铁行业并没有发生实质性变化。2016 年 6500 万吨的钢铁去产能实施成果，一定程度上降低了中国在 2020 年前达成去产能总目标的难度。就未来四年 1.4 亿吨的钢铁产能削减任务而言，只剩 54% 的任务量有待完成。不过相较于进度条上已经完成的那 47%，削减剩余另一半钢铁产能的难度将更大。

四、本章小结

冶金行业是我国重要的基础行业，进入 21 世纪以来，我国冶金工业取得了辉煌的成绩，但也存在着一系列问题，如产能过剩、供需矛盾扩大、产品同质化严重、整体盈利水平较低等，并深深影响着我国社会与经济地发展。本章对国内冶金行业及江苏省冶金行业运行状况进行梳理，呈现了目前该行业的发展情况，发现问题并提出了建议与对策。要促进冶金行业健康快速地发展，就要不断加强技术创新，强化行业绿色健康发展；进一步加强有效的产学研合作机制，提高科研成果转化率；提高资源供给能力，加大对关键原材料的储备；加强科学监管，建立公平合理的市场环境；加强职业培训制度建设，提升对复合型人才的培训力度等。

参考文献

［1］李福龙，张志成．浅析我国冶金工业的发展［J］．科技传播，2011（7）：63－66.

［2］张美玲，高敏，赵卓．我国冶金工业发展与环境保护问题的哲学

思考［J］．安徽工业大学学报（社会科学版），2014，31（5）：13－14.

［3］连莲，李孟刚，叶旭廷．新常态下钢铁产业“去产能”研究［J］. 经济纵横，2016（7）：37－41.

［4］贾献培．推动冶金产业优化提升创新发展［N］. 昆明日报，2016－08－31.

［5］黄群慧．论中国工业的供给侧改革［J］. 中国工业经济，2015（9）.

［6］何维达，潘峥嵘．产能过剩的困境摆脱［J］. 广东社会科学，2015（1）.

［7］江苏省经济和信息化委员会．江苏省冶金工业发展规划（2016—2020年）［Z］，2016－10－17.

［8］陈爱雪．供给侧改革背景下我国钢铁产业产能过剩问题的解决路径研究［J］. 工业技术经济，2016（10）：133－137.

第十六章 建材行业

一、建材行业简介及发展历程

（一）建材行业简介

建材行业①是我国重要的材料工业。建材产品包括建筑材料及制品、非金属矿及制品、无机非金属新材料三大门类，其中建筑材料及制品主要为建筑钢材、铝塑等；非金属矿及制品主要为水泥、平板玻璃及地板地材、玻璃纤维、陶瓷制品等；无机非金属新材料主要为 PVC 异型材、耐火材料、轻质材料、防水材料等一些新型建筑材料等。建材产品广泛应用于建筑、军工、环保、高新技术产业和人民生活等领域。

表 16－1 建材产品分类

类别	具体材料
洁具	水龙头、浴室柜、淋浴房、浴缸、陶瓷
涂料	乳胶漆、水性漆、纳米漆、汽车涂料、建筑涂料
石材	荒料地板、石雕、石材家具、燃气具、洗碗机
窗帘	窗饰、电动窗帘、布艺窗帘、家居布艺
门窗	实木门、玻璃钢门、防盗门、门窗锁
五金	建筑五金、喷涂设备、卫浴设施、灯具
砌块	普通砖、多孔砖、空心砖
钢材	型钢、钢管、钢板、钢丝
水泥	普通水泥、白水泥、灰粉

① 引自百度百科。

续表

类别	具体材料
沙石	中砂、细沙、大沙、卵石
电梯类	电梯、客梯、扶梯、电梯配件
电子元件	电源、电池、电机、变压器
其他材料	新型建材、环保建材、复合材料

资料来源：笔者整理。

到2013年，中国已经是世界上最大的建筑材料生产国和消费国。主要建材产品水泥、平板玻璃、建筑卫生陶瓷、石材和墙体材料等产量多年居世界第一位。同时，建材产品质量不断提高，能源和原材料消耗逐年下降，各种新型建材不断涌现，建材产品不断升级换代。“新型建筑材料”，简称新型建材，是相对于传统建筑材料而言。传统建筑材料，一般是指水泥、玻璃、木材、砂石、石油沥青、焦油沥青、石灰等建房用的材料。在科学技术相当发达的今天，传统的建筑材料已越来越不能满足建筑工业的要求。行业内将新型建筑材料的范围作了明确的界定，即新型建筑材料主要包括新型墙体材料、新型防水密封材料、新型保温隔热材料和装饰装修材料四大类。

（二）建材行业发展历程

1. 中国建材行业发展的基本情况

中国的新型建筑材料工业起步于20世纪70年代，发展于20世纪80年代中期，并且逐步走向成熟。改革开放以来，中国新型建材工业迅速崛起，快速成长，新型建材无论从品种、数量，还是从质量、功能上都有了长足的进步。

建材工业是国民经济的重要基础产业，在我国工业化、城镇化进程中发挥着重要作用。近年来我国建材工业发展速度较快、质量效益显著提升；全行业继续实施“由大变强、靠新出强”的发展战略，在产业结构调整、方式转变、节能减排等方面取得了突出的进展，为国民经济和城乡建设的快速发展提供了重要的原材料保障。我国国民经济仍将保持平稳较快增长，建材工业既面临着发展机遇，也面临着更大挑战。行业发展的内外部环境将发生深刻变化，既有投资和消费结构调整带来的深刻影响，也有经济发展方式转变提出的紧迫要求，建材工业发展将由“增量扩张”转向“提质增效”，由高速增长转向平稳发展。

建筑装饰装修材料的发展更加令人瞩目，生产能力与产量大幅增加，产品质量、档次与配套水平明显提高，生产规模与技术装备正逐步向国际先进水平靠拢。中国已经成为世界上装饰材料生产大国、消费大国和出口大国。材料主导产品不仅在总量上连续多年位居世界第一，而且人均消费指数已接近和高于世界先进水平。

新型建筑材料的产值几乎以每年20%以上的速度发展。从国家宏观经济环境上分析，未来20年仍将是经济的高增长时期。根据对房地产、建筑、建材等相关行业的发展势头的预测和判断，到2020年，中国还将建设300亿平方米建筑，新型建筑材料作为建筑材料工业调整产业结构和转变经济增长方式的战略重点，具有广阔的发展前景。

2. 江苏建材行业发展的基本情况

近年来，江苏省深入实施创新驱动发展战略，积极推进两化融合，聚焦重点优化产业结构，组织实施绿色制造发展工程，推进建材产业服务化转型，积极稳妥地实施企业体制机制改革，加强产学研结合和科技成果转化，启动新材料产业发展前瞻性研究，增创战略性新兴产业发展新优势，以科技创新支撑引领经济社会发展，促进建材产业转型升级。江苏建材行业协会针对加快向“市场起决定性作用”转变的新形势和新要求，注重与政府部门的工作联系，加强与中国建材联合会及各市建材协会的合作，围绕引领协调服务行业科学发展，努力推进建材产业转型升级。

随着国家产业结构调整、化解产能过剩、实施节能减排目标等宏观政策的贯彻实施，全省建材行业企业结构、产品结构、市场结构也经历了前所未有的调整。粘土砖瓦、建筑陶瓷卫生陶瓷、水泥等传统产业企业亏损面扩大，企业数大幅减少。相反，技术玻璃及制品、新型材料、防水材料、保温隔音隔热材料企业数在增加，产品结构发生了较大变化。水泥、玻璃、卫生和建筑陶瓷等传统建材产品在市场需求下降和新型材料产品替代的压力下，不少企业通过延长产业链，实施了产业结构转型，获得了新的生机和活力，也有一批企业因产品产能过剩、能源消耗高、污染物排放不达标等，在产业政策的压力和市场激烈的竞争中被淘汰。

二、建材行业目前存在问题和解决措施

（一）建材行业存在的问题

建材行业虽然发展前景可观，但由于可持续发展能力不足，科技研发投入低，高素质复合型人才缺乏，市场主体行为不规范，内外市场竞争加剧、秩序紊乱、环境劣化、腐败多发易发等问题，均为建材业未来的发展带来严峻的挑战。我国建材产业发展不均衡，产能总量过剩和结构性不合理矛盾突出，对建材产业进行调整和振兴成为保障产业安全的迫切要求。此外，面对日益激烈的市场竞争，全行业资源能源消耗高，产品质量档次低，已成为制约我国建材产业发展的瓶颈。

近年来由于产业结构改变，传统市场整体下滑，产量呈负增长。在竞争激烈的水泥市场环境中，失衡的供求关系使得企业恐慌式降价，水泥的价格持续走低，造成产能过剩。2016 年 3 月由于建筑开工面积增多等出现季节性小幅反弹，至 2016 年 6 月升至 257.92 元/吨，上涨幅度为 10%，但依然低于上年同期价格水平。上半年全国水泥产量同比增长 3.2%，因上半年开局较好，2016 年全年水泥产量或将同比增长 1% ~2%，但整体大的背景还是产能过剩，全年产能利用率不到 70%。近几年全国水泥年产量的趋势及水泥均价如图 16－1、图 16－2 所示。

江苏省建材工业在取得长足发展的同时，还存在着一些较为突出的问题。主要表现在：一是主营业务收入增长较慢，与全国前三位省份的差距加大；二是行业整体运行质量不高，高新技术产品，自主品牌产业发展不快，在整个建材工业中的比重不大；三是水泥、平板玻璃等传统产品产能

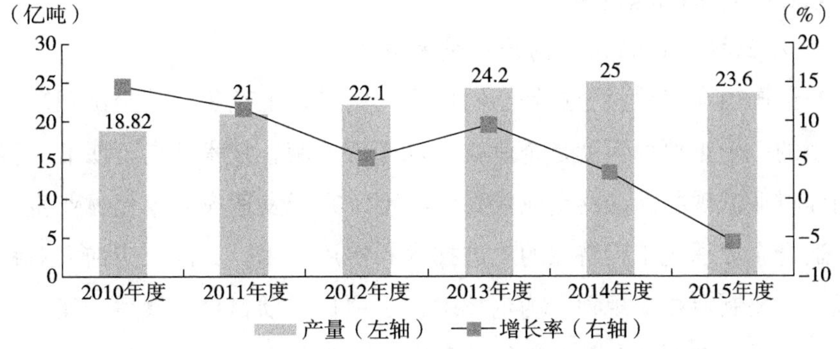

图 16－1　2010—2015 年全国水泥年产量

资料来源：国家统计局。

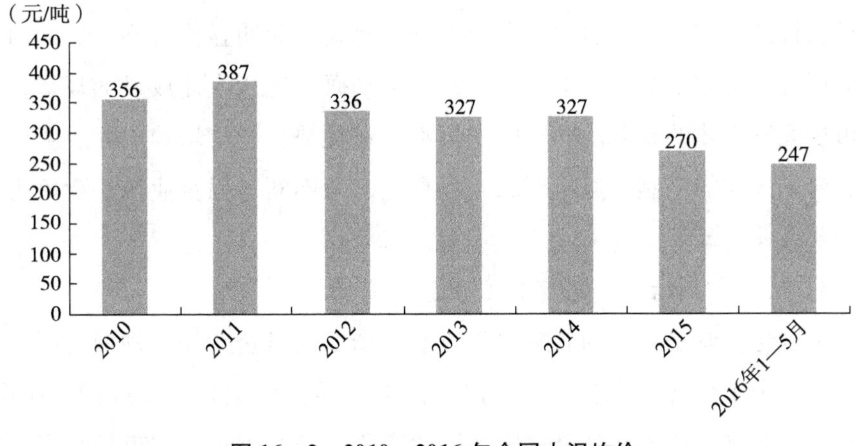

图 16－2　2010—2016 年全国水泥均价

资料来源：中国产业信息网。

过剩严重，还未能得到有效控制，传统产业结构调整的难度很大；四是节能减排压力较大，绿色建材战略推进速度缓慢，鼓励性政策不配套，综合资源利用技术和消化因减排增加的成本压力等，制约着绿色建材业的发展；五是两化融合能力和水平较低，以信息化推动工业化发展的步伐较慢，持续发展后劲不足；六是企业运用科学管理的意识不强，部分企业传统的管理方式制约着公司的发展；七是外向型经济动力不足，走出战略的配套政策和措施不完善。

（二）对于问题的解决方法

1. 加强技术创新，提高产业技术竞争力

目前国内众多建材企业处于同层次、同平台上竞争，甚至出现严重恶性竞争的一个重要原因就是企业技术水平无差距，技术特点不明显。根据目前建材业的现状，建材企业首先要注重研究开发适应当今建材业生产特点、适合企业承包工程特点的先进技术和实用技术。其次，应加大对科技的投入，要制定相应规划，确定技术进步项目或项目群。最后，建材企业应加强与科研院所、高等院校等的合作，研究开发关键专利技术。

2. 强化从业人员素质，加强产业人才竞争力

外企进入中国后，高级管理人员本土化趋势明显加快，人才竞争的态势早已拉开。在这场竞争中，中国现有的建筑企业明显优势不足。面对严峻的形势，企业不能一味采取守势，应主动研究适用人才成长的规律，探索市场配置人才的新路。同时应挖掘本企业优势，建立培养人才、吸引人才、聚集人才的机制，逐步形成人才高地，为不断增强企业核心竞争力提供必要人才保证。

3. 优化产业结构，培育产业规模竞争力

中国建材业是典型的非集中竞争型市场，大量企业经营领域趋同，目标过度集中于综合类承包市场，仅以价格差异作为主要手段进行低层次、重复性的非有效竞争，甚至过度、恶性竞争，破坏了正常的市场秩序和市场生态，使企业极难达到规模与利润同步增加的效应，形成资源浪费和效率低下，也催生了大量的腐败问题，进而造成无效工作和隐性失业的增加，很多企业营业额增加，利润却在下降。对此，必须进一步加快建材业产业结构的优化和调整；大力推行工程总承包建设方式；支持国有控股、参股或集体建材企业按照建立现代企业制度的要求深化企业内部改革，完善法人治理结构；重组整合具有国际竞争力的大型集团建筑企业。

4. 面对城镇化机遇，提升产业战略竞争力

对于中国建材业来讲，面对城镇化所带来的挑战和机遇，应积极推进

对于建筑工程项目的进度、成本以及质量的科学管理与控制，从而提高建材产业的全要素生产效益。探索建材业供应链内部及供应链与业主之间长期的合作关系。这种合作关系将会产生新的采购和支付方式，使越来越多的承包商介入建筑物的整个生命周期，包括立项、制定项目大纲、融资、采购、设计、建设、运营、使用、评估，直到维修、改造和拆除等等。这种变革趋势将对建筑业的基本构成和活动范围产生深远的影响。

5. 运用信息技术实现流程再造，强化产业信息竞争力

针对建材企业加快向工程总承包管理型企业转变的发展趋势，信息化建设应着眼于以管理模式为依据，进行企业业务流程的重组再造。依据现代经营管理理念，优化现有的管理和经营模式，逐步建立起与工程总承包和项目管理相适应的组织架构和业务流程体系。确立企业作为管理中心、信息中心和资源中心的地位，改变信息传递的方式，打破部门职能的限制，提高管理服务的质量效率，节约管理成本，增加管理透明度，使管理由静态走向动态，从事后控制转向实时监控甚至事前控制，节约时间成本，提升企业快速反应能力和抗风险能力，使企业管理流程透明化、标准化和制度化。

6. 树立品牌意识，再造产业诚信竞争力

建材企业必须重视品牌效应，突出品牌特点，增强品牌意识，以诚信经营维护企业信誉。用高品质的服务赢得客户，并靠品牌优势来提高自己的市场影响。企业还应充分注意到树立社会责任的重要性。一个企业要保持长久的竞争力必须承担起相应的社会责任。靠牺牲客户利益、减少员工培训、降低公众安全与健康来换取提升利润的做法会越来越不得人心，就长期而言也终将失败。

7. 实施“走出去”战略，锻造产业国际竞争力

“走出去”战略的主体应是具有较强竞争力的建筑企业。从某种意义上说，企业的素质、国际竞争力将决定“走出去”战略的成败。要鼓励和支持具有潜在优势的建材企业逐步扩大对外投资，建立海外销售网络、生

产体系和融资渠道，促进企业在更大范围进行专业化、集约化和规模化跨国经营，加快培育跨国建材企业，使我国经济在国际合作与竞争中迈上一个新台阶。

8. 走新型工业化道路，打造产业绿色竞争力

长期以来，我国建材企业实行的是高投入、高消耗、高排放、低产出、低效益的生产经营方式，造成了对资源的浪费和对环境的污染，也极大地降低了企业的竞争力。企业产品要想走国际化发展道路，必须通过国际环保认证，只有做绿色企业、生产绿色产品、进行绿色设计、绿色经营，才能提高企业产品的国际竞争力。建材企业应主动通过评估自身活动直接和间接的环境冲击，认识未充分使用资源的机会成本，前瞻性地创造有利于创新和提高生产力的解决方案，研发能将成本降至最低的环保新技术与新工艺，着眼于消除造成污染的根源，将改善资源生产力放在首位，把改善环境当作拓展生存空间和提高竞争力的机会，铸造中国建材业绿色竞争力。

专题 16－1 我国发展绿色建材[①]的相关法规政策

《中华人民共和国清洁生产促进法》、《国家重点行业清洁生产技术导向目录》，《中华人民共和国循环经济促进法》，《室内装饰装修材料有害物质限量 10 项国家强制性标准》，水泥行业、陶瓷行业及平板玻璃行业《清洁生产评价指标体系》，《水泥工业大气污染物排放标准》，《水泥单位产品能源消耗限额标准》，《建筑卫生陶瓷单位产品能源消耗限额》，《节水型洁具陶瓷生产定点管理细则》，《关于进一步推进墙体材料革新和推广节能建筑的通知》，《平板玻璃工业污染物排放标准（征求意见稿）》，《平板玻璃

① “绿色建材”是从“绿色材料”的定义演变而来的。1988 年第一届国际材料学研究会议上首次提出了“绿色材料”这一概念，1992 年国际学术界给其以明确的定义：绿色材料是指在原料获取、材料制造、使用或者再循环以及废料处理等环节中对地球环境负荷最小和有利于人类健康的材料。

单位产品能源消耗限额》,《建筑卫生陶瓷单位产品能源消耗限额》,《水泥工厂节能设计规范》

三、建材行业发展前景与趋势

(一)中国建材行业发展的机遇与挑战

“十三五”时期是全面建成小康社会决胜阶段，也是加快从制造大国转向制造强国的重要阶段，我国经济发展将保持中高速，迈向中高端。建材工业发展机遇和挑战并存，既有投资和消费结构变化带来的深刻影响，也有发展方式转变提出的紧迫要求，建材工业必须加快转型升级步伐，加速优化产业体系，拓展发展空间，注重提质增效，由高速增长转向中高速平稳发展。

新型工业化、信息化、城镇化、农业现代化的同步推进，为建材工业提供持续中高速增长空间。“十三五”时期，我国经济步入新常态，经济增长仍将保持中高速。特别是铁路、公路、机场、水利、海洋工程等投资扩大，城镇基础设施、保障性安居工程和建筑能效提升、农业设施、农房改造和美丽乡村建设，以及高端装备等重大项目实施，为建材工业保持中高速发展提供了空间。

需求结构变化和有效供给不足，迫使建材工业优化调整产业体系。新兴产业加快发展，消费需求日趋多元，要求建材工业推进供给侧结构性改革，化解过剩产能，增加有效供给。发展绿色建筑和装配式建筑，要求建筑材料向绿色化和部品化发展。全面提升工业基础能力，要求建材工业尽快增强先进无机非金属材料、复合材料保障能力。加快发展新兴制造业，要求建材工业适应不断涌现的新技术、新业态、新模式，深化信息技术和建材工业的融合，优化产业结构。

生态文明建设不断推进，倒逼建材工业转变发展方式、转换发展动能。推进绿色发展，提高资源综合利用效益，实现工业污染源全面达标排放，倒逼高能耗、高排放和资源高消耗的建材工业加快实施重点行业清洁生产改造，提高行业节能减排、资源综合利用和低碳发展水平，注重质量、效益和全要素生产率全面提升。

推进国际产能合作，要求建材工业加快培育竞争新优势。全球产业结构加速调整，“一带一路”建设战略推进实施，为我国建材工业推进双向开放，促进国内外要素有序流动、资源高效配置、市场深度融合，提供了更加广阔的市场空间，也对建材工业提升利用外资和对外投资水平提出了新要求。

尽管一些传统的产业增幅和国民经济快速增长的拉动力有所减小，国民经济 GDP 略有降低，以及一些传统产业产能过剩、竞争加剧，但是建材工业总体上仍然具有较快发展潜力和良好的发展前景。这是因为，中国的经济发展、经济需求从根本上仍然是一个以满足基本需求为主体的经济格局还未完全改变，这种经济格局决定了经济发展的结构从本质上不会轻易改变。无论是国家层面的建设还是公益性建设、公共设施的改善以及老百姓生活水平的提高，都离不开建材发展，现有材料的不可替代性会将周期拉长。

虽然一些材料的增幅或使用在减少，但是绝对量每年仍有增加，绝对量的增加意味着总体需求没有减少，只是增幅降低而已。即使老一轮需求基本满足了，但是新一轮的需求又会出现，只是内在的要求诸如对性能、质量、功能、环保的要求不一而已。非农人口增加、小城镇建设、工业化后期的特征等，都是建材产品需求的重要增长点。随着经济发展方式不断转变，需求结构不断升级，传统建材产品需求量保持基本平稳或略有下降的态势，其中，水泥需求量会出现下降，绿色建材和先进无机非金属材料、复合材料等需求量继续增长，2020 年主要建材产品需求预测如表 16－2所示。

表 16－2　2020 年主要建材产品需求预测

产　品		2015 年	2020 年	"十三五"年均增长（%）
水泥熟料（亿吨）		13.3	12	－2
平板玻璃（亿重量箱）		7.4	7.8	1
陶瓷砖（亿平方米）		101.8	95	－1
玻璃纤维及其增强复合材料营收（亿元）		2600	4200	10
先进无机非金属材料及前沿材料	工业陶瓷营收（亿元）	1400	2260	10
	人工晶体营收（亿元）	100	200	15
	石墨烯及其改性材料营收（亿元）	约 1	100	≥150

资料来源：建材工业发展规划书。

工业化、城镇化和农业现代化的同步推进，为建材工业发展提供了持续增长空间。未来五年，国内投资比重将有所下降，增速也将放缓，但经济总量仍将保持适度增长，大规模基础建设仍将持续。城镇基础设施、保障性安居工程、农业设施和新农村建设，以及水利、高铁、公路、港口、机场等重大项目实施，为建材工业带来了新的市场需求。战略性新兴产业和绿色建筑的发展，对建材工业提出了更高要求。培育和发展新材料产业，对无机非金属新材料品种、质量、性能等均提出了新的要求。推广绿色建材也促使材料向安全、环保、节能等方向发展，进一步增强抗震减灾、防火保温、舒适环保等新的功能，同时在生产和使用全生命周期内减少对资源的消耗和对环境的影响。能源资源和生态环境约束日趋强化，迫使建材工业加快转型升级。随着资源节约型、环境友好型社会加快推进，高能耗、高排放和资源型的建材工业面临着进一步降低单位能耗和二氧化碳排放量，进一步削减氮氧化物和二氧化硫排放总量等多重约束，迫切要求建材工业更加注重发展质量和效益。

"十三五"时期，我国将促进建材工业生产制造与技术研发、工业设计、现代物流、电子商务和定制加工等生产性服务业融合发展。支持设计咨询服务单位开展工程咨询、试验设计、装备集成、安装调试、运营服务一体化的建材生产工程承包服务，积极开拓国内外业务。发展建筑陶瓷、石材等装饰及装修材料的创意设计和产品设计。推进水泥、平板玻璃、陶瓷、石材等大宗材料物流配送网络建设，探索建立建材下乡营销配送体系，发展电子商务。积极发展面向建材行业的能效评估、资源综合利用评价、检测认证、科技成果推广等服务，扶持壮大建材节能服务。

专题 16－2　我国发展绿色建材相关科研项目

国家“十五”科技攻关计划课题“绿色建材技术及分析评价方法的研究”；国家“十一五”科技支撑计划项目“绿色建材产品标准、评价与认证技术与体系研究”；国家“十一五”科技支撑计划项目“建筑材料绿色制造共性技术研究”；国家“十一五”科技支撑计划重点项目“高强钢筋和高强高性能混凝土应用关键技术研究”；国家“十二五”科技支撑计划项目“节能绿色建筑材料开发与集成应用示范”、“典型建材产品绿色生产工艺技术与应用示范”和“节能建材成套应用技术研究与示范”；国家“十二五”科技支撑计划项目“水泥窑炉粉尘及氮氧化物减排关键材料及技术开发”；国家“十二五”科技支撑计划项目“典型高性能特种玻璃关键技术研发与示范”。

（二）江苏省建材行业发展的优势与方向

江苏省发展绿色建材具有良好的基础，发展空间巨大。早在 20 世纪 80 年代末，江苏就已经形成了以常州、连云港为代表的化学建材、玻纤玻钢无机非金属新材料的生产基地，以苏州、徐州为代表的高分子防水材料生产基地，以南京、南通为代表的新型墙材生产基地。除此以外，江苏省最大的优势是院校众多、科研院所众多。与建材相关的院校有东南大学、南京工业大学、盐城工学院、常州工程职业技术学院等；而科研院所有中材国际南京水泥院、南京玻纤院、苏州非矿院、苏州混凝土、江苏建材院等。丰富的学术资源使江苏省积累了一大批国内最新的科技创新成果。江苏省建材行业相关部门应推动企业与院校、科研院所的科技联姻，依托各大专院校、科研设计院所强大的科研开发能力，跳出资源驱动、效率驱动的传统发展模式，真正实现创新驱动发展模式的转型升级，使江苏省建材工业在绿色建材的研究开发、生产制造、施工应用等各个方面继续走在全国的前列。

江苏省作为资源大省，应发挥沿海经济发展快、改革开放步伐大的优势，在转变发展理念、转型升级方面率先带头，坚定地推进产业升级和结构优化。作为建材大省，要在运用规划指导行业发展和运用“三新”引领行业发展方向方面，适时出台相应的产业政策，以服从转型升级需要，创新标准、创新技术、创新产业政策。江苏省要把握经济运行的几个特点：成本继续上升，市场需求结构变化，价格波动较大，需求有升有降，这将成为一种常态。要从运营方式等各方面作出应对预案，保证经济平稳发展、稳中求进。“十三五”以来，江苏建材工业在我国经济下行压力加大的背景下，保持了平稳增长的态势。全省建材行业产业结构调整步伐加快，新型建材和节能环保产品种类和产量逐年增加，投资结构和经济发展方式正在向健康发展。

新常态下的江苏建材工业要以转型升级为主线，实现由原材料生产为主向加工制品生产战略性转移，从规模化向品质化、绿色化、智能化转变。以“创新、绿色、融合”为发展理念，推动技术创新、管理创新和产业创新促进信息技术与建材产业融合、建材产业与上下游产业融合、建材制造业与生产性服务业融合。在优化传统建材结构的同时，江苏要进一步大力发展新兴产业和绿色产业，为我国建材工业的发展做出更大的贡献。

（三）江苏省建材行业发展的重心

通过“十二五”期间的产业结构调整和发展，江苏建材工业主导产业和龙头企业优势已逐渐形成，为在新常态下的发展打下了良好基础。水泥、玻璃是江苏建材工业的支柱产业，其产能和产量在全国占有较大的比重，因此，新常态下水泥和玻璃将如何发展是一个值得关注的话题。

1. 水泥

江苏水泥工业粉磨产能严重过剩、利用率低，水泥熟料产能低，产能集中度高，生产水泥所需熟料60%由周边省份供给。江苏水泥粉磨站企业在我国经济发展的新模式下，一方面必须进一步认识熟料价格决定江苏水泥市场这一特点；另一方面还要面临由能源消耗和污染物排放新指标带来生产成本提高的压力。粉磨站企业应根据自身发展状况和所在区域的生存环境选择发展方向。对于常州、无锡、盐城、镇江、徐州等产能过剩严重的区域，目前经营已经困难的企业应尽早选择放弃水泥行业，寻找更适合自身发展的行业。对于目前已有一定规模和优势的粉磨站企业，应根据自身优势和环境选择同行或相关行业合作伙伴，以扩大规模，延长产业链或共同开发新的产业，获取更好的发展空间。

已形成较大规模的水泥及熟料生产企业，应坚持创新驱动、绿色发展，一是全面贯彻实施节能减排战略目标，积极推广应用节能减排新技术、新装备，努力消化由于实施节能减排所增加的成本，运用科学管理方法和手段，进一步提高企业经营运行质量和管理水平；二是积极参与利用水泥窑协同处置城市生活垃圾和工业固体废弃物工作；三是努力提高熟料产能利用率，选择水泥市场好、有混合材资源的地区，收购优良粉磨站或与粉磨站建立长期经营合作关系，以增强区域优势，提高水泥和熟料产能利用率；四是延长产业链，向水泥商品混凝土、水泥混凝土制品制造业延伸，与他们建立长期的水泥供应或资本运作关系。

2. 玻璃

平板玻璃产能严重过剩、产能集中度高，玻璃生产工艺及技术装备水平先进，深加工技术及能力强是江苏玻璃工业的特点。但由于产能过剩，市场竞争十分激烈，整个行业长期处于微利或亏损状态，产能利用率仅在60%左右。建筑、交通、电子等行业经济的发展，带动了江苏玻璃深加工及技术玻璃生产的快速发展。但由于玻璃深加工行业存在着技术含量不高、行业准入门槛较低、缺乏引导和规划、资源利用率较低、配置极不合理等问题，盲目投资、重复建设现象严重，市场竞争比较激烈。在产能过剩和节能环保双重压力下，部分中小玻璃深加工企业将面临重新洗牌。

“十三五”期间，严格控制原片玻璃新增产能，优化原片和深加工产业结构，实施行业节能减排，是江苏玻璃工业的重要任务。平板玻璃生产企业要针对化解产能过剩和实施节能减排目标，逐步关停 2005 年以前建设的 500t/d 以下能耗高、烟气排放不达标的生产线，围绕烟气脱硫脱硝实施减排技术改造，强化创新驱动，合理选择能源，应用新技术，运用科学管理，提高产品质量；要加强与深加工企业的紧密合作，选择具有一定规模的深加工企业，建立长期稳定的区域合作关系，努力减少产品库存和降低生产营销成本，提高企业整体运营质量。深加工玻璃行业的发展方向就是围绕节能、安全、新型生产和开发专用玻璃、特种玻璃，通过制定产品应用规范，明确或提高专用玻璃、特种玻璃产品技术指标，提高深加工玻璃行业入门门槛；通过对应用市场的管理，积极推广建筑节能、安全玻璃，强化市场监管执法力度，打击劣质产品，增加劣质产品进入市场的成本和违法风险，促进玻璃深加工行业健康发展。华南地区近几年平板玻璃的价格趋势如图 16－3 所示。

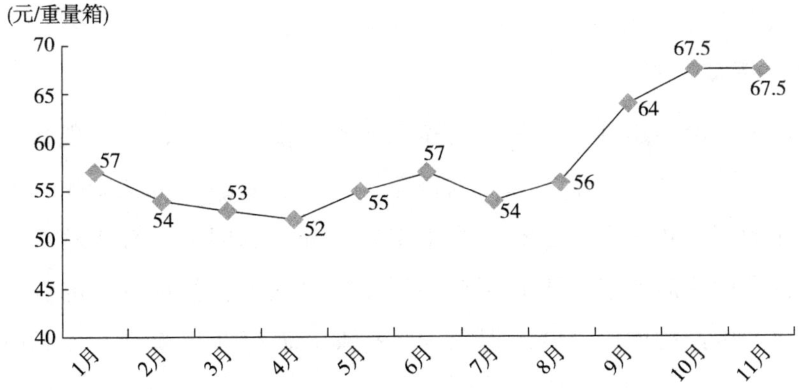

图 16－3　2016 年华南地区玻璃价格走势

资料来源：中国建材信息总网。

专题 16－3　江苏华尔润集团有限公司

江苏华尔润集团是国内大型浮法玻璃①企业，现有员工 8000 多人，总资产 90 多亿元，拥有 18 条浮法生产线，7200 万重量箱/年的产能，主要分布在：江苏张家港总部 10 条生产线、山东巨野 4 条生产线、广东江门 3 条生产线、辽宁大连 1 条生产线。

集团公司玻璃产销总量连续 11 年列国内同行业之首，产品品种以高级超白、高档高透优质浮法玻璃为主，具备 2～22mm 浮法玻璃的生产能力，主业浮法玻璃先后荣获“国家免检产品”和“中国名牌产品”称号，企业先后通过 ISO9001 质量管理体系、ISO14001 环境管理体系、OHSAS18001 职业健康安全管理体系认证。

江苏华尔润集团有限公司坚持“一业为主、产业整合、相关经营、介入多元、持续发展”的理念，在总部有玻璃深加工中心、社会化大物流公司和社会化经营公司，在江苏淮安有年产 40 万吨联碱法纯碱生产厂和 120 万吨延迟焦化厂，在镇江有年产 20 万吨焦油精炼厂，在浙江长兴有年产 100 万吨石英砂矿，已形成一个以玻璃为主业的产业链和相关产品配套的集团型企业。

四、本章小结

本章主要论述建材行业在中国和江苏省的发展历程、发展现状以及发展趋势。改革开放三十年来，也是建材行业发展的黄金三十年，但是建材行业的粗放式发展，已经成为未来发展的限制因素，行业整合势在必行。在淘汰落后产能，迈向转型和创新的过程中，数量不少的企业会由于经营和生产的原因，陆续退出这个行业。而行业规模型企业此时则

---

① 浮法玻璃是指用浮法工艺生产的平板玻璃。较普通玻璃的区别就在于杂质少且更透亮。光学变形是最重要的一项技术指标，也是衡量一个国家浮法玻璃技术水平的重要指标。所谓光学变形是指人透过玻璃观察景物时，因玻璃表面的不平整和内部折射率的不均匀而产生的景物变形程度。

有了更多的市场空间。行业洗牌和市场格局重塑，将成为未来一段时间的重点。

在本章的论述中，绿色建材是未来建材行业中必不可少的一部分，21世纪是环保的世纪，人类将更加重视经济、社会和环境可持续以及和谐发展。绿色建材作为绿色建筑的唯一载体，集可持续发展、资源有效利用、环境保护、清洁生产等前沿科学技术于一体，代表建筑科学与技术发展的方向，符合人类的需求和时代发展的潮流。在未来较长一段时间中，只有加强开发和应用绿色建材，才能实现建筑业的可持续发展。

参考文献

[1] 以行业发展和企业需求为导向，为引领江苏建材行业创新发展作贡献——全国建材行业协会系统工作会议交流材料 [J]. 江苏建材，2014，06：70 -71.

[2] 全国华. 中国建材产业经济预警研究 [D]. 中国政法大学，2010.

[3] 聂长兰. 新常态下江苏建材工业转型升级向纵深转折的思考[J]. 中国建材，2015，10：26 -29.

[4] 乔龙德. 江苏建材行业发展分析报告（摘要） [J]. 江苏建材，2012，02：75 -76.

[5] 驻江苏记者杜小卫. 江苏建材行业保持较好发展势头 [N]. 中国建材报，2015 -05 -12：001.

[6] 李慧芳. 推进我国绿色建材发展的政策思考 [J]. 21 世纪建筑材料，2010，03：1 -6.

[7] 李平. 我国建材行业环境现状分析 [J]. 21 世纪建筑材料，2009，03：6 -9.

[8] 王兵，王鹏起. 论我国绿色建材发展方向及趋势 [J]. 中华民居（上旬版），2014，02：90 -98.

[9] 杜小卫. 江苏省调结构的着力点是大力发展绿色建材 [J]. 江苏

建材，2013，02：67－68.

［10］罗梦醒，刘艳涛，刘军．绿色建材现状及发展趋势［J］．中国建材科技，2009，04：80－83.

第三篇

市场绩效篇

第十七章　“中国制造2025”与江苏服务型制造业转型升级

当前的国际经济形势不甚乐观，发达国家制造业回流、中国制造业海外收购遇阻等多因素交织，影响着我国制造业的发展。为积极应对全球范围内的产业大调整，国务院于2015年发布了“中国制造2025”战略，旨在十年内将中国由一个制造业大国发展为世界制造业强国。“江苏制造2025”与“中国制造2025”高度衔接，顺应了新一轮科技革命和产业变革趋势，在制造强国建设中找准了江苏的坐标点。

一、本章引言

20世纪80年代以来，经济全球化的快速发展和国际产品内分工演进所带来的重要机遇，中国制造业逐步融入国际产业分工体系，在承接全球产业转移的同时，逐渐成为世界第一制造大国，为我国实现从农业大国向工业大国的转变起到了重要作用。“中国制造”无论是产值总量还是技术水平都有了极大提升。据中国统计年鉴的数据显示，2008年我国工业产值占当年GDP的比重已经达到42.94%，就业人数8837.63万人，“中国制造”对GDP增长的贡献率达到了42.83%，成为我国经济最关键、最核心的部分。

然而，当前中国制造业发展依然面临着复杂的内外部环境。新兴经济体迅速壮大。低成本优势不断弱化，资源耗竭、环境约束和自主创新能力不强已成为中国制造业发展面临的主要瓶颈。中国制造业要想实现由大变强，必须走“新型化”道路。从国际产业发展经验来看，一国进入工业化中后期阶段以后，通过承接他国产业转移和高端设备引进所带动的产业发展将变得愈加缓慢。必须尽快通过改变全球价值链的嵌入方式，经济的增长向依靠科技创新和技术进步转型，以提高效率为主要动力，注重节约资源、环境保护的集约化发展轨道。

当“中国制造”在世界分工价值体系处于“微笑曲线”的底端时，“中国制造”面对“四面楚歌”，该如何抉择？中国制造业已经到了发展转型与升级的关键时期，这不仅是国内资源日趋紧张、环境压力增大和劳动力成本上升等现实状况的迫切要求，也是日趋激烈的国际竞争环境的客观需要。《中国制造 2025》指出，制造业是国民经济的主体，是科技创新的主战场，是立国之本、兴国之器、强国之基。要实现这一重要转变，生产者服务业成为最佳选择。一方面，生产者服务业来源于传统制造业，将原制造业中富含知识含量的部分以独立产业的形式隔离出来，以规模经济的形式实现价值增值。同时，生产者服务业将创造出的中间产品再次投入到原制造业中，为制造业加入高智能“芯片”，从而顺利完成从传统制造向转型制造的变身。另一方面，通过降低交易成本、促进专业化分工深化和泛化、促进人力资本和知识资本深化、增强产业竞争优势等多种途径与方式支撑制造业的发展（高传胜、刘志彪，2005 ）。作为中国制造业大省的江苏应如何立足本省实际情况，认清形势，谋求新一轮的经济增长和产业升级？

二、江苏制造业现状

制造业是江苏省国民经济的主导产业，制造业产业总体规模大，占全省国民生产总值的 45% 左右，是全省国民经济发展的重要支柱。制造业的发展在江苏经济发展中起着举足轻重的作用。2014 年江苏省工业利润为 8839.8 亿元，超过山东（8763.4 亿元）、广东（6611.86 亿元），位居全国第一。

（一）江苏制造业发展特点

1. 经济总量稳步扩大

江苏是我国制造大省，制造基础雄厚。江苏工业经济实现规模总量连续多年位居全国第一。全省 8 大主要工业行业规模总量均居全国前列，万亿级行业达到 6 个。企业是产业发展的主体，拥有大批规模大、效益好、活力强的本土企业，是制造部门竞争力的重要体现。在《2016 年民营企业 500 强》中，江苏有 94 家企业入围，仍主要分布在以制造业为主的传统竞争行业，制造业企业仍占主体，上榜企业中制造业占到了 57 家。规模工业企业、中小企业数，均居全国首位。

2. 信息基础设施较完备

从个性化下单、智能化生产到大数据营销，信息化技术和网络营销平台离不开信息基础设施的支撑。近年来江苏重点推进新一代移动通信、光纤宽带、下一代互联网、下一代广电网等建设，构建新型信息服务网络，提高城市光纤入户覆盖率和行政村光缆通达率，信息基础设施水平全面提升。江苏省的网络就绪度位居全国第三名，全省城镇光纤覆盖率超过 95%，覆盖率全国第一，全省共建成 4G 基站超过 4.7 万个，4G 网络全面进入商用，用户数已达到 53.5 万户。江苏全省城市、农村宽带接入能力分别达到 50M、12M；全省有线电视实现全覆盖，省广电网络公司有线电视用户数达到 2120 万户，数字电视用户数达到 1130 万户，三网融合业务发展良好，IPTV 用户数超过 530 万，规模达全国 1/5，位居全国第一，云媒体电视用户规模达到 136 万，领先全国其他省市。固定互联网宽带接入用户超过 1950 万户，移动互联网用户数超过 5500 万人，全省移动数据流量增长 65.5%，互联网业务收入占主营业务收入的占比提升至 74.7%；信息资源开发利用水平指数增长迅速，居全国第一。

3. 科技人才资源充裕

江苏是我国的教育大省、人才大省，全省共有普通高校 134 所，2015 普通高等教育本专科共招生 737.85 万人。普通高等学校校均规模 10197 人，其中，本科学校 14444 人，高职（专科）学校 6336 人。全社会研究与发展（R&D）活动经费 1630 亿元，占地区生产总值比重为 2.5%。全省从事科技活动人员 118.89 万人，其中研究与发展（R&D）人员 68.96 万人，拥有中国科学院和中国工程院院士 90 人。全省政府部门属独立研究与开发机构达 148 个，拥有国家和省级重点实验室 97 个，科技服务平台 278 个。工程技术研究中心 2748 个，企业院士工作站 328 个，经国家认定的技术中心 75 家。“十二五”时期全省地方教育经费总投入达 9733 亿元，其中财政性教育投入 7671 亿元。全省各级党委、政府始终把教育摆在优先发展的战略地位，把优先发展教育作为强省之基。

表 17－1　2020 年江苏教育发展主要指标

指 标	2020 年
1. 学前三年教育毛入园率	98% 以上
2. 义务教育巩固率	100%
3. 高中阶段教育毛入学率	99% 以上
4. 高等教育毛入学率	60%
5. 义务教育城乡、学校间条件均衡化比例 其中：教师合理流动比例	100% 15% 以上/年
6. 各类来苏留学人员数 其中：高水平大学留学生比例	5% 左右
7. 高校应用研究开发成果转化率	80% 以上
8. 高校毕业生初次就业率 年终就业率	70% 以上 90% 以上
9. 从业人员继续教育年参与率	60% 以上
10. “三通两平台”覆盖率	90% 以上

续表

指 标	2020 年
11. 达到省定优秀标准的各级各类学校比例	90%以上
12. 新增劳动力人均受教育年限	15 年以上
13. 主要劳动年龄人口平均受教育年限 其中：受过高等教育的比例	12.2 年以上 25.8%以上
14. 各级教育生均公共财政教育事业费在全国省份排名	前三位
15. 全社会教育投入增长比例	高于地区生产总值增长比例
16. 学生、社会对学校的满意度	90%
17. 学校对政府管理和服务的满意度	90%

资料来源：江苏省“十三五”教育发展规划的通知。

（二）江苏制造业发展劣势

近年来江苏制造业发展成绩显著，但仍存在许多不容忽视的问题。主要表现在以下几个方面。

1. 缺乏具有知识产权保护知识的专门法律人才和企业保护机构

目前，在工业发展和科技水平都处于我国较高水平的江苏省，走在知识产权保护前列的绝大多数企业都是中外合资和外资企业。其本省企业受保护的程度还是很不乐观的。许多企业对于商标和专利的管理都是由行政管理人员附带完成，这些人员对于知识产权的保护大多是略通皮毛，根本没有处理这方面问题的专业技能。

2. 企业结构尚未优化、自主研发能力薄弱

江苏省领先型制造企业偏少，利润率较低难以适应日趋激烈的市场竞争。江苏钢铁、有色金属、机械、石油化工、煤炭、建材等传统工业的技术水平与国际先进水平有较大差距。企业研发经费占销售收入比重平均不到2%，创新成果转化能力偏低。江苏多数大中型企业关键技术的开发与应用能力不足，国际先进技术装备率低，机械产品与当代国际水平相比相去甚远。不少高技术产品及部分高附加值产品仍需进口。制造业整体自主

研发设计能力仍然十分薄弱，几乎所有工业行业的关键核心技术都掌握在国外厂商手中，依赖于发达国家的跨国公司提供的关键技术，缺乏核心技术已经成为制约江苏制造业发展的最大瓶颈。江苏省中小型的电子信息、制造企业众多，这些企业或是作为代工企业进入全球价值链低端的加工组装环节，或是作为跨国公司投资企业的配套企业进行某些环节的专业化生产。这些企业规模小、功能单一、技术水平低，难以在研发方面有所突破，因此这些企业首先应该提升自己的制造能力，做大做强制造环节。

3. 产业集群初现，但辐射能力不强

集群内分布着大量的中小企业，专业化协作配套程度很高，如无锡的光电子和资讯零部件加工产业群、吴江的电子产业集群等。产业集群发展扩大了就业渠道，加快了地区工业化、城市化进程。但目前江苏还处于产业集聚发展阶段，区域内的上下游企业之间的协作配套效应还未充分发挥出来。制造业对中心城市周边地区的带动影响力不强，缺少形成规模的产业集群，难以有效构建拉动区域经济发展的增长极。

4. 增长速度虽快，但竞争优势单一，产业层次亟待提升

虽然江苏的生产总值增长速度较快，但通过行业细分可以发现，高新技术产业增加值占制造业的比重较低，位于上海、浙江之后，更低于发达国家和新兴工业化国家的水平。并且江苏的钢铁、机械、石油化工、有色金属等传统工业主要以价格为竞争手段，竞争优势单一。其技术水平与国际先进水平相比有较大差距，多数大中型企业关键技术的开发与应用能力不强，不少高新技术产品及部分高附加值产品仍需进口。这说明江苏的产业层次总体不高。高新技术产业仍处于起步阶段，新兴产业尚未形成明显优势，产业基础较为薄弱，许多高新技术产业大多还处于产业链的低端。占制造业主导地位的主要是劳动密集型产业，市场占有率较高的主要是服装、普通机械、塑料制品等科技含量较低的劳动密集型产品，制造业的发展较多依赖于相对成本优势，与制造业配套的生产性服务业发展滞后。

（三）江苏制造业转型升级的路径选择

制造业是重要的工业产业，实现制造业升级，就必须实现新型的制造

业现代化即服务型制造业，应该实行以下战略。

1. 提高制造业技术创新能力

加快自主创新，其核心任务就是要对新技术的重要环节和关键技术加以掌握。制造业现在难以实现产业升级的原因归根结底就在于我国自主创新能力不足。这就带来制造业一直处于价值链的低端。制造业可持续发展的源泉就是不断提升的自主创新能力。企业要明确自己在自主创新中的主体位置，要有能力对外部技术资源加以整合，加强自身的创新能力，强化企业的创新机制。发展工业设计产业，推动工业设计与制造业融合发展，是江苏今后一段时期提升制造企业自主创新能力的重要措施。政府需要发挥自身优势，打造有利于企业创新的总布局。

2. 建立人力资本机制

实现制造业升级的必然要求是由劳动密集型产业向技术密集型、知识密集型转化。人力资本在培养、配置、利用效率方面，都不能适应产业结构升级的需要。同时，人才也是科技创新的承载者。必须改善人力资本的现有状态。要想改变人力资本的现有状态，使其适应制造业升级的需要，要从人才的培养上着手，就要加强教育投资力度，调整教育投资结构，构建多元投资体系，培养优秀的人才完成科技创新的使命。

3. 加快生产性服务业与制造业融合发展

生产性服务业和制造业相辅相成，相互促进。制造业为生产性服务业提供了广阔消费市场，同时生产性服务业也进一步促进了制造业的发展。同时，在市场中，生产性服务业和制造业的融合发展使得资源的配置更加合理高效。江苏省制造业和生产性服务业的联系与合作不断加强，融合不断深入，这对破除二元经济结构和提升江苏省的经济发展水平起到了推动作用。所以政府应该大力促进生产性服务业和制造业的深度融合。回顾江苏传统制造业三十多年的发展，江苏已有一批在全国具有较大影响力的领导型代工企业涌现出来。这批代工企业不仅接受国际代工业务，而且向其他代工企业再发包，且有的代工企业正在经历功能升级，有的已经实现了功能升级的进程。领导型企业基于政府的“政策池”，增强自身对消费升级的响应。积极寻求与大型企业的合作机会获得渠道优势，在跨国经营与海外并购等主要方式的基础上构建全球价值链，也可以通过与价值链其他企业进行战略联盟，从而攀升到价值链的高端环节。

三、“江苏制造 2025”升级策略

（一）促进产学研协调发展

产学研结合发展是现代新兴的可持续发展模式，也是一种新的开放发展思路。这样的结合方式能够有效地将书本中的知识理论快速地转化为有现实价值的生产力，实现知识的产业化。同时，这也可以促进产业领域和科研领域的互利共赢，让科学知识能够更好地满足市场发展的需要。为了实现产学研结合的目标，一方面需要大力支持高校和相关科研机构的研究人员深入企业，另一方面也需要把行业专家、科研人员、高级管理者等业界精英通过多种方式引进到高校和科研机构中去，产学研的结合、过程也是三者在习惯、目标、文化等方面不断磨合、相互适应的过程，最终形成一个良性循环的激励机制。江苏省科研实力名列前茅。一大批具有自主知识产权的重大创新成果得到迅速转化，有力地提升江苏省高新技术产业的发展水平。

江苏是教育大省，劳动力资源丰富，科教和人才优势突出，有雄厚的科教基础，人才科技优势突出，可谓人杰地灵。以政府为引导、企业为主体、全社会共同参与的多元化科技成果转化投入机制正在形成。此外，还吸引了数千名科技人员直接参与项目研究开发，招揽了一大批省外人才、留学人员、海外人才投入转化过程，既培养锻炼了企业的领军性人才和科技创新队伍，又积累了组织重大创新工程的管理经验。这些都为江苏经济结构调整和经济增长方式转变提供了源头活水和不竭动力。新一轮发展中，江苏将加快构建新型制造创新体系，以突破专利重点领域和共性关键技术、加快自主创新成果产业化为主攻方向，构建以企业为主体、制造业

创新中心和企业研发机构以及为中小企业服务的公共技术平台为支撑、万众创新为基础的协同创新体系，更好地推动各类创新资源顺畅流动和高效配置。

（二）构建区域错位发展新格局

形成与集聚区配套的服务体系，不断增强集聚效应。通过在集聚区内搭建公共服务平台，为区内企业提供优质、便捷服务；通过强化产业的功能定位，促进区域优化整合；积极鼓励企业向产业链上下游延伸，拓展产业集聚空间，形成优势产业集群。制定实施传统产业改造提升方案，引导企业运用信息技术和绿色低碳技术加大技术改造投入，提升产业附加值和竞争力。为促进江苏出口产业向集聚化、高端化、品牌化升级，加强政府的沟通，与省外经贸厅建立共同建设出口产业集聚监管示范区紧密合作机制，建立地方政府牵头、多部门协作联动的组织机构，齐心协力推进产业集聚监管区整体建设。同时，与地市人民政府签订合作备忘录，为集聚区建设营造良好的氛围。以地方政府的关注点、行业的成长性、区域经济的带动力为入选条件，按照国家宏观调控和江苏经济发展的总体要求，在苏南、苏中、苏北合理选定产业特色鲜明的集聚区。

以创建苏南“中国制造 2025”试点示范城市群为契机，探索产业链分工协作、区域错位协同发展新机制，打造一批地标性特色产业。积极申报苏南城市群试点示范。在苏南地区重点发展特色产业，力争建成全国协同创新标杆区、转型升级示范区、智能制造先行区、特色发展引领区，建立省市联动机制培育特色产业。联动推进南京智能制造装备、无锡集成电路、徐州工程机械、常州先进碳材料、南通海工装备等特色产业突破发展，构建“五个一”（一个产业园区、一个创新中心、一个特色小镇、一只产业基金、一个信息交流汇集平台）综合培育体系，打造一批具有地方标志、领跑全国乃至全球的产业标杆；改造提升传统产业。

（三）着力培育战略性新兴产业，改造提升传统优势产业

发展离不开创新，为有力促进全省先进制造业发展，进一步加快制造

业向中高端攀升，构建以“创新、智能、绿色、高效”为特征的先进制造业体系，必须突破核心关键技术。加快推进企业研发机构建设，实施制造业创新中心建设工程，在智能装备、智能电网、工程机械、新医药及战略新材料等5大领域开展试点，补齐关键核心技术和重大自主装备短板，提升江苏制造品质，塑造竞争新优势。组织核心关键技术和重大装备攻关。建立省级重点工业强基项目库，引导企业专注投入“四基”领域，成为细分市场“隐形冠军”。实施质量品牌工程。攻关重点是突出智能制造。找准制造业升级的发力点，不断增强供给的能力，改善供给的品质，从中低端迈向中高端，推动传统产能凤凰涅槃。

（四）加快发展生产性服务业，促进产业结构调整

服务业的支持是制造业发展的有效动力，工业类产品的规划设计和产品的销售管理还有物流配送的各个环节都离不开服务业的支持。企业可以把一些生产性服务业的具体环节外包给其他对象，这样不仅能节约成本还能提高办事效率，使得生产性服务业发展变得更加专业。同时企业应该积极和实力雄厚的国际服务业企业进行合作，学习他们先进的经验和管理，同时提高自己服务的质量和水平，不断形成自己的竞争优势，更好地参与国际竞争。

现阶段，生产性服务业依托于计算机技术和金融业的高度发展，不仅使得原有的业务发展水平得到了提高，同时催生了一批新的服务行业。政府应该根据实际的情况，找准生产性服务业和其他行业融合发展的集合点和基本点，制定合理的政策来促进他们的融合发展。所以，政府应该出台相关的政策为生产性服务业的发展营造一个良好的制度和政策环境。政府同时要积极引入竞争机制，提高生产性服务业发展水平和效率。政府还要鼓励更多的经济主体参与到生产性服务业的经营和管理中去，营造公平公正的市场竞争环境。政府应该退出部分垄断性服务企业的管理和干预，特别是要减少对相关行业产品的价格管制，让市场来决定价格，这样才能使得市场的价格更加合理。江苏也在对服务型制造持续发力，徐一平表示，

通过对苏南示范区加大推进力度，努力把苏南建设成为风景优美、令人向往的地区，建设成为《中国制造 2025》示范区，成为具有国际特色的先进制造走廊。

（五）加快推动功能性信息服务平台建设

推动国家级数据服务中心、呼叫中心、云计算中心等功能性平台落户江苏，提升全省信息数据存储和服务能力。培育一批大数据产业园区，支持具备条件的高新技术园区、开发区及大中型骨干企业建设“云 + 网 + 端”三级工业信息基础设施服务平台，为行业企业提供优质的信息化解决方案。推动电信、广电网络运营商及相关企业拓展工业大数据服务业务。鼓励中小型园区及行业企业向信息服务提供商购买专业服务。加强网络信息安全保障体系建设。加强对党政部门信息系统、涉及国计民生的重要信息系统以及工业控制系统的安全监管。加强数据安全、工控系统安全、移动互联网安全监测管理等关键网络防护和信息安全技术研发及产业化。加强网络信息安全专家、信息安全员、专业技术人才等队伍建设。加快推广应用信息终端和信息普遍服务。鼓励具备条件的工业企业及生产性服务企业加快信息终端设备更新换代速度。支持运营商为农村用户提供实用、价优的终端、业务及资费，大力提高农村地区信息终端普及率。推动电信、广电网络运营商提高网速、降低资费，促进信息消费。面向苏北及农村地区、社会弱势群体提供优惠信息服务资费套餐，保障社会公众平等享有信息使用权。加快推进苏北地区三网融合工作，实现三网融合全面普及。

四、本章小结

江苏是经济大省，产业基础雄厚。为进一步巩固江苏省的制造业和服务业大省的地位，更好地推动江苏制造业的转型升级，首先要认清江苏制造业的竞争优势现状，提高“江苏制造”的竞争力，促进江苏产业结构优化转型升级。江苏制造有必要紧跟“中国制造 2025”，结合江苏省的制造业发展现状和省情，打造出独一无二的“江苏制造 2025”。

参考文献

[1] 黎峰. 江苏打造具有国际竞争力先进制造业基地的思考 [J]. 江南论坛，2016，(6)：15－17.

第十八章
“一带一路”对外开放政策与江苏服务型制造业战略定位

随着近几年来“一带一路”倡议在中国及沿线国家兴起，江苏在“一带一路”政策的带动下发挥自己的优势，以推动制造服务化和加快生产性服务业创新发展为目标，以服务型制造示范企业与重点项目的培育和推广为抓手，以强化公共服务平台为支撑，加快制造与服务的融合互动发展，推动商业模式和业态创新，促进生产型制造向服务型制造转变。

一、本章引言

“一带一路”贯穿欧亚大陆，东边连接亚太经济圈，西边进入欧洲经济圈。无论是发展经济、改善民生，还是应对危机、加快调整，许多沿线国家同我国有着共同利益，这将成为中国经济新的增长点，深受中亚各国的欢迎和赞同。“一带一路”沿线国家大多是发展中国家和欠发达国家，这些国家自然资源丰富，基础设施相对落后，且普遍面临工业化发展任务，对制造业的需求旺盛，巨大的市场潜力给中国的制造业企业“走出去”带来了很好的机遇，对中国制造业企业缓解产能过剩、提升国际竞争力提供了新路径。

借着“一带一路”的契机，中国当前迎来了走向世界的过程，特别是在发展中国家的影响力与日俱增，通过开展服务型制造，构建全球性的服务型制造网络，通过国与国之间的产业分化和相对的服务，有利于全球的资源整合和整体国家利益的保障。从国家整体实力的角度考虑，中国当前仍然应该坚持制造业为出发点，结合服务化趋势，大力发展以服务型制造为特征的新型制造业，以解决国家实力和整体经济结构合理的平衡。

本章先对“一带一路”战略的相关内容进行论述，再从服务型制造业的发展情况着手，剖析江苏省制造业现状和存在问题，并给出相关建议。江苏省只有实施服务型制造战略，通过与“一带一路”战略相结合，大力推进制造业与现代服务业的深度融合，才能破解江苏省制造业竞争力不强、服务业滞后的困境。

二、“一带一路”背景

（一）“一带一路”定义

“一带一路”（The Belt and Road，B&R）是“丝绸之路经济带”和“21 世纪海上丝绸之路”的简称。“一带一路”是世界上跨度最长的经济大走廊，贯通东亚、中亚、东南亚、南亚、西亚及至欧洲部分区域，目前“一带一路”沿线国家大概有 65 个，沿线绝大多数是新兴经济体和发展中国家，发展潜力巨大。它将充分依靠中国与有关国家既有的双多边机制，借助既有的、行之有效的区域合作平台进行相关发展。“一带一路”旨在借用古代丝绸之路的历史符号，高举和平发展的旗帜，积极发展与沿线国家的经济合作伙伴关系，共同打造政治互信、经济融合、文化包容的利益共同体、命运共同体和责任共同体。

（二）“一带一路”时代背景

当今世界正发生复杂深刻的变化，国际金融危机深层次影响继续显现，世界经济缓慢复苏、发展分化，国际投资贸易格局和多边投资贸易规则酝酿深刻调整，各国面临的发展问题依然严峻。共建“一带一路”顺应世界多极化、经济全球化、文化多样化、社会信息化的潮流，秉持开放的区域合作精神，致力于维护全球自由贸易体系和开放型世界经济。共建“一带一路”旨在促进经济要素有序自由流动、资源高效配置和市场深度融合，推动沿线各国实现经济政策协调，开展更大范围、更高水平、更深层次的区域合作，共同打造开放、包容、均衡、普惠的区域经济合作架构。共建“一带一路”符合国际社会的根本利益，彰显人类社会共同理想和美好追求，是国际合作以及全球治理新模式的积极探索，将为世界和平发展增添新的正能量。

共建“一带一路”致力于亚欧非大陆及附近海洋的互联互通，建立和加强沿线各国互联互通伙伴关系，构建全方位、多层次、复合型的互联互通网络，实现沿线各国多元、自主、平衡、可持续地发展。“一带一路”的互联互通项目将推动沿线各国发展战略的对接与耦合，发掘区域内市场的潜力，促进投资和消费，创造需求和就业，增进沿线各国人民的人文交流与文明互鉴，让各国人民相逢相知、互信互敬，共享和谐、安宁、富裕的生活。

当前，中国经济和世界经济高度关联。中国将一以贯之地坚持对外开放的基本国策，构建全方位开放新格局，深度融入世界经济体系。推进“一带一路”建设既是中国扩大和深化对外开放的需要，也是加强和亚欧非及世界各国互利合作的需要，中国愿意在力所能及的范围内承担更多责任和义务，为人类和平发展做出更大的贡献。中国 2016 年“一带一路”投资规模分布情况如图 18－1 所示。

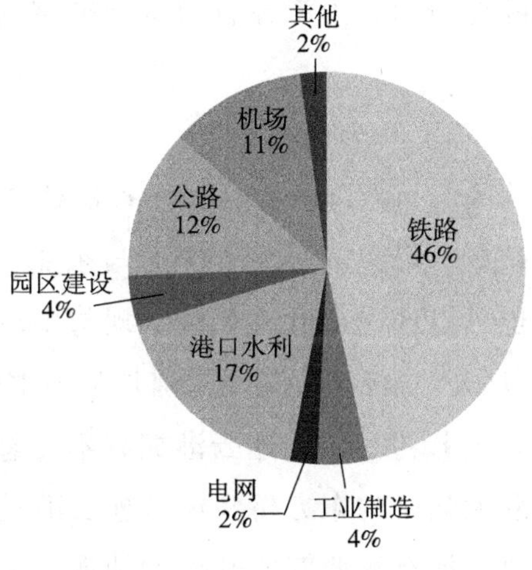

图 18－1 “一带一路”投资规模分布情况

资料来源：百度文库。

（三）江苏在“一带一路”中的发展与挑战

建设丝绸之路经济带和21世纪海上丝绸之路，是以习近平同志为总书记的党中央做出的重大战略决策。“一带一路”宏大战略构想的提出，得到了丝路沿线国家的充分认同和积极响应，对于进一步优化我国战略空间布局、深化区域合作、推动沿线各国共同繁荣，都具有划时代的重大意义。2014年12月，习近平总书记在江苏考察时明确指出，江苏处于丝绸之路经济带和21世纪海上丝绸之路的交汇点上，可以通过海上交通与东亚、东南亚、美洲等各国实现贸易往来，也可以通过亚欧大陆桥实现与中亚、东欧国家进行进出口贸易，同时可以依靠长江这一黄金水道加强与中西部地区的交流。江苏省要按照统一规划和部署，主动参与“一带一路”建设，放大向东开放优势，做好向西开放文章，拓展对内对外开放新空间。江苏向西连接丝绸之路经济带，南北沟通海上丝绸之路，在国家“一带一路”战略中，具有独特区位优势和支点作用。紧密结合江苏实际，全面创新体制机制，通过扩大对内对外、向东向西双向开放，全面提升江苏经济国际竞争力，为江苏省乃至全国增创开放型经济新优势做出新贡献。

1. 江苏在“一带一路”中的优势

江苏省具有独特的区位与港口优势。江苏省地处“一带一路”与长江经济带交互的地理位置，可以通过海上交通与东亚、东南亚、美洲等各国实现贸易往来，也可以通过亚欧大陆桥实现与中亚、东欧国家进行进出口贸易，同时可以依靠长江这一黄金水道加强与中西部地区的交流。在“一带一路”战略的对接过程中，连云港拥有不可忽视的地缘优势和港口优势。作为新亚欧大陆桥的东方桥头堡，连云港是中西部地区以及中亚国家的重要出海口，拥有东西双向开放的功能。为了具备靠泊和接卸世界最大吨位散货船的能力，连云港进一步完善了深水泊位功能，2014年，连云港累计完成吞吐量2.1亿吨，同比增长3.96%。南京作为长江经济带的门户及城市，通江达海，南京港作为亚洲第一大内河港口，也是长江流域水陆联运和江海中转的枢纽港，港区宽阔，航道水深，自然条件良好。

2. 江苏在“一带一路”中的劣势

江苏省产业竞争能力不强，在国际市场上处于劣势地位。江苏的经济总量虽然比较大，但是产业层次低，工业产品的附加值、增值率不高。20世纪80年代，江苏抓住机遇，利用自身的区位优势和资源优势，大量引进外资，承接着世界制造业的转移，享受着开放红利。但是，这些低端产业在今天却成为江苏产业升级的障碍。同时，江苏的服务业发展也相对滞后，新兴服务业的比重较小。2014年全球服务业增加值占全球GDP比重为70.2%，发达国家的服务业增加值占GDP的比重在60%~70%，而江苏比重还不足50%。

除此以外，沿海经济水平较低，无法起到带动作用。中国最发达的地区是沿海地区，而江苏恰恰相反，沿海地区是江苏最不发达的地区，因而，江苏的沿海经济成为中国沿海经济的“凹地”。20世纪90年代，江苏省委、省政府提出了“海上苏东”发展战略，希望可以振兴江苏沿海经济的发展，虽然也取得了一定的成绩，但是沿海经济并未出现人们所期待的快速发展。后来，江苏苏南、苏中、苏北的发展差距越来越大，政府将重点放在了促进苏北发展、协调江苏整体经济发展上，忽略了沿海经济的发展。2006年，由全国政协原主席钱正英牵头，最终完成了《江苏沿海地区综合开发战略研究综合报告》和11个课题研究报告，直到2009年江苏沿海开发才正式上升为国家战略。到今天，江苏的沿海经济水平依然不高，尤其是苏北的盐城和连云港地区，产业结构不合理，技术人才严重短缺，发展不具备核心的竞争力。

三、服务型制造业发展情况

（一）全球服务型制造业发展情况

在历史上，服务与制造的选择，在近500年中曾多次出现。历史经验表明，一个国家的服务和制造的选择与变迁，与一个国家的整体实力和国际地位息息相关。一个国家的崛起往往伴随着制造业的崛起，世界力量格局的变迁也往往是由于国际经济形势和技术发展引发的制造业格局的变迁。

从 20 世纪 70 年代开始，发达国家制造业所占的份额逐渐下降，制造业与服务业的关联逐渐增强；服务业与制造业逐渐出现了融合的迹象：从 20 世纪 90 年代起，制造的服务化成为发达国家制造业的一种趋势，即在发达国家出现了一种经济服务化的趋势。服务业逐渐向制造业靠拢，呈现出以制造为依托，面向制造、为制造服务的特点。具体表现为：服务企业控制制造资源；服务更多地嵌入制造环节；生产性服务的增强。

当前，全球制造业正在从“生产型制造”向“服务型制造”转变。服务型制造是推动制造业和服务业相互促进升级的新途径。服务型制造是为了实现制造价值链中各利益相关方的价值增值，通过产品和服务的融合、客户全程参与、企业相互提供生产性服务和服务性生产，实现分散化制造资源的整合和各自核心竞争力的高度协同，达到高效创新的一种制造模式，如表 18 -1 所示。它是基于制造的服务，是为服务的制造。生产性服务、服务性生产，以及顾客的全程参与构成服务型制造的三个“基石”，三者协同创造企业价值和顾客价值。

表 18 -1　服务型制造业

<table>
<tr><td rowspan="8">服务型制造业</td><td>概念</td><td>制造与服务的融合，基于制造的服务和面向服务的制造</td></tr>
<tr><td rowspan="2">形式</td><td>面向中间生产企业，外包，提供全套解决方案</td></tr>
<tr><td>面向最终消费者，客户化定制，金融服务，全程参与设计</td></tr>
<tr><td rowspan="2">组织形态</td><td>制造企业向服务领域的拓展和延伸</td></tr>
<tr><td>服务企业向上游制造领域的延伸和控制</td></tr>
<tr><td rowspan="3">属性</td><td>增值</td></tr>
<tr><td>整合</td></tr>
<tr><td>创新</td></tr>
</table>

专题 18-1 美国计算机企业向服务型制造业转型

服务型制造是当前全球制造业转型发展的重要趋势。服务型制造的出现和发展推动了制造业技术和管理的创新，并成为破解制造业发展约束的重要途径。服务型制造的发展基础是高质量的工业产品。没有先进的制造业，服务型制造就是无源之水、无本之木。美国计算机硬件企业的转型过程印证了这一点。

20 世纪 90 年代，在技术变革、用户需求变化和市场竞争加剧等多重因素的影响下，以美国国际商用机器公司（IBM）、惠普、戴尔为代表的计算机企业纷纷开始向利润更高的服务型制造转型。IBM 在 1981 年进入个人电脑市场后，迅速占据市场第一的位置。但是大公司反应迟缓的弊病难以适应用户需求和市场竞争的变化，IBM 在 1991—1993 累计亏损高达 168 亿美元。郭士纳出任首席执行官（CEO）后，提出“IBM 就是服务”的战略，推动 IBM 的服务化转型。

IBM 提供的服务不仅局限于对本公司产品提供支持，而是客户所需要的 IT 解决方案。IBM 将原来拥有完全不同服务内容、程序、术语和品牌名称的机构整合为统一的服务机构，最终于 1996 年将其分离出来，成为独立的全球服务部门。2001 年，全球服务部门的年营业收入达到 350 亿美元，在 IBM 总收入中的比重超过 40%，成为公司最大的收入和利润来源。此后 IBM 通过收购多家软件公司，向客户提供从战略咨询到解决方案的一体化服务，并剥离个人计算机业务，实现了向服务型制造业转型。

IBM 向服务型制造的成功转型代表了计算机硬件行业发展的方向。在新兴计算机技术的推动下，制造业正在向数字化、智能化、网络化的方向发展，以个性化定制为特征的生产方式变革正在兴起。服务型制造最为发达的美国，一方面抓住新一轮科技革命和产业变革的契机，进一步推动制造业服务化转型，另一方面又提出再工业化战略，以抢占全球战略性新兴产业和先进制造业的制高点。

（二）中国服务型制造业发展情况

长期以来，对于应该优先发展服务业还是优先发展制造业，在学术界以及政府层面一直存在较大的争议。经过 20 多年的发展，中国已成为世界第三大制造国。伴随制造业快速发展，也产生了一些社会问题，如高能耗和污染、低劳动力回报等。由于劳动力成本的提高以及人民币汇率的上升等因素，中国制造正在逐渐丧失传统的低成本优势，并受到印度、巴西、越南等发展中国家的挑战。

决定一国以什么样的产业作为主要的发展部门，不应仅从经济效益的角度出发，还需结合国家的历史定位和整体战略来考虑。中国目前处于国际实力的上升期，这主要是由于制造业的发展而带动的。当前，中国制造业发展情况距离典型的制造大国还存在相当大的差距。在这种背景下，服务业被重新关注。传统的制造业在中国的发展空间已经不大，中国经济和中国制造有待转型。世界经济已经进入服务时代，服务业由于投入少、收益大，促进就业明显，污染小和能耗较低，因此应该成为中国未来主要的经济增长点。

从中国经济的现实来看，以制造业为主所产生的诸多问题，确实制约了中国制造本身的发展，但其主要原因不是因为选择了制造业，而是由于制造业处于产业链低端和技术水平低的问题。中国制造真正需要的是通过技术升级和产业升级实现质的飞跃，而不是简单地对制造业进行放弃，或大规模倡导以发展服务业为主的经济形态。当前世界经济确实已经进入服务化的时代，在服务化时代中，中国也需要进行相应的准备和赶超，并抓住这次机遇。一方面单纯发展制造业面临着可持续发展、利润薄弱、国民收入提高缓慢等问题；另一方面，服务业又不能真正解决保障国家实力和提高国际地位的问题。综合考虑，中国当前仍然应该坚持以制造业为提高国家实力的根本立足点，并结合服务化趋势，进行一种以制造和服务融合为主要形态的变革，就是服务型制造。

四、"一带一路"与江苏服务型制造业

（一）江苏发展服务型制造业的基础分析

1. 江苏发展服务型制造业的意义

服务型制造是解决制造业高能耗、高污染、低效益、低附加值问题最有效的发展方向。因此，服务型制造是提升江苏制造业在全国竞争力的关键举措。从特点来看，服务型制造对于当前的制造业利润率低、竞争能力差和高能耗问题有着明显的效果。其发展意义有如下几点：

一是实现价值增值。服务型制造通过服务增强，增加单个商品的附加价值，同时通过企业间的相互服务降低成本，在消费端挖掘客户需求，实现了价值的增值。

二是提升企业竞争力。服务型制造通过产业间的横向联系和纵向联系，延长了制造企业的利润链，通过提供异质化的服务强化企业竞争和市场能力，提升企业竞争力。

三是有利于经济的可持续发展。通过大幅度的服务增值，降低了单位产值下的能耗和环境污染，有利于整个经济的可持续发展。

四是有利于区域协调和资源整合。服务型制造的本质是产业的大协同，可以通过强化产业上下游的服务型制造网络实现江苏各区域之间产业链的协同，有利于解决区域间的平衡。

五是有利于鼓励创新。创新来源于对知识资源的整合和对消费需求信号的采集和处理，通过整合服务制造网络间的分布式知识资源以及在变化条件下的需求和研发信息的交互冲击，不断产生适应新经济条件的知识信息，相应的整体网络的创新能力也大大提高。

2. 江苏发展服务型制造取得的成绩

近年来，江苏随着产业结构的调整，服务业投入不断加大，服务业得以迅速发展，在国民经济中的比重和地位不断上升。制造业的发展是服务业发展的平台，而制造业发达是江苏省经济的显著特色，这为发展服务型

制造提供了广阔的空间：一是生产性服务业规模总量明显扩大。近五年来，全省生产性服务业增加值十分显著。二是骨干企业实力提升。全省已经形成由多种所有制、不同经营规模和服务模式构成的企业群体，具备较强的核心竞争力和多功能、综合性、一体化服务能力。三是重点地区已成为经济转型的先行者。与制造业发展和需求相适应，苏南地区制造业服务化趋势较明显，生产性服务业占全省比重超过 80%；苏中、苏北地区制造业服务化起步较晚，但发展良好，近两年呈高速增长态势。

3. 江苏服务型制造业存在的主要问题及原因分析

虽然江苏省制造业服务化取得了明显的发展，但与发达地区相比，与江苏省率先发展的要求相比，与江苏省制造业发展水平和在全国的地位相比，发展规模和速度仍显滞后。

一是产业结构水平总体不高。近几年来，江苏省社会物流总费用平均比 GDP 比率高出 5.5 个百分点，物流业增加值占 GDP 比重仅为 6.4%，低于浙江 3 个百分点左右，与上海、广东相比，也有较大差距。基础软件如操作系统、数据库等方面尚处于起步阶段，科技服务如工业设计等产业化水平落后，商务服务体系和门类尚不完善。

二是企业服务竞争力有待提升。由于在服务产品的竞争方面缺乏研发经费和关键性业务技术，江苏省的企业在激烈的市场竞争中往往处于劣势。江苏省物流企业大部分规模偏小，多以运输、仓储、配送等传统服务为主，增值服务如订货处理、采购等较少。83% 的软件业企业主营收入小于 5000 万元，与广东、北京和上海等省、市相比有较大差距。

导致上述问题存在的主要原因，有以下几个方面：

一是产业结构导致需求不足。江苏省资本、知识和高技术的制造业比例仍然偏低，配套生产、贴牌生产多，终端产品、品牌产品少，对服务特别是对高层次服务的需求明显不足。

二是观念滞后影响发展思路。许多地方政府对制造业服务化的认识尚不到位，“重工业、轻服务”的思维惯性普遍存在，发展生产性服务业的思路和举措较为落后。企业的专业化分工与合作的意识淡薄，对生产性服务的需求还是以传统服务为主，且大多选择自己提供的方式来解决服务的供给。

三是政策支持政府推动不强。江苏省虽然出台了许多政策来发展服务经济，但在具体配套政策方面存在脱节，对政策的执行和督查力度不够，使政策的效果大打折扣，有关部门在制定政策时，对存在的主要问题把握不到位，政策针对性不强。

（二）江苏发展服务型制造业的建议

1. 切实转变观念

树立融合的产业发展观是实践服务型制造的重要保障。发展服务型制造业需要树立制造与服务融合的发展观。在制造业与服务业融合的大背景下，对于制造业发展的问题的判断、趋势的分析、规律的把握，以及政策的出台、规划的制定，需要从产业融合的角度出发，全面系统地分析问题和解决问题。

服务观念的建立是企业向服务型企业转变的关键。传统观念认为，企业向客户提供的服务是附加性的，只是保证产品销售及市场占有率的手段，是一种事后的、被动的行为。转型为服务型企业必须将经营思想定位在满足客户需求、提高客户满意度上，把服务的理念贯穿于企业经营的全过程，把客户的需求作为第一要素来考虑。

2. 选择符合企业特色的服务型制造发展模式

企业要结合自身特色和优劣势，选择、创新差异化的制造服务融合发展模式。一种选择是基于公司原有产品制造能力提供延伸的增值服务，突破原有的产业边界，拓展到服务业的活动领域。对以制造能力见长的大多数江苏企业来说，选择该模式发展可在相当程度上保留原有的制造优势，并在短时间里形成竞争力。另一种选择是提供创新的制造服务融合形式，开辟新市场，特别是那些具备良好服务能力的企业，可通过同时开展多项增值服务和专业服务，并把它们有机结合起来，帮助客户解决更关键的业务问题并提供更多的价值。

除此以外，发挥区位优势，有重点地发展生产性服务业。结合江苏省地域特点，有重点地发展金融服务业、物流服务业等生产性服务业，逐步剥离制造业中的生产性服务业，并组建一批独立运作的生产性服务业机构，可以有效地解决中小企业融资难、港口和航线发展滞后等制约制造业发展的瓶颈问题，从而为江苏省发展服务型制造业提供强有力的支持。

3. 在突出主业生产的同时打造全程供应链

企业要通过资源的整合，选择核心业务和比较优势进行专业化发展，把比较优势锻造成绝对优势，形成核心竞争力。同时，企业要走出自身圈子，打造包括原料供应、零部件配套、业务外包、物流运输、商品流通等相关业务在内的全程供应链，从企业内部服务走向供应链全程服务，提升企业创造价值的能力。实现企业由原先以产品输出为导向的盈利模式向以拥有更高附加值的服务输出为导向的盈利模式转变是服务型制造在具体企业中应用的最终目标，企业应确保服务型制造的应用。

4. 加强政策扶持引导

政府培育和创造有利于制造企业实施服务型制造模式的环境。服务型制造业乃至现代服务业的产业网络和供需关系基本上靠合约维系，因此需要健全的社会信用体系以及高效率的民事司法制度（包括知识产权保护）作保证。这些制度条件的生成一方面要以市场经济的发展为基础，另一方面是一个改革深化及制度建设过程。政府应致力于制度条件的培育，并运用公共政策推进服务型制造战略的实施。

各级政府要整合区域内的服务资源，重点规划和引导生产性服务业的发展，尤其是对物流、金融、信息处理等现代服务业发展所需的资金和人才制定专项优惠政策，形成区域服务网络。同时，要进一步打破条块分割的行业管理和流通体制制约，鼓励外资、民资进入生产性服务企业，支持符合条件的生产性服务企业通过股票上市、企业债券、兼并重组、合资合作等方式筹集资金，加大信用担保机构对生产性服务企业的支持力度等等。

专题 18－2 江苏最新服务型制造业部分企业名录

1. 国电南京自动化股份有限公司
2. 南京顶瑞电机有限公司
3. 南京中车浦镇海泰制动设备有限公司
4. 江苏久吾高科技股份有限公司
5. 江苏高淳陶瓷股份有限公司
6. 南京九思高科技有限公司
7. 亿嘉和科技股份有限公司
8. 南京天加空调设备有限公司
9. 南京深科博业电气股份有限公司
10. 南京海融医药科技股份有限公司
11. 无锡顺达智能自动化工程股份有限公司
12. 无锡市海林海峰精密轴承有限公司
13. 无锡雪浪环境科技股份有限公司
14. 江苏新日电动车股份有限公司
15. 无锡大禹科技有限公司
16. 江苏嘉耐高温材料有限公司
17. 常州市钱璟康复股份有限公司
18. 新誉集团有限公司
19. 灵通展览系统股份有限公司
20. 江苏海鸥冷却塔股份有限公司
21. 常州赛尔克瑞特电气有限公司
22. 常州市国茂立德传动设备有限公司
23. 江苏晶雪节能科技股份有限公司

（三）江苏服务型制造业在“一带一路”中不断发展

2015 年 3 月，政府工作报告提出“中国制造 2025”战略，为中国成为制造强国设置了时间点，随着“一带一路”战略的指引，未来十年，中国制造业将发生根本变化，其中之一就是从生产型制造转向生产服务型制造。当前，借着“一带一路”的契机，江苏省正将发展服务型制造作为推动工业经济转型升级、提质增效的重要举措，推动江苏制造走向江苏创造，并加大对外开放的力度，与世界接轨。近年来，全省工业设计产业快速发展，已拥有 4 家国家级工业设计中心、111 家省级工业设计中心和 10 家省级工业设计示范园。

1. 实施“走出去”战略

“走出去”是对外开放战略的重要组成部分，也是“一带一路”战略的必经阶段。江苏作为沿海开放大省，近年来主动参与国家重大开放战略，大力推动江苏企业“走出去”发展，全省“走出去”呈现出“步伐不断加快、规模持续扩大、能力明显提升”的态势，在提高江苏对外开放水平、促进产业转型升级方面发挥了重要作用。全省“走出去”规模增长快速，发展水平位居全国前列。近五年，江苏对外投资中方协议投资额年均增长 46.7%，对外承包工程新签合同额年均增长 13.9%。2014 年，全省共备案（核准）对外投资项目 736 个，中方协议投资额 72 亿美元，中方实际投资额 42 亿美元，居全国第四位；从“走出去”国别（地区）看，江苏对外投资企业遍布美国、澳大利亚、中国香港等 149 个国家和地区，呈现多元化发展的良好势头；从“走出去”产业看，对外投资项目产业分布广泛，其中第三产业投资占比超过六成。对外承包工程也由房屋建设扩大到工厂设计建设、输变电站建设等多个领域。

2. 江苏省服务型制造业融入“一带一路”国家战略

当前，“一带一路”国家战略正加快实施推进，江苏省与“一带一路”沿线国家经贸合作也日益密切。2014 年以来，江苏省与“一带一路”沿线国家进出口总额达 2890.8 亿美元，占全国的 20.8%；江苏省赴“一带一路”国家投资项目规模显著提升，2015 年投资 1000 万美元以上项目 50 个，协议投资额 24.9 亿美元，同比分别增长 1.1 倍和 1.3 倍。目前江苏省赴“一带一路”国家投资项目已达 399 个，累计协议投资额 58.4 亿美元，其中制造业投资26.8亿美元。2016年1—6月与“一带一路”相关的投资项目115个，同比增长33.7%，由此看来，江苏省与“一带一路”沿线国家多元化合作方兴未艾。

五、本章小结

虽然江苏省无论服务业还是制造业都取得了巨大成就，但二者仍然都存在不少问题，如与现代工业国家的差距大，主导产业大部分集中在产业低端，服务业增加值占本省GDP的比重偏低，生产性服务业总体技术含量不高，对制造业的支撑作用还不明显；服务业发展的带动作用没有得到应有的发挥；江苏制造业的增长主要靠劳动密集型和资本密集型产品来推动，处于世界制造业产业链的底端；江苏区域经济不平衡，无论制造业和服务业都呈现出从南到北阶梯分布的特点等。所以江苏省要从解决这些问题出发，进一步发展。

主动融入国家“一带一路”战略，既是江苏省的重大战略机遇，也是江苏省由开放大省向开放强省转型的必然选择。为此，全省商务系统以省委省政府“贯彻落实‘一带一路’国家战略大力拓展对内对外开放新空间工作会议”精神为引领，大力推动企业“走出去”，积极投身“一带一路”建设，使得各项工作稳步有效推进。

参考文献

[1] 郑志来．江苏省“一带一路”战略融合发展路径与对策 [J]. 科技进步与对策，2015，17：48－51.

[2] 杨保军，陈怡星，吕晓蓓，朱郁郁．“一带一路”战略的空间响应 [J]. 城市规划学刊，2015，02：6－23.

[3] 李晓，李俊久．“一带一路”与中国地缘政治经济战略的重构 [J]. 世界经济与政治，2015，10：30－59＋156－157.

[4] 郑焱，沈和，金世斌，吴国玖，古晶．“十三五”期间江苏建设

"一带一路"交汇点的战略思路和关键举措［J］. 江苏师范大学学报（哲学社会科学版），2016，01：121－133.

［5］张译匀. 一带一路战略下江苏加快装备制造业走出去的探析［J］. 对外经贸实务，2016，12：81－84.

［6］孟秀丽. 发展服务型制造业的对策研究——以江苏为例［J］. 现代管理科学，2011，07：44－46.

［7］崔鹏歌，尤宏兵. 江苏制造业服务化与全球价值链互动影响——基于联立方程的实证分析［J］. 企业经济，2015，06：155－160.

［8］何哲，孙林岩. 服务与制造的历次大讨论剖析和服务型制造的提出［J］. 管理学报，2012，（10）：1515－1523.

［9］李晓华. 美国计算机企业向服务型制造转型的启示［J］. 中国中小企业，2016，（12）：72－74.

［10］张焕波. 全球制造业发展形势分析与展望［A］. 国际经济分析与展望（2015—2016）［C］，2016：11.

第四篇

政策建议篇

第十九章 关于发展江苏省服务型制造业的政策建议

一、强化组织保障

（一）全面落实各项任务

江苏省工业和信息化主管部门要会同其他有关部门结合本地发展阶段和产业实际制订推进方案，抓好工作落实。积极落实支持制造业企业进入服务业领域的财政、税收、金融、土地、价格等政策。行业组织要利用现有资金渠道积极支持服务型制造的发展，鼓励金融机构创新适合服务型制造发展的金融产品和服务，支持重点工程和重大项目实施。鼓励社会资本参与制造业企业服务创新，健全完善市场化收益共享和风险共担机制。同时，江苏省服务型制造业组织还要加大对企业研发设计知识产权的保护力度，建立知识产权协同应用和风险防范机制，健全知识产权交易和中介服务体系。

（二）加大统筹协调力度

江苏省将统筹企业、学术机构和中介组织等多方资源，一方面加强基础设施建设，加快生产要素和产业链聚集，推动大企业带动的产业链形成；另一方面，鼓励企业间实行专业化分工与合作，进行广泛、密切的技术经济联系，建立既专业化分工又相互促进的产业网络体系，促进建立由中小企业聚集形成的产业集群。积极发挥行业组织在建设公共服务平台、推广行业先进经验、协调跨领域合作等方面的作用，全力推进服务型制造业发展。健全政策体系、密切部门分工协作、加强宣传推广，动态跟踪产业发展态势，及时协调解决矛盾问题。

（三）调动行业协会力量

江苏省的制造和服务行业协会要利用自身的优势，发挥区位优势，有重点地发展服务型制造业。积极做好推进服务型制造的宣传和咨询工作，提升政府各部门和相关企业对服务型制造的认识，把服务化作为制造业转型升级的重要途径；及时了解和掌握国内外服务型制造的新动向，通过讲座、培训、研讨等多种形式，学习借鉴发达国家和地区服务型制造的先进经验，推动服务型制造中隐性知识的感知、扩散、融合和应用；协助政府相关职能部门建立公平、规范、透明的服务市场准入制度，推动中介机构和支撑服务体系的建设，做好服务型制造发展的导向和跟踪服务，为制造业和服务业的融合发展提供切实可行的政策建议。

二、加强政策引导

（一）把握政策引导的科学性

政府制定中长期服务型制造发展规划，明确总体目标和发展重点，既要强化服务型制造的政策驱动，又要协调各地区的政策行为。政府自身主要做好政策目标引导、营造良好生态、健全服务能力等基础工作，因此应把握政策引导的科学性。江苏省政府在服务型制造的整体推进上，应该更加注重引导发展方向、激发企业内生动力和凝聚社会多元合力。同时，注重和大众创业、万众创新、制造业与互联网融合发展等政策措施的协调衔接，力求充分形成政策合力，有效推动服务转型。打造有利于服务型制造发展的政策体系深化理论研究，逐步完善统计调查体系，探索开展服务型制造概念术语、参考标准和评价体系研究制订和应用推广。

（二）加强政府产业政策扶持

江苏省政府应根据国务院要求加快推进简政放权和放管结合，提升制造业企业进入服务业领域的便利化水平，减少中间环节的审批事项。积极推动相关部门优化财政、税收、贷款、融资、土地、价格等政策，为制造业与服务业深度融合营造良好政策环境。同时，发挥对传统制造业价值链延伸的导向功能，打破传统制造业以“产品”为中心的制造模式，推广“产品—服务”融合发展的服务型制造模式；其次，通过资源配置、基础设施建设、政策导向等促进服务型制造业的发展，在一些发展基础好、在技术和管理方面取得重大突破的服务领域形成产业优势；最后，强化省会南京和主要中心城市的综合服务功能和辐射功能，变单纯的制造业集聚为集成制造与服务功能的产业链集聚，实现服务业和制造业的协调定位和协调集聚。

（三）结合区域发展的特征

江苏省政府应紧扣制造业中大多数企业发展的阶段性特征，发挥区位优势，有重点地发展服务型制造业，并加以引导。结合江苏省地域特点，有重点地发展金融服务业、物流服务业等服务业，逐步剥离制造业中的服务业，并组建一批独立运作的服务型制造业机构，可以有效地解决中小企业融资难、港口和航线发展滞后等制约制造业发展的瓶颈问题，为江苏省发展服务型制造业提供强有力的支持。坚持贴近实际、稳步推进，选取一些经过市场检验、发展相对成熟的模式进行推广，力求引导企业解决服务转型中的共性问题，帮助企业找到切实可行的转型路径。通过推动这些制造业“中坚力量”的服务转型，带动江苏省制造业的整体提升。

（四）加大培育政策实施的环境

政府应培育和创造有利于企业实施服务型制造模式的环境。服务型制造业乃至现代服务业的产业网络和供需关系基本上靠合约维系，因此需要健全的社会信用体系以及高效率的民事司法制度（包括知识产权保护）作保证。同时，政府还应推进在信息技术、研发设计、能源管理、财务管理、人力资源管理等领域建立合理的制度。这些制度条件的生成一方面要以市场经济的发展为基础，另一方面是一个改革深化及制度建设过程。政府应致力于制度条件的培育，并运用公共政策推进服务型制造战略的实施。通过金融、财税、土地、科技、法律等手段，调整产业价值链上的各方利益，营造服务型制造发展的良好环境，促进传统制造业的转型升级。

三、完善平台支撑

（一）加快信息平台建设

江苏将建立全省服务型制造发展项目数据库，动态培育重点项目和认定示范企业、集聚基地，建立全省服务型制造评价指标体系。通过信息技术建立和完善信息共享平台，从而能够实现企业间的信息共享和协作，降低服务的交易成本。一方面，选择信息化基础较为扎实的制造业行业作为示范，通过引进专业化的技术人才和管理团队，构建面向政府、制造企业和服务企业的信息支撑平台，实现服务环节与制造环节的无缝对接；另一方面，在政府的规划和扶持下，鼓励市场多方主体参与信息化建设，开展信息技术的创新型应用，将制造业和服务业的融合建立在信息化平台之上。江苏将构建集聚发展、示范推广、专业培训、智力支撑等公共平台，形成50个服务型制造集聚基地、300个服务型制造示范企业和一批带动性强的重点项目，推动制造强省建设。

（二）构建司法信用平台

江苏省发展服务型制造业要注重建立制度平台，尤其是民事司法制度和社会信用体系。政府应致力于司法信用制度条件的培育，并运用公共政策扶持服务型制造业的发展。首先要加强企业法制建设，完善各类法律法规，尤其是与服务型制造业发展具有密切关联关系的法律法规，如知识产权法等。其次进一步改革服务型制造业的产权制度，实现主体产权的分散化和多元化，允许多元化资本进入制造业与服务业领域。最后充分利用服务业市场开放带来的新机遇，建立企业之间互信机制，促进江苏省现代服务业的发展。

（三）发展融资租赁平台

江苏省应该积极发展融资租赁业务。支持符合条件的制造业企业发挥自身优势，在依法合规、风险可控的前提下，引导生产特定产品的企业通过设立金融租赁公司、融资租赁公司、租赁产业基金等方式，逐步发展大型设备、公用设施、生产线等领域的设备租赁和融资租赁服务。支持制造业企业与金融租赁公司、融资租赁公司加强合作，实现资源共享和优势互补。积极探索在重大工程建设中引入设备融资租赁模式。加强与海外施工企业合作，开展设备海外租赁业务，服务于“一带一路”建设。

（四）建设供应链金融平台

面向服务型制造行业，江苏省应鼓励符合国家产业政策、核心主业突出、具有较强行业竞争力、具备一定资金集中管理经验的制造业企业集团设立财务公司，延伸和提升价值链，提高要素生产率。有效提高企业集团内部资金运作效率，降低企业融资成本。还要积极发挥大型制造业企业信息优势，为金融机构开展供应链金融业务和投贷联动试点提供有效信息支撑服务。加强产融信息对接服务平台建设，助力重点企业和重点项目发展，缓解中小企业融资困难等问题。

（五）营造公共服务平台

根据《发展服务型制造专项行动指南》，江苏省应建设创新设计公共服务平台，支持设计领域共性关键技术研发，全面推广应用先进设计方法，逐步完善原位校准、动态感知、需求挖掘、人机工程、系统仿真、增材制造等技术能力。鼓励研发具有自主知识产权的设计工具和软件，提高人机工程虚拟仿真应用水平。支持建立从业人员和专业机构的社会化评价体系，开展统计调查体系研究，推动创新设计领域国际交流与合作，提升中国设计知名度和国际影响力。

四、开展示范推广

（一）加大宣传推广

为了持续培育省内企业的竞争优势，塑造其核心竞争力，江苏省各级政府部门可以邀请专家学者走进各地市、走进服务型制造企业开展政策宣贯、现场诊断和咨询服务。各级政府还可以深入企业开展调查研究，及时跟踪国内外服务型制造发展新趋势、新模式，采取专家研讨、经验交流等途径，通过学术论著、报刊文章、电视短片等多种形式加大对服务型制造概念、理念、实践和绩效的宣传推广。同时制造企业可以将服务转型作为战略性企业文化，并向各级员工进行积极渗透，将服务型制造的文化内涵灌输给员工。

（二）开展区域示范

江苏制造业主要集中在苏、锡、常、宁、镇、扬及南通、徐州等地，其中，苏州、无锡、南京三地的制造业占了全省制造业的80%以上。江苏省制造业的产业集聚特征明显，南京的石油化工产品、昆山的电子产品、苏州的丝绸、常熟的服装、江阴的纺织面料、丹阳的眼镜等。我们将重点围绕这些地区的重点产业，积极开展示范企业、示范项目和示范平台的创建工作，健全示范评价体系和遴选管理工作办法。同时根据区域性服务型制造业的特点加强经验总结和案例推广，总结出版示范案例集，加大应用推广力度。

（三）建立经验共享机制

江苏省通过完善体系架构、构建反馈网络、搭建经验反馈平台的方式，将示范企业生产经营过程中，发生的良好实践和经验教训进行整理和共享，同时建立成熟的管理模式，实现异地复制，继而弥补管理漏洞，提升自身管理能力。江苏省政府主动适应新形势和新环境，开始全方位推进服务型制造工作，在全面推动商业模式和业态创新等方面作了不少探索，并加大资金扶持力度，取得了一定成效。工信部在南京和常州主办了“服务型制造万里行”活动，常州今创集团、无锡双良、苏州博众和徐工集团4家省级示范企业将在各地作现场经验交流，其提供的经典案例也代表了目前江苏省服务型制造发展的水平。

五、深化国际合作

（一）融入国际产业分工体系

首先要从融入全球价值链开始，进一步构建国家价值链，把握好江苏省在国家价值链中的定位，努力培育和构造江苏省的跨国公司。在培育跨国公司的同时，还要从深化改革、改变市场环境、优化税收入手，做活做强中小型企业；从强化政府的产业标准执行和完善市场机制入手，逐步淘汰落后产能，建立产业升级正常机制。与此同时，江苏省企业需把握住国际服务产业转移的机遇，承接跨国公司外包的业务流程，与其建立战略合作关系。拓展民营和外资投资服务业的领域和范围，承接国内外优质服务资源，提高服务质量水平和产业效率，最终实现江苏省制造业与生产性服务业的互动发展。

（二）实施“走出去”战略

江苏省服务型制造企业应积极实施“走出去”战略，调整外资外贸政策，放宽外资外贸管制，提高江苏省服务型制造业的国际竞争力。省内企业可以将一些业务流程转移到海外，借此获取关键知识、技术和专业人才，提升制造业的素质。鼓励有竞争优势的企业扩大服务出口，支持有能力的企业到境外投资创业，通过在国外设立物流、金融、商务等服务分支机构，发展跨国经营，建立海外营销网络，开展海外并购和国际工程承包，建立面向国内外开放式研发创新和服务网络，为我省服务型制造企业开拓国际市场提供支撑。

（三）推动国际交流合作

江苏省服务型制造业发展还存在政策和制度不完善、服务和产品水平不高、市场培育和规范缺少经验、科技创新和应用比较薄弱等不足，迫切需要借鉴国际先进经验，加以改进和提高。未来，江苏省将进一步加强国际交流与合作。一方面不断完善服务型制造业对外开放的机制，进一步加强中外企业的交流合作，相互学习、相互借鉴，实现互利共赢，共同推动全球服务型制造业向更高水平发展。另一方面推动国内外服务型制造业在信息技术、研发设计、能源管理、财务管理、人力资源管理等领域的交流沟通，培育一批创新能力强、集成服务水平高、具有国际竞争力的服务型企业。

六、构建服务型制造人才发展体系

（一）完善人才培养机制

地方政府及服务型制造业行业组织应制定强制性的人才培养政策，鼓励相关企业提高现有的人才培养投入水平。发挥制造企业的主体作用，构建产学研联盟，探索科技领域投资多元化，合作攻克关键共性技术。鼓励和引导企业积极开展研发活动，创新校企合作机制，以市场机制保障企业合法权益，允许企业资本参股学校资本，保证企业资本分享办学收益。此外，引导各类职业技术教育的课程教学和实践教学改革，创新省内高校人才培养模式，鼓励省内“985”或“211”工程院校，参与制造业卓越工程师培养计划。支持各类职业培训机构参与服务人才的培养，为制造企业服务化转型提供高素质专业化人才。

（二）健全人才使用政策

人才是企业发展的根本性资源，服务型制造业应制定合理的人才使用政策。首先用好企业系统内既有的人才资源，做到人尽其用、用尽其才。根据企业各自的人才需求情况，设立相关配套的协作联络机构，实现人才布局与先进制造产业的有效对接。其次为保证服务型制造业人才开发合作中各区域、各部门之间的协调配合，就必须加强人才合作中的协调机制。积极开展省内跨区域人才合作，大力拓展人才合作渠道。除了可以在人才市场建设、人才资源信息共享、柔性引智、人才交流与合作等方面开展合作外，还可以开展诸如人才挂职培养等的深度合作。

（三）拓宽人才引进渠道

为了广纳国内外优秀人才，江苏省制定实行了一系列人才吸引政策，诸如《江苏省高层次创业创新人才引进计划实施办法》、“汇智计划”、“江苏省双创人才计划”等。地方政府及服务型制造业相关企业也应制定相应的人才吸引政策，尤其是产业信息化发展所涉及的各类高端人才。引进一批具有国际视野，熟悉全球经济运营、法律规则的中高层生产、经营和管理骨干，引进制造业配套服务人才，在制造业的外围建立起面向社会、服务行业、协助政府的人才支撑服务体系。加大国际高端人才引进力度，还要不断强化对高端人才的服务能力。

（四）发展人才激励制度

地方政府及服务型制造业应以制度形式建立健全人才激励机制，赏罚褒贬依据人才激励政策而行。建立人才的激励机制，首先要提高和落实制造业人才应有的各项待遇。在持续完善社会基本保障、奖金和福利等制度基础上，通过创新设计合理的绩效评价制度，推行薪酬政策，采用灵活分配奖励制度，如推行年薪制、技术和知识产权入股、股份期权奖励，甚至是自助式福利制度，让员工根据自己需求选择福利形式组合。其次进一步完善制造业人才的社会化考评办法，推进技能人才考核与选拔制度。最后应加大特殊岗位和高层次专业技术人才激励力度，给予物质、精神、职位等全方位的奖励，保障各层次人才的倾心服务。